日本中国史研究译丛

东汉时代的政治与社会

[日] 东晋次 著

付晨晨 薛梦潇 刘莹 译

上海古籍出版社

日本中国史研究译丛

编辑委员会
（以姓氏笔划为序）
夫马进　古贺登　谷川道雄
尾形勇　岸本美绪　森正夫

策划
李济沧　蒋维崧

GOKAN-JIDAI NO SEIJI TO SHAKAI
by AZUMA Shinji
Copyright © 1995 AZUMA Shinji
All rights reserved.
Originally published in Japan by THE UNIVERSITY OF NAGOYA PRESS, Aichi.
Chinese (in simplified character only) translation rights arranged with
THE UNIVERSITY OF NAGOYA PRESS, Japan
through THE SAKAI AGENCY and BARDON CHINESE CREATIVE AGENCY LIMITED.

"日本中国史研究译丛"总序

谷川道雄

2004年10月下旬我首次访问上海古籍出版社时,有幸会晤了王兴康社长、赵昌平总编、蒋维崧编审以及其他诸位先生。当时我是应华东师范大学牟发松教授的邀请,在该校逗留两周并进行授课和演讲的。因为那时正值拙著《隋唐帝国形成史论》的中译本(李济沧译)由上海古籍出版社出版发行,这才有了拜访该出版社的机缘。"日本中国史研究译丛"这一颇具规模的出版计划,正是由于那天的会谈而迈出了实质性的第一步。

我是在那年7月从承担拙著编审的蒋维崧先生的信中得知这一出版计划的。信中提到上海古籍出版社有意以拙著的出版为契机,进一步拓展范围,更广泛地向中国学界介绍日本的中国史研究成果,并希望我推荐一批能够代表日本研究水准的著作,尤其是能够选择那些在开阔视野下关注社会与人文,或运用新的方法和理论并在实证研究中取得成果的著作。在10月的会谈中,出版社又出于同样的旨趣,要求我予以全面的合作。

想来这的确是一项前所未有的计划。有关中国史研究的中日两国学界交流,已经有着长久的历史,而且正呈现出日益兴旺的趋势。交流不仅限于人员的交往,还以相互之间论文、著作翻译的形式对双方发生着影响。但是,这还只不过是很少的一部分而已,就目前的状况而言,即便那些在日本学界具有长久影响力的名著,几乎都没有中译本的出版。所以说上海古籍出版社的这一计划,不能不说是打破现状、开创新局面的创举。就我个人而言,拙著中译本的刊行能够成为促成这一趋势的契机,更是倍感欣悦。出于如此的考虑,我也就不揣自陋地应允出版社,愿竭尽全力协助此项计划的实施。

回到日本以后，我立即着手选定书目，其间还听取了我的同行、名古屋大学名誉教授森正夫先生的意见，最终向上海古籍出版社提交了我的选目方案。经与出版社协商，决定首批出版十种左右。

非常巧的是，这里所选的学术著作，正好反映了近代日本中国史研究的发展过程。按照我个人的看法，这一过程又大致可以分为三个阶段：

第一阶段从明治时期（1868—1912）初期至第一次世界大战，是近代日本中国史研究的形成期。当时，虽然兰克（L. Ranke）的弟子李司（L. Riess）受聘于东京大学讲授历史学，传授实证主义方法，但那毕竟是以欧洲史为基础的史学。在日本学者之中当时出现了与欧洲史亦即西洋史相对应，设立东洋史（即亚州史）分野的举措，由此形成了以中国史为中心的东洋史，并且延续至今。这一情况一方面表明由于日本近代国家的形成，出现了必须重新认识东亚各国的现实问题；另一方面也表明在日本汉学素养的基础之上，已经出现了将中国作为近代历史学研究对象的学问。最能够代表这一时期中国史研究，而且影响至今的学者，即内藤湖南（本名虎次郎，1866—1934）。他所主张的"唐宋变革"论，在这一阶段正在孕育成形。众所周知，他的这一观点是切合中国社会实态的，是对中国史发展所进行的逻辑性解释。作为本丛书之一的《中国史学史》，就是出自他对中国传统学问的广博知识以及对历史发展透彻逻辑分析的力著。

日本中国史研究的第二阶段，是第一次世界大战与第二次世界大战之间，即所谓的"战间期"时期。这一时期的历史研究，有着密切注重社会与民众的特点，中国史研究亦不例外。第一次世界大战之后，波及全世界的民主主义和社会主义潮流，也影响着日本的历史学界，作为具体的表现则是社会经济史研究的兴盛。而且，其中有着马克思主义直接、间接的影响是不可否定的。在我的先师、前辈的学者之中，有许多就是在这一时代新史学潮流中奠定了自身研究基础的，本丛书的大部分作者都是属于这一辈的人物。

然而，作为上述新倾向顶点的 20 世纪 30 年代，又正是军国主义猖獗的时期。当时，不但不再可能进行自由的研究，军国主义国家还以各种形式要求中国史研究者为战争提供合作。随着第二次世界大战的结束,那一严冬似的时代终告完结。由此也开始了中国史研究的第三阶段。

"二战"以后的日本中国史研究课题,是如何将中国史作为发展的中国史进行重建的问题。即必须纠正被军国主义歪曲了的中国史观,按照世界史普遍逻辑对中国史作出理解。当时对此起到重大作用的,是从战时思想统治中解放出来的马克思主义,按照生产方式发展规律将中国史系统化的尝试亦由此开始。为此日本学界曾展开过激烈的讨论。参加讨论的还有许多马克思主义以外的学者。争论的焦点之一是以生产方式为依据的唯物史观的发展规律是否适用于中国史的问题;另一个焦点是马克思主义史学家所构想的中国史时代分期观点是否正确的问题。围绕这两个问题,从上个世纪50年代至70年代有着长期、激烈的讨论,而且主要都是基于史料的实证观点之间的相互争论。其中虽说也有不够成熟的地方,但是毕竟应该说战后的中国史研究在当时有着前所未有的长足进步。

参加讨论的既有在上述第二阶段业有成绩的学者,也有战后成长起来的青年研究者。本丛书著者中,除了内藤湖南之外,都是为战后中国史研究做出了贡献的人物。

我在选择这套丛书的收录著作时,并没有意识到上述的历史过程。然而,卓越的作品必定会在某种意义上具有时代的代表性,所以很难说这是一种偶然的巧合。现在,日本的中国史研究与战后那二十几年相比已经有了相当大的变化。尽管如此,这些先学的著作在今天仍然保持着长久的生命力,从而不断启发着后生学者。

作为日本人,中国史既是一种外国史,又不是单纯的外国史。两千年来,熏染了日本文化的中国文化,是一种历史发展的产物。过去的日本在向中国的不断学习之中发展着自己,从而形成了独特的历史与文化。近代以来日本的中国史研究,可以说也是由过去形成了结构,至今仍在其延长线上运行的。因此,我们对于中国社会和文化有着特别的亲近感,即尽管是外国史,但又有一半好像是在研究自己国家历史的感觉,我们一直就是这样看待中国史的。其理由之一,也许就在于日本文化是在汉字文化圈中培育成长形成的吧。无论如何,当这种感情作为近代历史学表现出来的时候,就产生了一种独特的方法和实证的结果,而将中国史总体按照世界史的普遍观点予以体系化是日本中国史研究的终极目标。

总之,也许可以说日本的中国史研究是由传统与近代、日本与中国乃至世界这样综合的视野重合展开形成的。当然,这种特点亦有其利弊两端。不过,本丛书所收著作都是肩负重任、不倦攀登的卓越成果。我坚信本丛书对今后日本中国史研究之国际交流的发展必将有着巨大的贡献,并对将此计划付诸实现的上海古籍出版社表示衷心的感谢!

(马彪译)

中译本序

"风俗之美"深受顾炎武欣赏的东汉时代，在中国王朝体系中的关注度远不如此前的西汉。对于一般读者而言，似乎就只是外戚、宦官、豪强、党锢、黄巾等几个标签性的印象。学界的研究状况亦庶几近之，无论是政治史过程，还是制度史和社会文化史，与西汉相比都显得逊色不少。

但在很多层面上，东汉时代实际上有着非常重要的"起始性"意义，影响中国历史深远。东晋次先生的这本《东汉时代的政治与社会》，正是尝试回答这一问题的力作。按照他的理解，中国古代皇帝统治权力的强弱，与地方社会的发育水平是密切相关的。而东汉王朝最值得重视的"时代现象"之一，正是皇帝统治体制下地方社会的日渐自律和成熟。在地方社会中孕育而生的知识阶层和儒家官僚，希望"通过由贤者构成的秩序井然的官僚制，保证地方社会民众的生活"，由这种理念支撑和塑造的统治体制，"有别于地方单方面服从皇帝统治"，成为中国王朝历史的一个新起点。在此基础上，可以更进一步看到，"构成此后中国政治、社会、文化的基本要素，诸如儒家政治理念、儒教伦理的普及和确立，大土地所有者—小农的社会分层构造的出现，抑或早期道教的形成、佛教的传播等等，都在东汉一一显现"，而这正是"东汉之于整个中国史的历史意义"。围绕着这一基本的"时代观"认识，本书按照时间顺序，以王朝统治与地方社会的关系互动为线索，对皇帝权力、贵戚政治、儒学教育与知识阶层、儒家官僚的政治参与、选举与地方社会、党锢等问题进行了深入探讨。

本书1995年由名古屋大学出版会出版，书中各章的原稿，则写作于更早的1970—1980年代。不难发现，作者深受战后日本东洋史学界论争性的学术氛围影响，在史料分析和实证主义之外，有着强烈的理论思辨色彩。其学术旨趣,正如日本中世史学者永原庆二所云:"历史研究总是从个别实证研究开始,但我认为厘清这种事实,或者众多累积事实的相关整体中蕴含的整体和特殊、断裂和延续的历史意义,才是历史学的课题。"(永原庆二:《20世纪日本历史学》,北京大学出版社,2014年,第249页)进入新世纪以来,无论是日本还是中国,历史学的研究旨趣似乎都开始出现一些变化。不过,历史学者在整体与局部、宏大与细节、理论与实证之间如何择从,如何平衡布局,未来可能仍将是一个会被持续讨论的问题。本书在这方面无疑有其参考价值。

本书出版以来,东汉考古不断有新的重要发现,特别是简牍资料层出不穷,呈现了更多以往未知的东汉时代官府统治和地方社会细节。从资料上来说,本书中的某些内容,可能已经有若干需要补充修正之处。即便如此,本书迄今仍不失为东汉史研究领域最好的"总体性"论著之一,特别是书中所展现的问题意识和时代整体性关怀,值得国内学界关注。

本书最初的翻译动议,源于十几年前葭森健介先生的推荐,并得到谷川道雄先生热心帮助,向东晋次先生和名古屋大学出版会征询过意见。之后由于种种原因,一直搁置。后来付晨晨、刘莹、薛梦潇有意接手翻译,在李济沧先生的大力支持和推动下,取得名古屋大学出版会的授权,翻译得以顺利启动。译者三女史,均是我和陈曦教授先后担任班主任的武汉大学2005级历史学基地班本科生,后又都从事汉唐史相关领域研究,卓有成绩。三人同学相知,友情深厚,如今联袂译出此书,允为一段学术佳话。

犹记2009年初冬,趁参加日本学者江南史迹考察团之机,曾在南京大学南苑宾馆就此书的翻译等问题,与东晋次先生有过一次正式的谈话。之后十天时间里,考察团从南京到霍山、寿县、合肥,又到湖州、杭州、绍兴、宁波、舟山,期间跟东先生有过多次闲聊,青山绿水之间,留下了一段共同的美好记忆。东先生温柔敦厚,蔼然长者的形象,一直深深留存于我的脑海之中。令人伤感的是,2021年东先生突然辞世,未能亲眼见到中译本出版。期待译本能够在中国学术界产生积极反响,东先生泉下有知,必当会心一笑吧。

魏 斌
2023年8月31日,写于武昌珞珈山

目　录

"日本中国史研究译丛"总序 …………………… 谷川道雄　1
中译本序 ……………………………………………… 魏　斌　1

前　言 ……………………………………………………………… 1
序　章　东汉史的研究状况与课题 …………………………… 1
　　引　言 ………………………………………………………… 1
　　第一节　东汉社会的结构与豪族论 ………………………… 1
　　第二节　东汉的皇帝统治与地方社会 ……………………… 9
　　第三节　六朝贵族制社会形成过程论 ……………………… 17
　　第四节　本书课题 …………………………………………… 24

第一章　前期三代的统治与乡里社会 ………………………… 28
　　引　言 ………………………………………………………… 28
　　第一节　光武帝、明帝的统治理念 ………………………… 29
　　第二节　章帝的政治与儒家理念 …………………………… 42
　　第三节　东汉前期的地方统治与乡里社会 ………………… 49

第二章　贵戚政治的形成 ……………………………………… 68
　　引　言 ………………………………………………………… 68
　　第一节　所谓贵戚政治 ……………………………………… 69
　　第二节　窦氏专权与三辅人士 ……………………………… 89

第三章	儒学的普及与知识阶层的形成	107
	引　言	107
	第一节　汉代的教育制度	109
	第二节　儒学教育的普及	131
	第三节　知识阶层的形成	137

第四章	贵戚政治的展开与儒家官僚	142
	引　言	142
	第一节　邓氏政权的结构	144
	第二节　顺帝即位与宦官、儒家官僚	157
	第三节　梁氏专权与桓帝	167

第五章	地方社会的变化与豪族	182
	引　言	182
	第一节　和帝、安帝时期的地方社会	183
	第二节　顺帝、桓帝时期的地方社会	188
	第三节　豪族社会的结构与选举	193

第六章	党锢	214
	引　言	214
	第一节　党锢事件的经过与政治史背景	218
	第二节　党锢的社会史背景	221
	第三节　党锢之后	235

终　章	东汉时代的政治与社会	240
	第一节　贵戚政治与皇帝统治	240
	第二节　儒家官僚的出身地域和政治过程	246
	第三节　乡里社会的质变与共同体	249

后　记	257
译后记	260

前　言

　　秦汉史是中国古代史中研究最为精细的领域，但不可否认，对其后半段约二百年的研究尚不深入。东汉具有什么特质，又对整个中国史具有怎样的历史意义呢？

　　学者们已指出，西汉中后期以降，地方社会中逐渐成长起来的豪族，其政治、社会势力进一步扩张，此即东汉社会发展的特征。基于这一历史考察，也催生出东汉王朝是豪族政权的看法。东汉社会发展的另一特征，则是儒学研究的发展及其向豪族阶层的普及、渗透。而与此密切相关的政治运作特点是，豪族出身的官僚化家族中，凭借与当时的皇帝联姻，产生了皇后辈出的家族，它们以外戚身份操纵政治权力。再者，一场政争之局拉开帷幕，出身豪族的儒家官僚阶层，秉持儒学政治理念，对外戚专政，以及依附外戚的政治力量——宦官擅权，果断展开政治斗争。

　　但是，结合以上特征，东汉史展开的具体进程似乎仍未得到充分阐明。本书从解释秦汉帝国的政治、社会体制如何发生质变，又如何孕育出此后的六朝社会这一问题出发，将皇帝统治方式、外戚宦官与儒家官僚间的政治合作和斗争，以及地方社会的结构变化等内容相关联，探究东汉时代地方社会的发展、变迁如何改变东汉国家的统治，国家统治进而又如何改变了地方社会。从结果来看，我感受到正是在这个时代形成了中国专制社会的基础，因而东汉之于中国史的重大历史意义。以下对此认识进一步展开说明。

　　如果说中国的皇帝专制统治指的是集权力于一身的皇帝通过官僚制来统治广大版图的体制，那么显然秦始皇统一天下是为嚆矢。汉帝国四百年的统治，使这一体制发展壮大，并在中国社会扎根。然而，秦、西汉的统治方式具有明显的强权性和自上而下单方面控制的特征,还没有形成与作为统治对象的地方社会之间的有机结合。与此相比,尽管因豪族和小农的分化而产生质变,但随着以豪族阶层为中心的知识阶层的形成,带来了文化水平的提高,生产力提升又使得经济发展,东汉时期的地方社会逐渐成熟,自律地支撑起官僚制性质的皇帝统治。这是东汉与秦、西汉的不同。如此说来,东汉可能才是中国皇帝专制体制确立的关键时期。那么,东汉史上以何种形态显示出地方社会的成熟,以及由此而来的皇帝统治体制的确立呢?

知识阶层的形成标志着地方社会的成熟,支撑这些知识阶层出身的儒家官僚政治活动的理念,是拥戴皇帝一人,通过由贤者构成的秩序井然的官僚制,保证地方社会民众的生活。这也就是东汉末期以明确形式树立的"儒家理念"。时至东汉后期,以地方社会广泛存在的知识阶层为基础,在全国形成了儒家官僚的政治集团——清流。他们与外戚、宦官展开了激烈斗争,虽以失败告终,但这些在地方社会确立了稳固地位的知识阶层,孕育了后来六朝贵族制社会的主角,即六朝官僚贵族阶层。儒家官僚多是豪族出身,作为出身豪族的地方社会支配阶层,这些知识人(士大夫阶层)的主张也着眼于维护他们政治立场的稳定。由阶级关系和官僚制身份关系复合而成的士大夫官僚—土著豪族—小农这个此后王朝国家、社会中的阶层序列结构,其原型就形成于东汉末期的地方社会。站在这一结构顶端的士大夫官僚阶层所奉行的儒家国家理念,成为此后构建皇帝统治体制的传统理念。

这种基于传统理念的统治体制有别于地方单方面服从皇帝统治。它以地方社会的自律为前提,又随着地方社会的发展而变革。在东汉时期发展到一定水准的地方社会,进入六朝以后愈加成熟,转变为贵族制社会,并较汉代有进一步发展。以此为基础出现的皇帝统治就是隋唐律令支配体制。皇帝权力的强弱受制于地方社会的社会、经济、文化水平。从这个意义上讲,近代之前以农业为中心的社会体系中,达到最高水平的明清社会,才孕育出绝对的皇帝统治。而确立和强化中国皇帝统治的地方社会,它的成熟正始自东汉时代。更进一步而言,构成此后中国政治、社会、文化的基本要素，诸如儒家政治理念、儒教伦理的普及和确立，大土地所有者—小农的社会分层构造的出现，抑或早期道教的形成、佛教的传播等等，都在东汉一一显现。由此观之，地方社会成熟所保障的皇帝专制体制这一中国传统社会，其原型正是形成于东汉时代，这是本书论述推导出的基本时代观，也是笔者所认为的东汉之于整个中国史的历史意义。

序章　东汉史的研究状况与课题

引　言

　　战后重新出发的日本中国史研究,以克服"亚洲停滞论"为目标,自我树立了三个课题,即秦汉帝国的成立过程及其结构、唐宋变革的历史意义和资本主义萌芽论。其中,"皇帝专制体制"这一中国历史发展中的一大显著特征,秦汉时期作为其形成的时代,其相关研究最为活跃,产出了大量优秀成果。[①]

　　虽云"秦汉史"一言以蔽之,但其间毕竟涵盖了约四百年的发展历程。传统秦汉史研究主要关注秦汉帝国的成立过程及其构造,故不得不承认,对秦汉史后半段的东汉史研究及其历史评价都尚未充分展开。此外,战后兴起的魏晋南北朝史研究,议论的着眼点在于贵族制问题,所以东汉时期作为魏晋前史和贵族制社会尚处于形成过程中的一个时期,东汉史研究长年不受重视。然而,如何理解东汉二百年间的历史,对于整体把握秦汉帝国构造的形成、变化和崩溃过程,乃至理解后面魏晋南北朝时期,都是必须解答的问题。

第一节　东汉社会的结构与豪族论

　　根据堀敏一的整理,中国古代社会构成史研究经过了以下三个发展

[①] 关于战后秦汉帝国的形成及其结构的学术史梳理,参见拙稿《秦漢帝國論》,收入谷川道雄编《戰後日本の中國史論争》,河合文化教育研究所,1993年。

阶段：①

第一阶段，争论大土地所有制经营是奴隶制还是农奴制；

第二阶段，注意到中国社会中除了大土地所有者，还有大量耕种自有小块土地的自耕农，并探讨专制君主（皇帝）＝国家与小农之间的直接关系的性质问题；

第三阶段，现如今主要讨论介于专制国家与农民之间、既保障农民生存立业又使国家控制成为可能的共同体问题。

1950年代的研究是第一阶段，1960年代进入第二阶段，第三阶段相当于1970年代以降。关于第三阶段讨论的共同体问题，虽已有谷川道雄和增渊龙夫两位先生的先驱性研究，②但共同体问题进入秦汉史领域视野，实际上却是由六朝史学者率先提出的。川胜义雄和谷川道雄联名发表的《中国中世史研究的立场与方法》一文，③将"共同体的自我发展"分为氏族共同体→里共同体→豪族共同体三阶段，试图据此说明中国古代如何向中世（六朝隋唐）迈进。受此论调的刺激，从70年代前期开始，秦汉史学界以批判前说的形式，正式讨论秦汉时期的共同体问题。不过在此之前，以西嶋定生为首的大部分学者，都采用了一个研究路径，即：在帝国的基础上，以里共同体和乡里共同体为前提，从理论上考察它们与国家、皇帝统治的结构性关联。这也成为70年代以后秦汉史研究的中心课题。④堀敏一在1977年作为时下课题提出的共同体问题，依然不失为目前秦汉史研究的基本课题。⑤秦汉时期的共同体研究可以整理为以下三个课题：

---

① 堀敏一：《コメント　多田狷介『戦国・秦漢期における共同体と国家』》，《史潮》新2号，1977年。
② 谷川道雄：《一東洋史研究者における現実と学問》，《新しい歴史学のために》68，1961年，收入氏著《中国中世社会と共同体》，国书刊行会，1976年；增渊龙夫：《所謂東洋の専制主義と共同体》，《一橋論叢》47卷3号，1962年。
③ 收入中国中世史研究会编《中国中世史研究》，东海大学出版会，1976年。
④ 代表性论说如西嶋定生的《中国古代帝国の形成と構造》（东京大学出版会，1961年）、守屋美都雄的《父老》（《东洋史研究》14卷1·2号）等。后面提到的宇都宫清吉也为"乡里共同体"下过定义。
⑤ 渡边信一郎近年发表的一些论考值得关注，这些论文将国家奴隶制的范围延伸至唐末。后收录于《中国古代社会论》（青木书店，1986年）一书。渡边从中国古代农业的技术结构和组织方面，具体地确认当时的生产水平，同时分阶段、分阶层地阐明农业经营的方式。他的论说便以这些实证性成果为基础来架构。源于原始共同体所有的国家土地所有制，贯穿了（转下页）

（一）明确战国至汉初共同体的性质，并且讨论其在何种结构性关联下成为皇帝专制体制的基础；

（二）如何把握四百年间豪族势力见长的共同体变化过程；

（三）如何认识共同体与魏晋南北朝社会结构的承续关系。

尽管与本书直接相关的是（二）和（三），但当考察存在于秦汉社会基础之上的共同体问题时，显然无法忽视秦汉时期特别是西汉武帝期以后突出的豪族势力扩张的现象。毋庸赘言，豪族与共同体、豪族与国家的关系是考察东汉性质的重要课题。

在汉代豪族研究中，宇都宫清吉的成果依然是目前探讨该问题的起点。他的汉代豪族论，亮点在于将家族论、乡里社会论紧密结合。其见解概要如下。①

汉史的特点在于"皇帝"与"民"的两极对立，二者关系是汉代社会的基本关系。"民"并非分散的个体，而是以"家族"为单位构成的集团，尤其在秦汉隋唐时代，以父母、妻子、同产三要素构成的"三族制家族"最为普遍。约束"家族"集团的伦理是"孝"，其特征在于家族成员各自"基于人性自觉来赡养父母"的自律性。这些三族制家族结合，构成了三族集团，以三族集团为核心构成的广泛的血缘性关系结合，这就是宗族。强大的宗族即所谓的豪族、大姓。另一方面，以与"民"两极对立的"皇帝"为顶点构成的强权世界，通过政治手段将上面具有共同体性质（gemeinschaft）的组织——"家族"转化为社会性（gesellschaft）集团，从而达到支配个体"民"的目的。例如，通过将乡村中的指导者——父老，转化为"三老"这种政治性职位，从而掌控乡村。"'汉帝国'就是在这种家族性'自律的世界'和'强权的世界'的对立中动态存在的。诚然，这两个世界，抑或秩序体系并非绝

（接上页）前近代中国社会。根据私有制发展与国家土地所有制对抗关系的不同阶段的性质，可将时代划分为国家奴隶制和国家农奴两个阶段，从而揭示现代中国社会的特质。渡边的研究即以此构想为背景。渡边说没有积极论及共同体。但是，为了与现有秦汉帝国论进行明确区分，还需要解决一些问题，如里共同体所具有的农业生产上的功能，以及受富豪指导的贫民阶层"数家经营的共同化"，或者"在富豪阶层的指导下进行的共同经营"这种共同组织的存在形态及其与里共同体之间的关系。

① 宇都宫清吉：《漢代社会経済史研究》，弘文堂，1955年；《中国古代中世史把握のための一视角》，前揭《中国中世史研究》，收入氏著《中国古代中世史研究》，创文社，1977年。

缘,而是既相互对立,又互为媒介,呈现出汉帝国这个国家生长的动态全史。但同时这又是汉帝国内在矛盾的根源"。所谓"内在矛盾",是指在"皇帝"的对立面,在"自律的世界"中"民"的部分中,形成了一种支配体制,"完全不同于'皇帝'对'民'的支配体制"。也就是说,因为阶级分化而发生了"乡村豪族化"(上家下户制的发展),而"乡村的豪族化"正是导致帝国经济基盘乡里社会变质、汉帝国崩塌的根本要素。古代帝国崩溃以后,"豪族制或门阀制"确立,致使皇帝权力相对低下。

以上是宇都宫先生基于家族、豪族论对汉代史发展的见解。针对宇都宫的汉代豪族历史意义的理解,多田狷介提出了反对意见。[①] 多田指出,"假作、傭作盛行的必然性,源于豪族尽力不破坏乡里构成的经营形式",因此,"表面上里的构造没有变化。即使假作'闾里雄'之田,名籍依然保留在里内,故而没有脱离国家权力的控制"。"这种假作制正是解释以小农阶层广泛存在为前提的汉帝国,以及帝国中作为实际运营者的豪族得以存在的看似难解的情况的关键"。多田认为豪族经营具有依存专制统治体制的一面,故而不同于宇都宫把汉代豪族视为变革、克服汉帝国体制的主体的观点。两种观点对立的根本,在于如何理解推动汉代社会发展的基本矛盾。特别是汉帝国渐行崩溃的东汉时代,宇都宫把古代帝国体制与豪族视为基本矛盾的见解,和嶋岛、多田等人所持"皇帝—小农论"基本对立,分歧在于如何定义豪族或者豪族的乡里支配体制在东汉社会和国家统治体制中的位置。

增渊龙夫的研究,也与汉代豪族和国家之关系问题相关。增渊同样将共同体纳入研究视野,与宇都宫视角不同,他对西嶋的二十等爵制论进行批判,把握住了豪族所维持的乡里社会的结构。[②] 增渊从根本上批判说:"(西嶋)尽管拒绝援引'东洋式专制主义'概念,却在把握里共同体的问题上,预设里共同体丧失了自律秩序的机能,将其解释为通过赐爵形成的由

[①] 多田狷介:《後漢豪族の農業経営——仮作・傭作・奴隷労働——》,《历史学研究》286号,1964年。五井直弘的《東漢王朝と豪族》(《岩波講座世界歴史 古代四》,1970年)中认为豪族具有依附国家的性质,这一点与多田之说立场一致。
[②] 参看前揭增渊龙夫《所謂東洋的专制主義と共同体》。

国家权力引导的他律性秩序。这种解释与将官制里共同体视为单方面隶属于国家的主张相同,陷入了僵化的构造论。在这一点上,西嶋的研究不过是对其原本拒绝的'东洋式专制主义'概念中共同体定位的进一步展开,结论却非常相似。"立足于这一批判,增渊将被爵制秩序论排除在外的土豪、豪族维持的自律性共同体秩序,视为支撑秦汉帝国历史发展的主要原因,指出需要解决自律性共同体秩序在国家秩序中的定位问题。具体而言,以东汉《张纳碑》(《隶释》卷五)碑阴的掾史姓名为线索,探讨郡县统治机构、地方统治实态,指出由父老性质的土豪、豪族维持的共同体,发挥了实现个别人身支配的媒介作用,有时也试图阻止超越国家统治正当性的暴政。

但是增渊的讨论存在几个问题。尽管他从与西嶋先生相反的视角出发,把以豪族为中心的共同体结构视为皇帝统治的基础,但是若无法从理论上说明"自律性秩序"的存在如何实现"个别人身支配",就难以完全推翻西嶋的论断。实际上,与其说"自律性秩序"支撑着皇帝的"个别人身支配",不如说首先应该将"个别人身支配"和"自律性秩序"的媒介逻辑相对照。从"自律性秩序"对国家的抵抗这一观点来看,就会形成国家与具体共同体结构的乡里社会相对立的逻辑,这便无法真正从内在把握国家权力。在增渊的见解中,可以看到国家—市民社会论这种战后日本社会论的影响,但这种理论不一定适用于汉代社会。另外,在增渊先生的论述中,似乎看不到汉代社会结构的内在矛盾,换言之,无法说明汉帝国的历史性进程。若想从"自律性秩序"的内在矛盾考虑汉帝国的性质变化问题,就更加需要分析"自律性秩序"本身的内在矛盾。还有一点,这里提到的增渊论文的史料,几乎都是东汉时代的。由此可以认为,西嶋的结构论是以豪族尚未成长为乡里经济、社会的优势者之前的里作为基础来考察的。增渊对西嶋的批判,则基于豪族已成为乡里中心的东汉时期的结构。于是就需要解答,以豪族为中心的共同体结构所支撑的,是否是汉帝国原本的结构呢?

问题在于,如何把握进入东汉以后豪族势力扩张带来的乡里社会变化。关于这一点,多田狷介将"从秦汉至隋唐的长时段",从"'亚洲共同体'与从其内部破土成长的私有性之间的对抗"的角度进行时代区分。西汉为"里共同体",东汉为"豪族共同体",魏晋南北朝时期为"贵族共同体",揭示出共同体的阶段性发展过程。他还指出,东汉"豪族共同体"中"成为首领的统治阶级"——豪族,"以优越于他人的私产、私经营为中核,以共同体统率者、支配者的身份,指导、赈恤、剥削普通农民"。① 但是多田的论文主旨,在于提示大致的时代区分和基于时代的共同体的不同阶段,对各个共同体的内部构造、不同共同体之间的发展过程未能充分说明。

河地重造对王莽政权的汉代历史地位的相关考察,从共同体论出发,更加具体地揭示出汉代乡里社会的发展模式。② 河地认为,"即使已经包含了豪族,但是父老性统制依然奏效的里,应该称为父老性里共同体,与此相对,随着阶级分化和国家保护的减退,具有在地私人支配力的豪族的社会规制力,成为里再生产不可或缺的力量的共同体,称为豪族性里共同体",两者间的转换点在西汉元帝时期。河地将王莽政权定位为"以武帝为顶点的西汉体制向东汉体制转变过程"中出现的产物。"西汉体制向东汉体制的转变",意即"专制君主的齐民制支配体制或个别人身支配体制,向以豪族共同体(应为"豪族性里共同体"——引者)为基础再编的古代末期专制支配体制的转变"。他将"豪族性里共同体"定义为"尽管豪族本质上具有反齐民体制的特征,但可以称之为因豪族造就的里共同体的再编,其社会性规制力发挥了从下端支持王朝权力的机能"的共同体。河地以南阳郡湖阳县豪族樊氏的生存形态作为典型,指出该共同体具有如下特质,即"西汉末至东汉时期,豪族既不能脱离可谓是古代国家遗制的里而自立,也没有能力拒绝依然将已经受到豪族私人支配的小农视为公民的国家权力,因此父老性秩序没有完全消灭","自身依然体现出父老性秩序,或者在自己的社会规制力网中包摄父老性秩序"。

河地对西汉到东汉乡里社会变化过程的模式化分析,基本得到学界认

---

① 多田狷介:《後漢ないし魏晋期以降中国中世"説をめぐって》,《历史学研究》422号,1975年。
② 河地重造:《王莽政権の出現》,《岩波講座世界歴史 古代四》,1970年。

同。但是若根据这种说法,那么从豪族尚未充分支配乡里的阶段,到豪族对里共同体再编的广泛阶段,都可以归为"豪族性里共同体"。后一阶段基本与多田所谓的"豪族共同体"相重合。不过,河地没有明言东汉整个时代的阶段性区别。总之,西汉时期占据优势地位的以父老为中心的里共同体,在东汉时期发生质变,出现了以豪族为中心的新共同体,这种看法当大致无误。然而,多田、河地二人对东汉时期以豪族为中心的共同体的阐述,还停留在抽象阶段。比如,父老性秩序的去向问题。河地所谓的"豪族性里共同体"中,父老的社会职能消解了吗? 显然没有。根据河地的"豪族性里共同体"定义,父老性秩序没有消亡。若父老性秩序依然存在,那么这种秩序在"豪族性里共同体"中又处于何种位置? 豪族支配与父老性秩序在东汉的二百年间,又是如何变化的呢?

　　籾山明就以上豪族问题的相关学说进行了整理。他指出,阐明地域社会的实态,是汉代社会史研究最重要的课题。[①] 籾山明的观点可以总结为以下两个:第一,"豪族的发展是解决汉代向六朝发展的关键线索"。与此相关,宇都宫将豪族的存在视为汉帝国的矛盾物,对帝国的崩溃提出了内在矛盾发展所致的观点,籾山明予以支持。第二,不能无视豪族原本作为乡里社会保护者的一面,特别是对小农再生产的帮助。从这一点来说,增渊所主张的"乡邑秩序由豪族维持"的观点恰如其分。同时,籾山提出"豪族作为乡里维持者的性质,展现出何种特殊的汉代式形态? 在向六朝发展进程中,又该如何给以定位"的课题。为此,他认为有必要"更具体地阐明豪族和乡里自律秩序之间的关系"。籾山对汉代豪族论的整理,与前述秦汉史研究中最基本的共同体问题密切关联。如果将增渊的"自律性秩序"转换解读为共同体的话,籾山的论述可谓触及了秦汉史研究的基本课题。笔者也认为即使这个问题难度很大,也是必须解决的重要课题。但是,籾山所支持的增渊认为,这个问题的提出,是为理解中国史的内在,故不应止步于阐明豪族势力组织起来的自律性秩序的结构、支配、共同体关系等具体相关方面。正如增渊所言,"我们应该主动去探

[①] 籾山明:《漢代豪族論への一視角》,《东洋史研究》43卷1号,1984年。

究具有如此结构的自律性秩序,如何从内支撑更上层的国家权力、国家秩序,其内部是否存在与后者发生矛盾的契机,进而探明两者相互关联的方式之时代差异"。我们只有充分解决增渊整理的以上问题,才能化解宇都宫和多田二人观点的基本对立,同时这也关系到对东汉时代性质的把握。"东汉国家豪族联合政权说"与该问题关系密切,以下稍作讨论。

豪族政权说最早出自杨联陞。杨先生的豪族概念比较特别,他将外戚、宦官也包括在内,并基于这层意义,提出"东汉豪族政权的确立"的说法。① 战后,西嶋定生发表了如下见解,他指出:秦汉帝国本身就具有豪族身上那种父家长式家内奴隶所有者的性质,豪族联合体为了克服两者间的矛盾,进而谋求建立一元化国家权力的政权,由此选择了拥戴光武帝。东汉王朝自诞生之初,就是豪族联合政权的形态,其权力机关是适应了中国奴隶制特殊形态的豪族群体支配秩序。② 但是,西嶋定生后来自己收回了这一旧说,以上对东汉国家的认识,目前尚无人继承。然而,东汉时期豪族成长、国家宽纵豪族、中央及地方官僚均由出身豪族者独占,从这些情况来看,往往也会对东汉国家得出类似西嶋的印象。最近,狩野直祯的政治史研究,③也可以窥见将东汉国家看作豪族联合体的观察方法。不过,只有在豪族阶层形成各个地域性的权力单元,且代表各权力单元的人们在中央政府中结成了政治同盟的前提下,"豪族联合政权"的提法才能成立。东汉时期是否形成了这种政治结构?如果形成的话,又发生在何时?这个问题,我们也必须面对。

---

① 杨联陞:《东汉的豪族》,《清华学报》11-4,1936年。对该说的批评有宇都宫清吉《书评 陈啸江〈魏晋时代之"族"〉、杨联陞〈东汉的豪族〉》,《东方学报(京都)》第9册,1938年,收入前揭氏著《中国古代中世史研究》。如宇都宫批评的那样,很难肯定从豪族层面寻求宦官的政治力来源,外戚的情况同样如此。外戚确实出自豪族,但是将外戚专权作为豪族政权还缺乏充分的说服力。
② 西嶋定生:《古代国家の権力構造》,《国家権力の諸段階》,岩波书店,1950年。又,渡边义浩在《後漢国家の支配と儒教》(雄山阁,1995年)第二章《官僚》中指出"豪族政权"概念的问题:"作为在地私人权力的'豪族'和独一无二的公权力国家,将两者直接等同,以此表现国家性质还存在问题。"杨氏的"豪族政权"与西嶋的"豪族联合政权"两者间概念的区别也需要考虑。
③ 狩野直祯:《後漢政治史の研究》,同朋舍,1993年。

第二节　东汉的皇帝统治与地方社会

一、地方统治

前一节已经提到,若想区分自律性秩序和国家秩序的关系构造、两者关联方式的时代差异,首先需要把握国家的地方社会统治和与其相对的地方社会适应与否的情况,然后根据具体的历史过程,提炼由此产生的地方社会变化带来的国家对策调整。众所周知,西汉继承秦代郡县制的同时,也融入了一定的封建制,在郡国制基础上实施地方统治。东汉时期的地方行政制度大体继承西汉,其基本内容从严耕望的研究中即可明了。① 州、郡国、县、乡、亭、里的行政区分,刺史·太守·相·令长·有秩、三老·亭长·里魁(父老)等长吏、校吏·乡官的统辖,支撑起东汉地方行政制度。然而,西汉乡、亭、里三者之间的关系目前还没有定论。② 东汉时期的聚落,应该处于三国时代村制形成的前期阶段,从这一角度考察聚落组织的实态,当是一个研究课题。近年,佐原康夫的郡府组织等研究,对地方统治组织的具体探讨一直在进行。③ 山田胜芳关于东汉时期税役制度的研究,④为讨论职役性徭役与税役关系中的地方小吏,以及郡、县行政权限上的关系,打开了新局面,这些问题还必须进一步阐明。然而这些领域的研究,或多以西汉时期为中心,其东汉的时代特征尚未充分探明。这里,以考察东汉时期中央政府与地方社会之间的关系为前提,简要探讨西汉中后期出现的州刺史职能变化(监察长官的行政化)与州、郡两者的关系。

西汉元封元年(前110)武帝设立部刺史,刺史一职依六条问事监察地方,秩六百石。每州置一人,全国共十三刺史。成帝绥和元年(前8)改刺

---

① 严耕望:《中国地方行政制度史》上编卷上,《"中研院"历史语言研究所专刊》之四十五,1961年。
② 关于乡亭里问题的学术史参见本章"序言"第一个脚注。
③ 佐原康夫:《漢代の官衙と属吏について》,《东方学报》京都第 61 册,1989 年;《漢代郡県の財政機構について》,《东方学报》京都第 62 册,1990 年。
④ 山田胜芳:《後漢時代の兵役と徭役》,《历史》66 辑,1986 年,后收录于氏著《秦漢財政収入の研究》(汲古书院,1993 年)。

史曰"牧",增秩为二千石。哀帝建平二年(前5)恢复"刺史"之名(《汉书》卷八三《朱博传》),元寿二年(前1)又回改为"牧"。经王莽官职改革,光武帝最初采用了州牧制,又在建武十八年(42)"罢州牧,置刺史",豫、冀、兖、徐、青、荆、扬、益、凉、并、幽、交十二州(光武帝废朔方,并于并州)各置一人,合司隶校尉共十三人,秩六百石。西汉的刺史原本有年终回朝报告的义务,①至东汉建武十一年(35),"初断州牧自还奏事"。《续汉志》称"初岁尽诣京都奏事,中兴但因计吏",可见此后改为由上计吏代为报告。较之于西汉,东汉时期的刺史拥有大量官属(《续汉志》),遂逐渐行政官僚化。刺史原本的职务是监察州郡长吏,尽管秩级较低,但较郡国守相、县令长而言更易于占据地位优势。因此,特别是东汉中期以后,州刺史干犯守相、令长权限,左右州内行政的事态逐渐明显。顺帝朝以后,外戚、官宦亲党多被安插为地方官,地方行政的混乱引起民众起事,皇帝不得不诏敕八使巡行地方,委以全权。即使不派出皇帝使者,任命州刺史全权处理州内事务的情况也越来越多。在这种情况下,郡国守相、县令长受到刺史辖制,无法再行使权限。《秦汉官制史》详细列举了此类案例。在这种趋势下,灵帝中平五年(188),设置州牧的提议再度出现。州牧尽握一州行政大权,继而逐渐军阀化,这就是东汉末年地方统治的实况。②

由此,是否可以引出如下推论:中央政府通过郡守统治地方,这是汉帝国地方统治的基础。但到了东汉时期,因豪族阶层制约了太守权限,导致郡一级的地方统治相对弱化。为了克服这种情况,中央政府便将支配权委之于监察官刺史。颇具讽刺意味的是,这反而导致刺史、州牧权限增大乃至谋求自立,中央政府的地方支配力进一步弱化。这种东汉时期地方统治的症结,究竟是什么原因造成的呢?

这里有必要先回顾前辈学者关于汉代中央(皇帝权力)与地方社会关系的见解。增渊龙夫以东汉末设立的《巴郡太守张纳碑》为主要史料,分析碑阴所刻掾史姓名,指出郡县掾史之职由地方土豪、豪姓占据,同一豪姓

---

① 传统观点认为西汉刺史无治所,但据熊铁基、安作璋《秦汉官制史稿》(上、下)(齐鲁书社,1985年)的讨论,刺史似有治所。
② 关于州牧的最新研究有石井仁《漢末州牧考》,《秋大史学》38号,1992年。

产出了大量掾史。增渊先生还指出,当时存在着由乡里舆论左右的共同体规制,"郡县府廷建立在具有上述结构的、维持自律性秩序的大小地方势力的联合之上","乡论性共同体性质,在国家权力的个别人身支配的现实化中,发挥着检验是否发生了超越他们所认为的国家统治正统性的恣意暴政的作用"。他还提到,"究明与土著势力相关的郡县掾史的地方统治实态",是解开地方自律性秩序结构及与其相关的国家秩序独特形态的重要课题。①

与增渊提出的地方统治实态研究相关,滨口重国《关于汉碑所见守令、守长、守丞、守卫等官》论文也值得一提。② 文章分析了东汉时期的碑文,指出在汉代县令长县尉(真官)之外,还有守令等官。守令官不具备命官资格,而且即使太守任命本郡籍贯的有才有德有识有力之人暂时代理令长丞尉之职,这些人在职数年仍不得即真。此外,滨口的论文主要利用东汉碑文,阐明这些人一般只需回避出任籍贯所在县的守令官。滨口接着探寻了该制度性事实的历史意义。他认为汉代相当尊重地方民意,地方人士对地方政治特别是县政的参与度较高。原因在于,尽管都称为君主专制政体,但隋代以后的君主权力与汉代的君主权力有强弱之别。这一视角与宫崎市定的见解有相通之处,后者就将汉帝国视为自治性邑制国家式城郭都市的联合体。③ 如上所述,尽管增渊、滨口二人的角度不同,但都将皇帝统治与地方社会在汉代的相互关系作为问题点,也都主要利用了东汉时代的史料。从中可以看出,东汉时代的地方社会实态确为一个重要议题;但通过两位先生的论述,我们仍然感受到,有汉一代的地方社会如何发展,换言之,地方社会的政治社会成熟过程,尚未得到充分阐释。东汉的地方社会,应该与西汉时期特别是迄于武帝时期的地方社会大有不同。我们认为,增渊所说的地方自律性秩序,在东汉时期是存在的,但还是应视之为西汉以来乡里社会质变的结果。此外,滨口从中央和地方的协同、地方吏民参与

---

① 增渊龙夫:《所謂東洋の専制主義と共同体》(前揭第一节第二个脚注)。
② 滨口重国:《漢碑に見えたる守令・守長・守丞・守尉等の官に就いて》,《书苑》第 7 卷 1 号,1943 年,后收入氏著《秦汉隋唐史研究 下》(东京大学出版会,1966 年)。
③ 宫崎市定:《中国における聚落形体の変遷について》,《大谷史学》6,1957 年,后收入氏著《アジア史論考(中)》(朝日新聞社,1976 年)。

度的高低,导出汉、隋君主权力的强弱之差。既然东汉之后守令官任用日益盛行,那么就可以作出东汉地方社会的自律性、自治能力有所增长的假设,而滨口的说法就有再讨论的必要。只有通过这些检讨,才能理解东汉时代地方统治弱化,乃至地方社会背叛自立的要因。

与地方统治问题相关联,选举制度旨在吸收地方社会人才成为官僚。考察中央政府与地方社会的关系时,选举制度的特质同样不容忽视。

二、选举制度

关于东汉的选举制度已有一些优秀的论考。① 福井重雅《汉代官吏登用制度的研究》(创文社,1988年)也从制度史角度讨论了汉代选举相关问题。以下将参照前人研究,概述东汉选举制度的特征,并指出若干问题点。

首先,主要依据福井的著作,叙述汉代官吏选用制度的概要。通观两汉时期,官吏登用方式有选举和辟召两种。选举又分为以下三类:相当于常科的孝廉、茂才科,相当于制科的贤良方正诸科,以及博士弟子之选。所谓常科,就是每年定期举行的科目。其中一种,是由郡国守相从辖下之民中送选中央做郎官的孝廉科,另一种是由州刺史推荐的茂才科。孝廉最初是各郡国推选一人,后来增为两人。东汉可以按二十万人中推一人的比例选送,茂才定员为一人。制科是皇帝制诏中央、地方长官,令其推荐贤良方正等科的合适人选,多缘于天地灾异而实施的临时性选举。关于博士弟子之选,留待本书第三章具体讨论。此外,还有主要在西汉举行的察廉吏。汉代的选举,特别是常科,往往被称为"乡举里选",作为乡里的选举,那么乡里之人评判——乡评就备受重视。但是,推举的主体是郡国守相。福井指出,"以乡里选举为基盘的汉代人才登用法,主体是中央和地方政府,督促其辖下和在地人物的推举,具有上意下达的特点"(第11页),这一论说也非常重要。也就是说,乡举里选具有帝国政府从乡里选拔自身统治所需人才、授予其政府要职以支撑皇帝统治这一选举制度的特征。在这个意义

---

① 五井直弘:《後漢時代の官吏登用制"辟召"について》,《历史学研究》178号,1954年;永田英正:《後漢の三公にみられる起家と出自について》,《東洋史研究》24卷3号,1965年;《漢代の選挙と官僚階級》,《東方学报(京都)》第41册,1970年,等等。

上,福井提出,"乡举里选"的用语在汉代史料中非常少见,东汉史料中亦仅有一例,因此,更恰当地,应该用"察举"一词来表述汉代选举的特质。这一见解可从。然而,常科情况下,推荐者"察知举用"的依据是当事人的风评口碑,而这些品评,终究是出自当事者的乡里之人。因此,我们依然无法忽视汉代选举中乡里评判的重要性。

那么,东汉时期选举制度的特质是什么呢?那就是孝廉制成为选举的支柱,以及辟召的盛行。汉代的太傅、大将军、三公、九卿、郡太守、都尉、县令长等长官,都拥有自主选任本府属吏的权限,即辟召。辟召在西汉后半期依然可见,而它与常科、制科一并作为人材举用的有效方法,则是在东汉时期确立的。皇帝直接招揽为"征召",高官招揽为"辟召",有时也略称为"征"和"辟"。福井指出,在人材推举上,辟召制与常科、制科性质相同。东汉时期辟召制的实态,及其对选举的整体性影响基本已经被探明。以下根据永田英正的研究,略述东汉时期辟召制盛行的主要原因。

在辟召与孝廉制关系上,太傅、大将军、三公构成的五府在选任掾属时的情况,也是一个问题。因为地方郡县府廷的掾史秩百石,就汉代官僚制结构而言,二百石以上为敕任官,百石与二百石之间就有一道关卡;第二道关卡则在四百石与六百石之间。六百石以上是高级官僚,具有各种特权,如何快速升至这一秩级,是当时有志于仕宦者们最关心的事。然而,若被五府辟召为公府掾属,掾秩比四百石至三百石,属也秩比二百石,同等或高于除为郎中(比三百石)的孝廉,即使是属,也越过了敕任官的门槛。接下来是如何快速突破第二道关卡。汉代郎官分为三等,即:比六百石的议郎、郎中,比四百石的侍郎,比三百石的郎中。郎官无定员,除了议郎,均为无职务的官僚候补。每年二百一十余名孝廉被察举,加上制科、任子等,郎官数量庞大。从实际史料来看,东汉中期以后,"三署见郎七百余人""三署郎吏二千人"云云,可知郎官滞留现象日益加剧。若想脱颖而出赴任六百石以上的中央、地方官,除了循功依郎官之次顺位晋升,再迁转他官,或者就是被举为光禄勋"茂才"或"四行",而后者是岁举一人的独木桥。在这种情况下,作为升迁捷径而受到注目的便是辟召。之所以是一条捷径,原因是身为辟召者的太傅、大将军、三公等拥有制科选举权,可以从自己公府掾属中推举相应人材。在被辟召者看来，这是从少数人中以有利条件得到晋升的机遇。永田英正指出，汉章帝以后，基本确立了辟召→举高第→侍御史→刺史→太守的迁转路径。而且辟召的好处不止如此，被辟召者终身作为辟召长官的故吏，前途得到了保障，这与原则上止步于郎官的孝廉选举不同。

如上，东汉中期以后，辟召便占据了官吏登用法的中心位置。但孝廉制也并非因此而失去意义，举孝廉的经历可以成为被辟召时的有利条件。因此永田氏指出，尽管举孝廉不是此后官位荣达的充分条件，但它作为必要条件，很有价值。以孝廉入仕，再因辟召晋升，成为东汉时代官僚仕途发迹的路线。此外，永田还指出，"东汉中后期，外戚、宦官活跃，他们利用辟召，谋求扩张政界势力。辟召完全丧失了本来的使命和机能，专门成为扩大势力的方便之门。而与之对抗的士人官僚阶层，也凭借辟召加强团结，最终在东汉末年掀起党争的狂澜"。这是考量东汉政治史上各势力动向时应该注意的一点。

通过以上汉代选举的研究，永田指出，不同于西汉，任子之法在东汉的选举中越来越突出，选举难以发挥从庶民中选拔人材的功能，反而造成官僚的阶层固定化、门阀化。原因就藏在孝廉制之中，因为孝廉制是他荐制度，更偏向于推举已经有声望的官僚或豪族子弟，拥有察举权的又是从中央派到地方的郡守，不仅易于接受中央高官请托，而且统治地方时实在不能无视当地豪族阶层的意向，故而更倾向于推举豪族等有力者的子弟。不难预见，经过东汉一代，官位逐渐固定为家世，产生官僚贵族的门阀社会逐渐形成。

以上介绍了永田英正关于代表东汉选举制度特质的辟召制研究。关乎东汉选举，还有一些必须涉及的问题，如孝廉制改正，它包括定员制、限年制、课试制三点。所谓的定员制，武帝元光元年（前134）举孝廉伊始，制定的方针是各郡国推举一人，后来似乎增加到两人。然而东汉时期，和帝永元五年（93）前后，据司徒丁鸿和司空刘方的上言，当时制定了每二十万人口推举一人的"口率之科"（《后汉书》列传二七《丁鸿传》）；二十万人口以下郡国，每两年推举一人，十万以下者三年一人。后至和帝永元十三年

(101),针对边郡,更改为十万以上(至二十万以下?)每年推举一人,不满十万的郡国则两年举一人,五万以下者三年举一人。这个标准似乎一直延续到后来。福井从以上标准推测,每年举孝廉总数当不下二百六十人。如此相当数量待职郎官的官僚候补者,年年累积,自然会显露孝廉制的制度性问题,即郎吏过剩。如前引永田所述,正是这一事态成为辟召制盛行的原因之一。

其次,关于限年制和课试制。自东汉伊始,对年少者优先的孝廉一科,就有人心怀忧虑。(列传二二《樊鯈传》)明帝、安帝时期,孝廉需要参加对策或章奏测试。(列传三一《宋意传》、列传三四《胡广传》)东汉前半期,顺帝朝对孝廉的年龄限制和资格审查必要性要求变得十分迫切。阳嘉元年(131),当时的尚书令左雄提出,"孝廉年不满四十,不得察举,皆先诣公府,诸生试家法,文吏课笺奏",但"若有茂才异行,自可不拘年齿"。据福井的实证研究可知,左雄提出的孝廉选举改革,虽然其限年制流于具文,但也依然维持到了曹魏黄初三年(222)。而课试制度则在魏晋以后仍被继承,对科举制度的性质也产生了影响。福井摈弃了孝廉制注重儒家资质即孝道的传统解释,而是概述称,"孝廉的课试旨在选拔尊重儒学的学者型官僚和重视法令的实干型能吏"(第44页)。该课试法为福井的推测提供了根据,他认为孝廉制是对兼具儒、法双重资质的吏员的选拔,说"东汉时期的官僚是由儒法家两者构成的"(第44页)。因此,对孝廉科历史意义的理解,是关涉汉帝国统治理念的重要问题,有待进一步探讨,[①]这也是考察东汉政治史需要注意的问题。因为乍一看似乎东汉政界充斥的几乎都是儒家官僚,但事实并非如此。正如王充《论衡·程材》《量知》两篇比较的那样,东汉官场存在着儒生和文吏两种类型。[②] 在理解政界中官僚们的活

---

① 前引永田英正《漢代の選挙と官僚階級》中,引用《汉官仪》所载光武帝诏令,指出四种人才察举标准(四科)"均为孝悌廉公之行","这里的孝廉,不是与贤良方正、茂才等并列同举的选举科目,而是包括了贤良方正、茂才等诸科的总体。在诸科中,孝廉科地位优势明显"。四科中还包括了"明达法令、足以决疑、能案章覆问、文中御史"等。若如其所言,明娴法令的实务型官僚也包含于"孝廉"之中,那么福井的见解就不那么尖锐了。

② 佐藤匡玄在对王充的理想人物形象的研究指出,"若被称为'治事之吏''簿书之吏'的文吏是实务型官僚,那么儒生其所学是道(理念),是经典揭示的圣教,故而就是所谓的'经学之生'。若前者称为'法家型人物',那么后者正是经学型人物"。参看《論衡の研究》,創文社,1981年,附篇第二章,第299页。

动时,有必要考虑到孝廉推举的官僚并非全为儒生,即儒家官僚。例如,安帝时举孝廉的胡广到京师试章奏(列传三四《胡广传》),但是从他的经历来看,他与清流先锋李固不协,后因与外戚、宦官保持联系而在顺灵间的激烈政治动荡中全身而退。若他是儒家官僚,则会被视为清流的一员而被宦官弹压。实际上,他的业绩在于明习朝章的方面,尽管不能直接归类于西汉时期那种纯粹的法家官僚,但肯定是擅长实务的文吏型官僚。

行文至此,不禁冒出为何在顺帝时期出现了孝廉选才改革的疑问。制度史方面,福井重雅的研究已周密详尽,不过还需要考虑选举改革与当时选举实态的关系。改革可能是因为当时外戚、宦官的选举请托破坏了举孝廉之制。这一点将在本书第四章展开论述。

以上概述了东汉时期的选举制度。可以说,此前关于汉代选举的研究主要聚集于孝廉等科目的选任、郎吏制度、辟召等中央官场晋升途径等问题。作为乡举里选起点的乡里、郡县,这一层次的选举相关内容,严耕望的研究已作了制度性考察,但社会史角度的探索还不充分。此外,从孝廉制的制度性缺陷、辟召制的盛行等情况出发,看到的是乡举里选制渐趋名存实亡和门阀化,这种对东汉选举制度的发展过程的否定倾向,也存在于学界。

豪族阶层修习儒学逐渐形成知识阶层,并继而促进了官僚化。随着这股东汉时代的一般趋势,乡举里选制自然也产生了变化。乡举里选,就是把中央政府统治需要的人才从乡里选拔上来。从乡举里选制度的制定初衷来看,这个制度越来越显得名存实亡,也越来越门阀化。这种理解在某种层面是妥当的。但是,中央与地方的相互关系,使乡里社会产生变化,继而使乡举里选之制发生了质变。乡举里选之制又使乡里社会自主地向中央输送代表乡里的人物。若从这个角度来看,也可以将其视为制度的成熟。如此看来,作为下一个时代九品官人法的制度发展,乡举里选制的开展也就可以赋予其历史定位。要之,乡举里选的发展,不能只从中央政府的角度以否定性的方向来把握,也必须从地方社会的立场,以发展的角度来设定理解这一制度的取向。这不仅关系到选举制度,也关系到在汉代地方社会因国家的统治、支配而如何变化,以及发生变化了的地方社会如何反过来使国家出现质变的问题视角设定,继而关系到对汉代历史展开过程的探明。

思考以上问题之时,首先必须具体阐明现实中东汉地方社会的各种社会关系,以及这些社会关系与选举实态的关联。对于这个问题,本书第五章将从郡县层面的郡县吏任用和孝廉选举等的实态及其与豪族阶层的关涉入手,展开考察。

第三节　六朝贵族制社会形成过程论

东汉可谓秦汉帝国质变、崩溃的时代,但同时又是六朝时代的前奏。因内藤湖南的研究而被定性为贵族政治时代的六朝,在冈崎文夫、宫崎市定等人的研究下,我们对它有了更加深入的理解。[①] 宇都宫清吉继承了冈崎《魏晋南北朝通史》的观点,通过汉代豪族研究,将东汉时代从门阀体制的形成过程来加以把握。在宇都宫的见解上,再进一步将六朝贵族制社会形成过程具体化的是川胜义雄。川胜首先关注到党锢事件,发现被宦官压制的士大夫集团(即清流)成为六朝贵族的源头。[②] 这个见解受到增渊龙夫的批评。川胜作出回应之时,从党锢事件的社会背景到魏晋贵族制社会的结构,将其研究进一步深化。(详参第六章"引言")

川胜的六朝贵族制社会论中,很多论点都是立足于对党锢发展史的理解。这里单就东汉时期贵族制形成过程来看,其要点可归结为以下几个:第一,各大豪族造成的乡邑秩序分裂、崩溃危机在东汉末年越发显著。这是汉代特别是东汉强大和无孔不入的豪族支配乡里社会的结果。宇都宫的汉代豪族论赋予豪族某种进步色彩,将其定位为克服汉帝国支配体制的主体,但川胜则认为,豪族所具有的乡里破坏者性质和维持乡里共同体意愿之间有深刻的矛盾。其次,豪族阶层中知识分子辈出,形成了清流系士

[①] 冈崎文夫:《魏晋南北朝通史》,弘文堂,1932 年;宫崎市定:《九品官人法の研究——科举前史》,东洋史研究会,1956 年。
[②] 川胜义雄:《シナ中世贵族政治の成立について》,《史林》33 卷 4 号,1950 年。后改题为《贵族政治の成立》,收于氏著《六朝贵族制社会の研究》(岩波书店,1982 年)。

大夫集团。川胜认为,孕育出六朝贵族的"士"阶层成立于东汉末。这个士大夫阶层在东汉时期逐渐形成。知识阶级形成论是川胜说的另一大支柱。第三,清流系士大夫,即后来成为贵族的知识阶级,作为"民望",是一个由民众支撑起来的构造。展开而言,东汉末明确出现的"乡论",即乡里民众的意向,表现出对带有"领主化倾向"的宦官政府、浊流豪族的厌恶,以及对维持乡邑共同体秩序的贤者、有德者的支持。川胜认为,作为六朝贵族制的制度性基盘,九品中正制度也是在乡论的重层结构("乡论环节的重层结构")基础上成立的。

矢野主税聚焦东汉末期,对川胜义雄的六朝贵族制社会形成论,发表了不同意见。他的见解可用"六朝贵族寄生官僚论"一言以蔽之。为了证实自己的观点,矢野从各个方面考察东汉时期的官僚。要之,中央官僚的婚姻圈已经从郡县扩展到其他州郡乃至全国范围,故对中央官僚而言,他们的乡邑就是中央官僚社会本身。这是因为,时至东汉,生活空间与籍贯、墓地相分离("故土之分裂"),中央官僚从籍贯地游离,而寄生于王朝。此外,矢野又检讨了作为官僚政治意识的"'食禄之家'原理"。中央官僚具有一种意识,即他们的经济来源应出自俸禄,而非土地经营;而且他们中不少人的生活极端贫困。矢野指出,贫困的原因在于官僚散施等表现清廉的生活,但本质上还是俸禄不够,"东汉官僚依靠俸禄度日,过着寄生中央政权的生活","他们不是豪族,不具有经济实力,也不是自立势力"。这些寄生官僚与曹魏政权密切结合,继而门阀化,并经历代王朝而存续。贵族阶层只要不反抗新政权,即只要通过寄生新政权而保证其特权身份,就能够历经数代王朝而不倒。矢野的如上观点,与川胜义雄、谷川道雄两位强调贵族阶层相对国家权力具有自立性的见解相对立。①

以上介绍了川胜、矢野二位学者对六朝社会形成过程的一环——东汉时代的把握。而狩野直祯则从东汉政治史领域来考察六朝社会形成的问题,他将东汉时代作为魏晋南北朝贵族社会的准备期,通过梳理豪族的官僚化进程,从政治过程分析"礼教派"即清流的形成,尝试以此展望贵族制

---

① 矢野主税:《門閥社会成立史》,国书刊行会,1976年。笔者对矢野该书的书评,见《东洋史研究》第35卷4号,1977年。

社会,为理解东汉政治史提供了基本构架。① 但是狩野的见解过于拘泥"礼教派"即清流的设定,缺乏对东汉中后期外戚、宦官、儒家官僚间复杂的协同、对立关系的精细把握(参见本书第四章)。总之,我们终归要阐明的问题,即川胜义雄所揭,清流作为六朝贵族的源流,在东汉中期以后如何成为中央官界的主要势力。为此,必须根据东汉政治史的过程,来解释东汉政治史的特征:外戚、宦官专权和清流派儒家官僚,在中央政界有着怎样的关系,儒家官僚如何克服这些专权,并成长为贵族制社会的主角。为了探明东汉中后期政治过程,当然还需要明确作为前提的东汉前期政治发展。而关于这个问题,除了狩野有所研究,几乎未被触及。

从如上焦点问题出发分析东汉政治进程,必然会涉及与西汉政治史也密切相关的东汉政府内外朝和尚书的问题。

在日本,西嶋定生、增渊龙夫二人的研究,正式将这一问题的讨论与汉代政治史、国家构造相关联。西嶋对武帝执政五十四年间生成的内外朝结构,指出了一种演化倾向:"原本汉王朝的国政应在丞相、御史大夫的总领下,由大司农以下的九卿廷议来审定,最终由皇帝制曰可。然而,政策的提出和拍板却实际掌握在皇帝身边的亲信手中,丞相府以下的中央行政机构只能逐渐沦为执行机构。"②增渊也指出,"由丞相、御史大夫及其下属机关构成的制度上的中央政府,作为外朝,变成了纯粹的事务执行机构,而国政实权转移到了内朝"。③

近年来,劳干详细考察内朝官,见解与上述两位不谋而合。劳干早就注意到了内外朝的区别,指出内外朝具有内朝"拟定"制诏、外朝"执行"的机能区分,尚书便是内朝拟定制诏的机构。④

---

① 狩野直祯的政治史研究见《後漢時代地方豪族の政治生活——犍為張氏の場合》,《史泉》22号,1961年;《後漢中期の政治と社会——順帝の即位をめぐって》,《东洋史研究》23卷3号,1964年;《李固と清流派の進出》,《田村博士頌寿東洋史論叢》,1968年,等等。后收录于氏著《後漢政治史の研究》(同朋舍,1993年)。笔者的书评,见《东洋史研究》952卷3号,1993年。
② 西嶋定生:《武帝の死——〈塩鉄論〉の政治史的背景》,《古代史講座》第11卷,学生社,1965年,后收入《中国古代国家と東アジア世界》(东京大学出版会,1983年)。
③ 增渊龙夫:《中国古代の社会と国家》(弘文堂,1960年)第二篇第二章《漢代における国家秩序の構造と官僚》。
④ 劳干:《论汉代的内朝与外朝》,《"中研院"历史语言研究所集刊》第13本,1948年;《汉代尚书的职任及其和内朝的关系》,《"中研院"历史语言研究所集刊》第51本1号,1980年。

在以上内外朝的理解基础上，镰田重雄研究了尚书从西汉到东汉的变迁，探索两汉尚书的演变脉络。汉武帝设置的中书令（中书谒者令）与自霍光开始的"领尚书事"（其下有尚书令）之间，曾开展过权力争夺。成帝时罢中书宦官，初置尚书五人（武帝以来尚书令下设仆射与列曹尚书四人）；此后，西汉又设置三公制与大司马领尚书事。这些事件过程，都在镰田重雄的研究下明确展现出来。镰田又就东汉的尚书分析了光武帝设置六曹的背景，指出与西汉相比尚书令权限巨大，而且西汉的"领"尚书事和东汉的"录"尚书事，区别在于前者未制度化。总之，内朝核心机构尚书经过制度性整备，作为内朝权力机构的性质凸显，东汉从而形成了以尚书为中心的权力机构。①

除此之外，山田胜芳认为东汉时期是尚书执行体制的发端时期。研究指出，东汉的"财政政策由尚书全权掌控，大司农、丞以下忠实执行，这些部门日益成为单纯的事务执行机关。也就是说，制度上要到东汉才确立的一元财政，完全没有带来大司农权限的强化"。对尚书与少府的关系，山田认为尚书绝非少府的直属机构，只是在官簿上作为少府的属官。而东汉尚书权限的强化，最终是由想要强化皇权的光武帝实现的。②

富田健之立足于以上研究史，批评传统解释，提出尚书与内外朝关系的新见解。他对前辈学说的批判有如下几点：③

首先，对西嶋、增渊的理解，他指出，对于内外朝的结构，与其从昭帝时期的内外朝来讨论，倒不如从内外朝萌芽的武帝时期的政治状况来理解。传统理解认为，昭帝时期掌权的霍光政权立足于内朝，但内朝不过是霍光的一个权力基础，支撑其权力的还有军事力量、对尚书权限的掌控等错综复杂的力量。仅从当时内外朝的状况来看，无法认为这是汉代内外朝的实态。至于尚书，传统上认为它是内朝的中枢，从中产生了内外朝组织性机能的分离。在富田看来，尚书和内朝本就不能等同。他通过考察武帝时期

---

① 镰田重雄：《漢代の尚書官——領尚書事と録尚書事を中心として——》，《東洋史研究》26卷4号，1968年。
② 山田胜芳：《後漢の大司農と少府》，《史流》18，1977年。
③ 以下富田的见解，参见富田健之《内朝と外朝——漢朝政治構造の基礎の考察》，《新潟大学教育学部紀要》27卷2号，1986年。

内外朝的形成过程,得出以下结论:

> 武帝时期的内外朝,并非如以往的理解那样,内朝作为新的国政负责机关出现,外朝逐渐成为单纯的事务执行机构,二者的关系不是出现了组织机能的分离,而是像咬合的齿轮一样,在同一个组织内相互有机关联,从而将皇帝的个人统治意志转化为国家的统治方针。第二,内朝出现的背景,亦并非如传统观点所说的那样,武帝对自身权力的集中导致独裁,并造成丞相以下官僚机构国政承担机能的下降乃至丧失。相反的,应该认为,通过从组织机能上强化现有的官僚机构,进而更强有力地确立皇帝的支配权力,正是统治方式的变化。

这种新的统治方式表现为"组织性支配"。再者,"前一节中,武帝时期出现的内朝和现有官僚机构(外朝)形成的结构,可以视为面向'组织性支配'的官僚机构的发展过程中的过渡形态。根据这一推论,东汉初期侍中、中常侍的本官化和其他加官的废止,是对处于过渡中的内外朝结构的发展性消解。具体而言,内朝与现有官僚机构一起,形成作为一个组织体的新官僚机构,但尚未充分一体化的内朝发展性地消解了,从而完善了组织和功能上都有一定程度一体化的新官僚机构的体制。另外,这种内朝的发展性解消,与以往内朝'外朝化'的观点有本质不同"。富田在另一篇文章中,考察了东汉时期的"内""外"及其与尚书的关系,[①]提出以下见解:

> 李固的对策中,外、内的所指是"因西汉内朝、外朝结构的发展性消解而形成的新官僚机构,是'外'。在这个过程中被逐渐析出分离的宫中,即'内'"。一方面,"尚书作为'陛下喉舌',统御运用皇帝的官僚机构,从而运转国家政治。它处于皇帝统治的基本局面上,承担着使这些官僚机构的统御运用实现组织化、体制化的意义";另一方面,"作为'与陛下共理天下者',尚书的存在方式并不意味着尚书外朝化,或取代以往三公九卿的政务担当而机构化,而是强化了国政承担机能,具有形成新官僚机构的意义。

---

① 富田健之:《漢時代における尚書体制の形成とその意義》,《东洋史研究》45卷2号,1986年。

这里的国政承担机能,作为一个组织,由尚书和三公九卿以下一同构成"。结论认为,"汉代的尚书作为'陛下喉舌',在使皇帝统治组织化、体制化的同时,作为'与陛下共理天下者',尚书旨在于官僚机构的中枢形成一个被组织化的新官僚机构。从这个意义上讲,汉代尚书的兴起发展,应该说是汉朝新统治体制——尚书体制的形成。进一步说,这具有形成以皇帝为顶点的被组织化的国家权力的意义"。[1]

梳理以上学术史,发现有两个问题:一是内外朝的政治机能的性质问题,二是内外朝政治机构中尚书的定位问题。进而从与两汉政治史的关系来说,还需要处理外戚掌权与内外朝、尚书关系的问题。对此,我们将在本书第二章展开。先看第一个问题。姑且不论富田的研究,不可否认,随着内朝成立,此前与皇帝直接接触、参与国策设计的外朝,更轻易地从国家决策之场渐行渐远。诚如富田所言,武帝时期的内朝形成,由于内朝被嵌入新官僚机构之"中",可能会进一步强化现有官僚机构即外朝的国政担当机能。但同样不可否认,到了成帝时期,包含经历了制度性完善的尚书在内,内朝作为国家意识决定机关,越来越相对独立,而外朝则越来越成为事务执行机关。换言之,将皇帝的统治意志作为官僚机构来完善,将皇帝的统治意志提高到统治机关整体发布的国家方针的层面,富田的这种把握有可取之处;但若从内外朝不同的政治机能来看,不得不说是"组织功能性的分离"。

关于第二个问题,富田对东汉"内""外"的把握值得肯定。换言之,宫中与政策的决定、执行机关(尚书及三公九卿以下各官厅)分离,同时各自发挥政治功能,这意味着变化出了不同于西汉的政治结构。但是,对尚书角色的定义还有些疑问。这是因为,"陛下喉舌"和"与陛下共理天下者"在角色上有所重叠。前者表示的是与侍中等同为皇帝秘书的身边亲信的

---

[1] 对以上富田的讨论提出反对意见的有田中良《領尚書事と"政"の委任》(《鷹陵史学》14,1988年)、藤田高夫《前漢後半期の外戚と官僚機構》(《東洋史研究》48卷4号,1990年)。富田的回应见《漢代政治制度史に関する二・三の問題——内朝・外朝及び尚書問題についての近年の研究をめぐって——》(《東亜——历史与现在》创刊号,1992年)。

角色。① 后者,富田指出,是"旨在于官僚机构的中枢形成一个被组织化的新官僚机构"。在东汉时期,后者的作用比重增加,尚书直接承担国政提案、审议的职能。由此,镰田和山田等学者提到的"尚书外朝化,或取代以往三公九卿的政务担当而机关化",若进一步而言,将之理解为现有三公九卿以下的官僚部门的执行机关化,从实际情况来看甚为合理。尚书的"陛下喉舌"和"与陛下共理天下者"的双重角色,在东汉时代确实存在。也就是说,若宫中为"内(朝)",宫中之外的为"外(朝)",则尚书直属于皇帝,在"外朝"化的同时,也没有放弃作为皇帝秘书官、亲信的"内朝"角色。不过,尚书的"外朝"化,应是东汉时期才有的。特别是东汉后期,如"事从中发""从中发之"云云所示,针对儒家官僚垄断尚书职位,出现了一个新情况,宦官成为皇帝秘书、亲信而干预政治。尚书显然脱离了皇帝直属,亦即实际上变成了"外朝"性质的政务机构。正如富田所说,不同于西汉,东汉的"内朝"指皇帝和皇后私人起居的宫中。② 然而,宫中正是外戚、宦官擅权的政治场所。在这个意义上,宫中作为"内朝",与以尚书为首的官僚机构对立,这是东汉后期政治机构的局势图景。问题是,在东汉时代政治过程中,"内""外"也好,"事从中发"等语也好,这些发动政治权力的"场"的关系结构,包括当时宫中的布局,应该得到更为具体的考察。对此,本书第四章第三节作了尝试。

另一问题在于,如富田所言,东汉时期,以实现皇帝为顶点的"组织性支配"为目标的政治机构有所发展,那么为何外戚和宦官倚靠的宫中"内朝"残留了下来,并在政治上影响重大?富田预备将这个问题与宦官的政治崛起这一具体的时代性特殊问题联系在一起讨论。不过笔者认为,皇帝(权力)与进入官界的那些来自各地的儒家官僚阶层之间的关系,才是解决问题的关键。

---

① 富田健之《後漢時代の尚書・侍中・宦官について——支配権力の質的変化と関連して》(《东方学》64辑,1982年)认为尚书逐渐丧失秘书官性质,而变化为国政担当机构。
② 《资治通鉴》卷五三"桓帝元嘉元年闰月"条曰:"(桓)帝欲褒崇梁冀,使中朝二千石以上会议其礼。"胡三省注谓:"西都中世以后,以三公、九卿为外朝官。东都无中、外朝之别也。此中朝,直谓朝廷。"

第四节 本书课题

　　根据上述研究情况,东汉史研究的课题在哪里呢?问题点如宇都宫所言,要将庶民的世界与强权的世界,即社会与国家相互对立、相互依凭的过程,置于东汉政治史、社会史中去具体考察,并由此展望六朝贵族制社会。从这一观点出发,我们整理出以下课题:

　　首先,持续把握东汉二百年的政治过程,从外戚、宦官掌权与儒家官僚政治活动的关系中,探索东汉皇帝统治方式的变化。

　　第二,通过与共同体论的关系,来阐明东汉社会的变质过程。依据第一节中介绍的多田、河地二人的见解,假设汉代乡里社会的变化经历了父老性里共同体→豪族性里共同体→豪族共同体的过程,那么在哪些时间点上完成各种共同体间的推移?根据多田和河地两人的观点,进入东汉后,很可能会被认为是一举转变为"豪族共同体"或"豪族性里共同体",但两位学者没有考虑到地域间的差异。也就是说,根据地域的不同,既有进入东汉之后从"父老性里共同体"向"豪族性里共同体"过渡的地区,也有在东汉初就已有向"豪族共同体"转变的地域。增渊龙夫提倡对汉代社会作地域性考察,他本人就研究了河北地区的豪族社会,①但未延伸至其他地域,整体性的地域研究尚不充分。不过,鹤间和幸、佐竹靖彦等人的地域性研究已形成论文发表。② 鹤间以木村正雄的理论为线索,结论认为,"小农经营在战国以后由国家设置的新县中,作为支配性生产关系出现;而另一方面,旧县中,豪族经营作为次等生产关系,在邑共同体崩溃的过程中逐渐成长"。

　　对此,佐竹加入了对两汉户口的统计调查,制成各种分布图,据此推导论述称,"在汉代全国各地都可以看出族结合体的变质崩坏(单核家族普

---

① 增渊龙夫:《漢代郡県制の地域別の考察　その一——太原・上党二郡を中心として——》,中国古代史研究会:《中国古代史研究》,吉川弘文館,1960年。
② 鹤间和幸:《漢代豪族の地域的性格》,《史学雑志》87編12号,1978年;佐竹靖彦:《漢代十三州の地域性について》,《历史评论》357号,1980年。又,多田狷介《黄巾の乱前史》(《東洋史研究》26卷4号,1968年)一文中,有对豪族的地域分布和人口密度关系的考察。

遍化)→豪族势力的成长这一历史趋势"。这与鹤间提出的二元论不同，而是按照以往通说性理解得出的结论。而且，佐竹认为，豪族势力的发展，整体上对地区再生产结构带来了不稳定因素，即激化了地域社会矛盾。与此同时，在黄河中游流域和长江、珠江流域，主要表现为旧县豪族势力的发展已经达到了顶峰。黄河下游，以幽州、冀州等地域为中心，克服齐民制统治的新型豪族体制即新县型豪族统治逐渐确立。若从整体上把握关乎皇帝统治体制的小农与豪族关系而言，佐竹的分析方法和结论较为有效。但是，"豪族势力的发展"、其发展的"顶峰"具体何指，主要由于佐竹统计的对象以家族数量的多寡和家族规模为中心，因此家族规模的扩大能否立即显示豪族的发展趋势，这些问题终是令人怀疑。在这一点上，佐竹论文的"结语"指出，作为豪族势力发展的基础，铁制农具的普及和牛耕的掌握，特别是牛和铁犁的组合，带来了农业技术的进步；另外，水利灌溉设施的建设及其垄断使用，在这样的趋势下，"黄河下游地区新县型豪族的发展，使得就算是国家性质的土木工程，其实施也建立在豪族的秩序之上，其性质也被重组为服务于豪族的土木工程"。以上，作为应该具体考察的课题非常重要。无论如何，我们在探究东汉社会的展开过程时，也必须继承两位先生关于地域性研究的成果。本书的一大课题，就是在考察东汉政治、社会之际充分考虑地域发展的特点和速度。

　　第三个课题是，在各共同体间推移的过程中，豪族如何改变皇帝统治体制，成为政治的统治者阶层？这一过程，东汉国家的性质是否发生了质变？对此，川胜义雄、矢野主税二人分别基于各自描绘的六朝社会面貌，从知识阶层的形成、官僚阶层依附王朝的寄生化等方面，讨论东汉时代豪族出身官僚向政治支配阶层的转变。不过，川胜的讨论以东汉后期为限，形成史的论述未延及整个时代。矢野也拘泥于官僚寄生化的观点，而未充分立足于当时的政治过程。两人亦均没有积极论及伴随豪族官僚化的国家性质变化问题，因此在东汉二百年的政治与社会进程中，这个问题依然有待具体阐释。

　　为解答上述三个课题，以下各章一步步来考察东汉二百年间政治和社会的密切关系。

作为本书论述中的必要前提,需要在这里提及的是东汉二百年的时期区分和地方社会的地域区划问题。

言及东汉史时,经常会提到"和安之际"。它与常用词"桓灵之间"类似,在东汉史上具有一股历史意味,用于指示具有某种特征的时期。"和安"自然是指东汉第四代和帝(88—105年在位)与其后短祚的殇帝的继任者安帝(106—125年在位)两代天子。以皇帝在位期间作为时期划分,并不能保证精确。但是,在以上两任天子在位期间,出现了宦官插手政治、西北羌人入侵、灾害频发及随之而来的流民日增和叛乱四起等现象。与谥号和、安的象征意义不侔,帝国逐渐丧失了和平安宁,"和安之际"被视为东汉帝国开始式微的时期,与光武、明、章朝之间表现出明显距离。使用"和安"一词的历代史家恐怕也认为这一时期具有上述特征,这样的时期划分应该有一定合理性和有效性。如此,若按皇帝在位时期划分东汉史,可以分为"和安"及其前后三个时期,即光武、明、章,和安,以及其后的顺、桓、灵。章帝、顺帝统治时期具有过渡性质,而灵帝死后或也可作为末期,遂将东汉史四分。本书将东汉大致分为前期、中期、后期,因不同场合而或使用如"桓帝时期"等以皇帝名号定位的时期划分。

其次关于地域划分。前述鹤间和幸的地域划分,首先大致分为华北粟作地带和华中、华南稻作地带两片,粟作地带又细分为关东、关中、北境边郡三区,稻作地带细分为江淮、巴蜀、南境边郡三区,合计六个区域,本书基本按照如上划分。不过,鹤间重视豪族的地域性特征,从而也重视农业生产上的地域性。本书则主要着眼于政治史考察,从不同于鹤间的观点出发,鹤间关于地域划分的归纳方法,在某些情况下就未必适用,本书试图在这方面作一些补充。例如,江淮地区涵盖了相当广阔的范围,有必要进一步细分,同时也需根据政治、社会关系等因素,重视相邻接壤地区的情况。汉中郡在鹤间的划分中属于江淮地域,其实它更接近巴蜀地区。颍川郡属于关东,但特质更类似江淮地域的汝南、南阳等郡,与位于关东之东北的齐郡等完全不同。

最后,对本书大量运用的范晔《后汉书》的史料价值问题略作说明。如所周知,范晔《后汉书》是利用《东观汉记》、七家后汉书、袁宏《后汉纪》

等已有史书,基于范晔一家之见编著而成的。因此,范史之前的诸后汉书间虽有不同记载,但也应充分考虑到,范晔在编撰原有史料的过程中,难免依据自身的历史观来进行解释。此外,范史还采用了盛行于六朝时期的志怪小说式的记载。本书尽量回避范晔的个人解释,努力使用表示事实关系的史料。必要情况下,也会利用范史之前的后汉书进行考证。另外,本书在引用《后汉书》内容时,为避免繁琐,省略"《后汉书》"书名,直接标示诸如"《光武帝本纪》""列传一《刘盆子传》"之类的纪传篇名。

第一章　前期三代的统治与乡里社会

引　言

东汉,是一个怎样的时代？宇都宫清吉有过如下叙述:"若说汉室由此人而中兴,仅此一点,就能想象东汉帝国所具有的特征。这一时代,成熟、优美、平和、稳健、繁荣……但另一面,沉滞、形式主义、矛盾、无力、绝望等因素也在大规模弥散。"此人便是东汉王朝的创立者光武帝刘秀。宇都宫又将刘邦与刘秀进行比较,认为:"刘邦所处的政治环境是豪放的,与此相对,刘秀所处的政治环境则充满了文化上的典雅。个中原因虽在于两位领袖性格的差异,但同时也源于两人出身的社会阶级的巨大差别。"① 成熟、优美、平和、稳健、繁荣本就是相比于西汉时代的结果。但人们会这么说,繁荣这一点不是西汉更胜一筹吗？虽然根据各自视角与价值观的不同,论者的印象各有差异,但笔者却倾向于宇都宫的说法。任何人只要通读《后汉书》便可明确,东汉帝国成熟、优美、和平、稳健、繁荣等印象,正是由前期光武帝、明帝、章帝三代的统治所带来的。本章便对此三代的政治状态及当时的社会实况进行考察,也借此观察沉滞、形式主义、矛盾、无力、绝望等逐渐扩张的萌芽。

---

① 宇都宫清吉:《漢代社会経済史研究》,弘文堂,1955年,第83页。

第一节　光武帝、明帝的统治理念

一、光武帝、明帝的统治理念

建武三年（27），光武帝平定了王莽末年诸多叛乱中最大的赤眉之乱。建武五年（29）之前，又平定了所有农民起义。建武十年（34）、十二年（36），又陆续征服隗嚣集团与公孙述政权，统一了天下。统一过程中，光武帝果断施行了一系列改革。建武六年（30），并省四百余县的同时，削减了地方官吏的定员人数，同年下达奴婢解放令。[①] 建武七年、八年间，接连撤废征兵制度，其中包括郡兵、将军职、都尉官的废止。[②] 平定天下后，建武十五年（39），实施度田政策，下令调查天下的户口、田地。毋庸赘言，这些政策意在重建国家财政，以及增加、掌握税役承担者——编户之民，从而确立财政基础。通过此类统治制度的整备，构筑了新王朝的根基，然则光武帝又采取了什么样的统治方针呢？

内藤湖南在其著作《中国上古史》（《支那上古史》）中，称赞光武帝的统治方针：不予功臣以政治实权，政治皆委任于行实务者，天子掌握实权，统辖三公以下官员；并指出，光武帝、明帝两朝大治，以西汉衰亡为鉴，留心外戚掌权之事。内藤氏指出的这一点与下引《东观汉记》卷二（吴树平校注：《东观汉记校注》，中州古籍出版社，1987 年）的记载是一致的。其文曰：

> 初，世祖（光武帝）闵伤前世权臣太盛，外戚预政，上浊明主，下危臣子，汉家中兴，唯宣帝取法。至于建武，朝无权臣，外族阴、郭之家，不过九卿，亲属势位，不能及许、史、王氏之半。

[①] 关于光武帝的奴婢解放令，藤家礼之助《王莽の奴婢政策と赤眉の乱》（《东海大学纪要　文学部》12 辑，1974 年）中有所考察。

[②] 关于光武帝缩减军备的问题，参照滨口重国《光武帝の軍備縮小と其の影響》，《东亚学》第 8 辑，1943 年（收入氏著《秦汉隋唐史の研究》（上），东京大学出版会，1966 年）；小林聪：《後漢の軍事組織に関する一考察——郡國常備兵縮小後の代替兵力について》，《九州大学东洋史论集》19，1991 年。

经历过王莽篡位的光武帝,自然视权臣的出现为最大忌讳,认为将权力集中于皇帝一人是汉室复兴的紧要课题。从这一根本的政治姿态出发,皇帝亲自统领了内藤湖南所说的"行实务者",也就是尚书,警惕权力向臣下转移。仲长统《昌言·法诫篇》评价称:"光武皇帝愠数世之失权,忿强臣之窃命,矫枉过直,政不任下,虽置三公,事归台阁。自此以来,三公之职,备员而已。"(列传三九《仲长统传》)所谓即此。这里的"台阁"指尚书。西汉时期,尚书只设尚书令,成帝时期增设尚书为五员,即仆射与四曹尚书。光武帝继承此制,更增设为六曹。但此六曹之曹名与其职掌却不甚明确。据《续汉志》,成帝设置常侍曹(公卿之事)、二千石曹(二千石之事)、民曹(凡吏上书之事)、客曹(外国夷狄之事),光武帝又分割二千石曹与客曹而为六曹。但是,分割二千石曹而成的曹名与执掌不明,在其他的文献中又有三公曹与吏曹。由此,东汉时期的六曹似乎因时期不同而有所变化,难解其详。① 无论如何,东汉时期,由令(一人,千石)、仆射(一人,六百石)、尚书(六人,六百石)、左右丞(各一人,四百石)、侍郎(三十六人,四百石)、令史(十八人,二百石)构成的尚书台成为了重要官署,以致于尚书令与司隶校尉、御史中丞在朝会时被赐予固定的座席,被称为"三独座"。政府最高官职为三公,即大司徒、大司空、大司马,其上有时或设太傅。建武二十七年(51)改称为司徒、司空、太尉,但此等太傅、三公只有录尚书事、统领尚书,才能掌握实权。而光武帝时尚无此制度,直至章帝以降才最终形成。

另外,前引《东观汉记》的评论中,有"汉家中兴,唯宣帝取法"之语,但光武帝为什么要承袭宣帝的统治理念呢? 在中央,宣帝从霍氏手中夺权亲政自是原因之一,但与武帝任用酷吏压制豪族的政策不同,作为地方统治的方针,宣帝时期开始任用循吏,对豪族势力采取怀柔的政策。② 一般认为,东汉王朝针对豪族的政策未能采取武帝时期的压制之法,只能通过与

---

① 参见安作璋、熊铁基《秦汉官制史稿》(上、下),齐鲁书社,1985年。
② 参照好並隆司《西漢元帝期前後における蔽沢・公田と吏治》,《冈山大学法文学部纪要》19号,1964年(收入氏著《秦汉帝国史研究》,未来社,1978年);重近启树《前漢の国家と地方政治——宣帝期を中心として》,《骏台史学》44号,1976年等。

豪族的妥协,利用他们在地方的势力施行统治。东汉王朝也只能承认,经过西汉后期,豪族已蔚然成势,汉代社会的现状,是王朝已不再能通过武力使豪族屈服。尽管东汉王朝意图借创业威势强化皇帝支配体制,但对地方社会中的豪族势力却束手无策。由此可以认为,豪族出身的光武帝之所以取法宣帝,是为了模仿宣帝的政策,宣帝承认地方豪族势力自武帝以后已难以拔除,同时意图驱使循吏,强化皇帝支配体制。

正如"明帝察察"(《章帝纪》)、"明帝善刑理,法令分明"(《明帝纪》)的评价所言,继承光武帝所创伟业而即位的明帝,在王霸道杂之的汉家传统统治方针中,更倾向于法治主义的措施。

明帝(刘庄)即位时的事态十分复杂。光武帝的皇后初为郭氏(圣通),但随着光武帝的宠爱转移至贵人阴氏(丽华),郭氏因抱有怨恨之情而被废,最终被贬为中山王太后。与此同时,已是皇太子的郭氏之子刘强也被降为东海王,取而代之的是阴氏之长子刘庄。光武帝或许是想让自幼明敏的刘庄成为自己的后继者。明帝在成为太子的同时,也不得不在与东海王强、郭皇后之父郭况等人的微妙关系之下,开始他的政治生活。最终,光武帝驾崩,明帝作为第二代皇帝即位后不久,便发觉胞弟广陵王荆以郭况之名致书东海王强劝其谋反。广陵王荆为阴皇后第三子,此后又数次因谋反的嫌疑而被贬责。刘荆谋反之事留待后述,但其假冒郭况之名劝东海王强谋反,则与前述郭皇后废黜事件关系甚深。

发生在即位之初的这件事给明帝冲击很大。这件事不单是胞弟谋反,也意味着各种势力依附光武诸子发起反明帝行动的可能性。明帝也确实感觉到了自己政权基础的脆弱。从这里也可看到其采取法制主义政治方针的一个原因。

明帝的政治似乎极为严切,列传三一《钟离意传》曰:

> 帝性褊察,好以耳目隐发为明,故公卿大臣数被诋毁,近臣尚书以下至见提拽。……朝廷莫不悚慄,争为严切,以避诛责。

有人深感官吏苛酷之弊害,对明帝的政治方针持批评态度。列传三一《宗均传》曰：

> （宗）均性宽和，不喜文法，常以为吏能弘厚，虽贪污放纵，犹无所害；至于苛察之人，身或廉法，而巧黠刻削，毒加百姓，灾害流亡所由而作。及在尚书，恒欲叩头争之，以时方严切，故遂不敢陈。

此处的"文法"即法律之意，当时称呼能奉"文法"者为"文吏""文俗吏"。根据江幡真一郎的研究，文吏本指从事文书事务的官僚、小吏，因精通法律而被任用为"文法之吏"，主要处理司法事务。在以法家的法术政治为基调的西汉，文吏之语作为"法术主义的象征性称呼"被用来指称"执法的官吏"。但伴随着西汉以来儒家官僚进入朝廷，特别到了东汉以后，文吏便被视为"精通实务的事务性官僚"。①

正如"退功臣而进文吏"（《光武帝纪》）所言，这些文吏的任用也是光武帝的方针。如列传一六《赵憙传》云：

> 后拜怀令。大姓李子春先为琅邪相，豪猾并兼，为人所患。憙下车，闻其二孙杀人事未发觉，即穷诘其奸，收考子春，二孙自杀。京师为请者数十，终不听。时赵王良疾病将终，车驾亲临王，问所欲言。王曰："素与李子春厚，今犯罪，怀令赵憙欲杀之，愿乞其命。"帝曰："吏奉法，律不可枉也，更道它所欲。"

由上可知，对光武帝而言，即便有叔父临终之托，也不能枉法，法乃政治基础之所在。光武帝虽以好儒学特别是崇尚谶纬而著名，但现实政治的运用却不能置法于不顾，对于这一点光武帝心知肚明。这正是奉法之文吏作为其手足而得到重用的原因。

另外，上举史料中出现的赵憙，是光武帝、明帝任用的文吏官僚中最具代表性的人物。赵憙为南阳宛人，仕光武帝、明帝、章帝三代。他最初虽仕

---

① 江幡真一郎：《漢代の文吏について》，《田村博士頌寿東洋史論叢》，1968年。

更始帝政权，但在更始败后，却得到光武帝认可，身为怀令，不避强御，之后又为平原太守，成功平定了盗贼。这样的人物，着实令人联想起西汉时期的酷吏。明帝时，赵熹又竭力为朝廷制定典礼，从永平八年（65）到明帝驾崩的永平十八年（75），行太尉事。其经历正展现了完美的文吏官僚形象，兼具"执法的官吏"与"精通实务的事务性官僚"之两面。从《宗均传》的记述可以推想，明帝所选用的官僚中恐怕都多是此类文吏官僚。

那么，对于光武帝所抑制的功臣，明帝又采取了什么样的态度呢？辅佐光武帝创业的所谓云台二十八将，合王常、李通、窦融、卓茂四人共三十二人，作为功臣被一一记载于《后汉书》列传一二中。光武帝的策略是给这些人封侯，给予奉朝请的待遇，但却不让其参与实际政治，① 亦即给予官禄而不授予官职的做法。明帝似乎也遵奉这一策略。若查阅三十二功臣传记便可知，大多数人在建武年间，最迟至永平初年离世，明帝时期基本都是他们的第二代继承了侯国。然而，除了一二例外，这些第二代基本没有就任显职者。② 不过，对于既为功臣也是皇室戚属的郭氏、阴氏、马氏，以及作为豪族在乡里拥有势力、最该为东汉王朝戒备的邓氏、窦氏、梁氏、耿氏等，还需采取与一般功臣不同的对策。光武帝、明帝通过授予官职、下嫁公主、立其女为皇后等政策，加深七姓与皇室的联系。③ 正如李学铭所指

---

① 只有出身南阳的邓禹、李通、贾复三人可与公卿共议国家大事。参照列传七《贾复传》。
② 除去后述受到优待的功臣，仅有任光之子隗、岑彭之子遵分别位至司空与屯骑校尉。顺便一提，二人均为南阳出身。
③ 光武帝、明帝时期七姓的动向列记于下：
【郭氏】真定豪族，田宅财产号为数百万。光武帝在与王郎政权对立时，为了吸收臣属于王郎的汉宗室真定王刘扬的势力，遂娶其外甥女郭圣通。此即郭皇后，乃大姓郭昌与刘扬之妹所生之女。光武帝借此吸收刘扬与郭氏的势力，最终打败了王郎。其后，郭皇后之兄况，以及同族郭竟、匡等被封为列侯，况为大鸿胪，"帝数幸其第，会公卿诸侯亲家饮燕，赏赐金钱缣帛，丰盛莫比，京师号况家为金穴"（纪十上《皇后纪·郭皇后纪》），隆盛之至。据说明帝也给予郭氏与阴氏相同的待遇。但是郭氏在郭皇后被废后未再振作。
【阴氏】南阳新野豪族，为光武帝皇后阴丽华一族，参加光武创业者为阴识、阴兴兄弟。此二人深得光武帝信任，辅弼明帝，并在光武帝巡幸之际，负责京师护卫。其任官，阴识为侍中、执金吾，阴兴为卫尉、侍中等，皆拜为要职。尽管如此，阴氏方面却常陈谦退之辞，识、兴皆谢绝增封、晋升官位。阴兴之弟阴就，虽继承了父亲阴庆宣恩侯之封爵，但阴就之子丰尚光武帝女郦邑公主，明帝永平二年因杀害公主而被诛，阴就自杀。不过，明帝因舅氏之故，未加罪于阴就的兄弟识、兴。阴氏后虽因阴识之孙纲之女为和帝皇后，迎来一时的兴盛，但纲父子因被宦官等构陷而自杀，此后阴氏势力不振。
【马氏】出身扶风茂陵。据说是战国赵将赵奢子孙，居邯郸，武帝时以"吏二千（转下页）

出的那样，东汉王朝的婚姻政策发挥了巨大的效果。① 然而，尽管对七姓极尽优待，但光武帝、明帝绝不会放松缰绳。三公之职与尚书、大司农等关系到政治关键的官职绝不任用七姓（邓禹虽曾官任司徒，但这是光武帝即位时的事，可以认为只是形式而已）。而七姓更多地就任卫尉、光禄勋、执金吾等中央警卫，以及外征、平定相关的各种将军之职，和黄门侍郎、侍中等少府系统的官职。② 特别是明帝对此七姓加以免官、罪诛，毫无宽赦，时刻警惕权力向这些功臣集中，与章帝时期形成了鲜明的对照。若说光武帝因曾经同甘共苦而对诸功臣采取温情主义的态度，那么明帝便是采取了冷酷的态度。

通过以上讨论，可得出结论：光武帝、明帝的统治理念是，在抑制权力向诸功臣、外戚集中的同时，企图通过驱使文吏官僚，利用法来树立皇帝一元统治。明帝严切的政治方针便是要将此理念彻底施行。正如"是时天下安平，人无徭役，岁比登稔，百姓殷富，粟斛三十，牛羊被野"（《东观汉记》卷二）所言，明帝时期成为东汉朝最安定的时期，"盛世"得现。然而若追

（接上页）石"徙茂陵。明帝马皇后父援初仕光武帝的对手隗嚣，后附光武帝（援未入二十八将），在平定异族战争中建功卓著。建武二十五年，逝于讨平武陵五溪蛮途中。马皇后立，援子廖、防、光分别被任命为羽林左监、黄门侍郎（光同），但在明帝时期未受封，并不显贵。而在章帝即位后，至建初八年被诛之前，马氏贵极一时。

【窦氏】出身扶风安陵。宣帝时，以"吏二千石"故徙自常山。据说是文帝窦皇后之子孙。窦融好任侠，初虽在王莽侧，其后却成为河西地方一大政治势力，对光武帝来说是很大的威胁。后附光武帝，其被优待，官至卫尉、将作大匠，与弟城门校尉友共同统领禁军。然而，明帝即位后，融之长子穆矫称阴太后诏，窦氏一门被免官，融在失意中逝世。融长子穆、穆子勋、融甥固分别尚内黄公主、东海王强女沘阳公主与光武帝女涅阳公主。窦氏因窦宪（勋之子）妹为章帝皇后及和帝朝太后临朝称制而至于全盛。

【邓氏】出身南阳新野。光武帝元从功臣邓禹深受光武信任，为司徒、明帝太傅。其子邓训虽在章帝时平定乌桓、羌有功，但在明帝时期官不过郎中，并不活跃。到训女为和帝皇后，并在安帝时期以太后临朝称制之际，邓氏遂为显贵。

【梁氏】安定乌氏豪族。梁统曾与窦融一起在凉州地区扩张势力，建武八年才归顺光武帝。梁统因此未被列入二十八将。虽然梁统不怎么受光武帝信任，但其子松尚光武帝女舞阴长公主，永平元年官至太仆，却因请托、诽谤之罪免官，下狱死。梁氏因梁商之女为顺帝、桓帝皇后而得荣显，子冀时一门皆贵，但终为桓帝所诛。

【耿氏】从耿弇参与光武创业开始直至东汉末，耿氏一族可谓"与汉兴衰"。耿氏本为钜鹿豪族，武帝时徙至扶风茂陵，代代为将家，被委以东汉王朝之军事。明帝时，耿秉在远征北匈奴中建立了功绩。

① 李学铭：《从东汉政权实质论其时帝室婚姻嗣续与外戚升降之关系》，《新亚学报》9卷2期，1970年。
② 关于东汉外戚的官职就任，参见上田早苗《贵族的官制的成立——清官的由来及其性格》，收入中国中世史研究会编《中国中世史研究》，东海大学出版会，1970年。

索《明帝纪》，却会看见一股令人悚然的动向——反明帝的政治活动正潜藏在这一盛世的深处。

二、诸王谋反

这里所说的诸王谋反，指明帝治世的后半期，由广陵王荆于永平十年（67）、楚王英于十三年（70）、淮阳王延于十六年（73），以及济南王康于某年发动的谋反。四人皆为光武帝之子。这些谋反因有人告发而被发觉，均并未发生实际的叛乱活动。为方便后论，首先简单介绍四人的谋反。

1. 广陵王荆

母阴氏。荆为明帝胞弟。永平十年，刘荆被举奏图谋使巫咒杀明帝，荆自杀。但在此之前，刘荆曾三次被发觉谋反，每次都被贬黜。永平十年的自杀是其最终下场。在他的四次谋反中，只有最初引诱东海王强起兵，企图废除明帝的一回最像谋反，其余都不过是用占星者、相者、巫者等展露反明帝的言行。（列传三二《广陵王荆传》）

2. 楚王英

母许氏。楚王英谋反被发觉于永平十三年，在广陵王荆事件三年后。因佛教信仰而为人所知的楚王英，年轻时似乎也好游侠，与宾客交通。晚年热心于黄老、佛教信仰，之后却因与宾客渔阳王平、颜忠等共同造作图谶，招纳奸猾，并私设诸侯、王公、将军、二千石官等谋逆之事而被举奏，明帝以异母兄弟不忍诛杀为由，将其徙往丹阳郡泾县，次年刘英自杀。然而，随着事件调查的铺开，这一谋反竟发展成为"其辞语相连，自京师亲戚诸侯州郡豪杰及考案吏，阿附相陷，坐死徙者以千数"（列传三二《楚王英传》）的大事件。明帝大怒，此次调查，审判苛酷之极，但因袁安、寒朗等儒家官僚的进谏，得到原宥者亦为数众多。

3. 淮阳王延

母郭氏。永平十六年，有书上奏，延与妃兄谢弇、姊馆陶公主婿驸马都尉韩光共招奸猾，作图谶，行不轨。谢弇、韩光被诛杀，有司乞诛延，明帝以其罪轻于楚王英，最后将其贬为阜陵王。但章帝建初元年（76），因刘延又行谋逆之事，章帝贬之为阜陵侯，并令掾者监督，不得与吏民交通。章帝章

和元年(87)复为阜陵王,得全天寿。(列传三二《阜陵王延传》)

4. 济南王康

母郭氏。据列传三二《光武十王列传》记载,康因与宾客交通,与渔阳颜忠、刘子产等案查图书、谋议不轨而被告发,但明帝以亲亲之故,似乎未对此事件进行彻底调查,不予过问。这一事件发生的年份不明,亦不载于《明帝纪》。据《康传》,刘康在章帝时期似乎也极尽奢侈、放纵,和帝永元二年(90)薨。

在东汉最安定的明帝时期发生这一连串谋反事件,到底有什么政治史意义呢?富谷至考察了东汉初期的谶纬思想,研究中也论及诸王谋反。他指出,这些事件规模甚大,但在《后汉书》中的记述却不明了。明帝对事件相关者的追究很严厉,对当事人之诸王却都宽大处理。而在被称作盛世的这一时期中,四王几乎是在同时因同样的告发而获罪。以上几点总让人难以释然。富谷至在提出构陷怀疑的同时,也指出这一连串事件,毫无疑问为自身就是靠图谶革命而获得成功的东汉王朝收紧图谶政策提供了机会。[①] 西嶋定生也认为明帝关于这一事件的行动异常执拗,并且从结果来看,正是东汉王朝对图谶的崇尚,引发了以楚王英为代表的诸王谋反事件。[②] 诚然,四王中除广陵王荆外,其他三王均有妄作图谶的记述。如此,在思考这些事件时,有必要考虑其与光武帝热衷推崇的谶纬思想之间的关系。但毫无疑问,明帝即位后,同母、异母兄弟及其与姻亲之间的政治关系,以及东汉初期存在的反汉势力,也是诸王谋反事件的重要原因。以下,便围绕对明帝时期的社会造成最大冲击的楚王英事件进行考察。

(1) 诸王与明帝

如表1.1所示,光武帝有十一子。前述郭皇后被废之后,其子东海王强与明帝之间或许产生了一些微妙的关系。可以推测,因各自母亲不同而牵涉到母家对诸王的期待,诸王与明帝、外戚相互之间便产生了暗斗。在广陵王荆以郭况的名义劝东海王强谋反的信中,便说"今新帝(明帝)人之所置"(列传三二《广陵王荆传》)。这样的言辞透露着隐晦的信息,似乎在

[①] 富谷至:《白虎観会議前夜》,《史林》63卷6号,1980年。
[②] 西嶋定生:《秦漢帝国》,《中国の歴史》二,讲谈社,1974年,第431页。

郭况看来,郭皇后的废黜实乃阴氏之阴谋。可以说,广陵王荆是利用了当时郭氏的心情劝说东海王强谋反。由于广陵王荆与明帝同母,这场谋反与其说是外戚之间的对立,不如说是出于个人原因。但在与明帝异母的楚王英与淮阳王延的情况中,则可以认为是外戚对诸王的期待,培植了诸王对明帝的对立意识,一如东海王强与郭况的关系之所见。另外也不难推想,远离文化中心的都城、各就封国的诸王会感到某种疏离感。若诸王均如东平王苍那样修儒学,居家"为善最乐",善良且意志坚强,或许还能够正身处世。但"不循法度"的谋反诸王对封国中的孤独生活感到不满,倾向于放纵的生活也并非毫无道理。济南王康专殖财货,极尽奢侈,楚王英信仰黄老、佛教,都与诸王这种疏离感不无关系。

表1.1 光武帝十一子

阴氏	明帝　　（庄） 东平王苍（永平五年） *广陵王荆（永平元年） 临淮公衡（薨） 琅邪王京（永平五年）
许氏	*楚王英　（建武二十八年）
郭氏	东海王强（建武二十八年） 沛王辅　（建武二十八年） *济南王康（建武二十八年） *淮阳王延（建武二十八年） 中山王焉（永平二年）

*为谋反诸王,( )内为就国之年。

让处于这种心理状态中的诸王决心谋反的究竟是谁呢?《后汉书》列传四〇《梁王畅传》载:

归国后,数有恶梦,从官卞忌自言能使六丁,善占梦,畅数使卜筮。又畅乳母王礼等,因此自言能见鬼神事,遂共占气,祠祭求福。忌等谄媚,云神言王当为天子。畅心喜,与相应答。

刘畅为明帝之子,这场谋反于和帝永元五年(93)败露。但明帝时诸王谋反的情况当与此事件中反映的状况相差不远。如上所述,明帝时期,诸王周围有众多宾客、相者、巫者等拥蚕。关于诸王的势力结构将于后论述,此处想指出的是,让诸王决心谋反的主要原因中便有这些人众的推波助澜。

最后,再一瞥明帝对谋反诸王的态度。从前述明帝严切的政治姿态看,对于诸王谋反,明帝应该会采取严惩主义的态度,然而事实却并非如此。例如,尽管广陵王再三谋反,明帝终以同母之弟的原因,驳回有司的诛杀奏请,予以赦宥。对楚王英一事明帝也采取了"以亲亲不忍"的态度,对淮阳王延亦同,在章帝关于刘延再次谋反的诏救中便有"先帝不忍亲亲之恩,枉屈大法"(列传三二《淮阳王延传》)①之语。如此,明帝对谋反诸王的态度与其政治姿态颇不相符,可以说他的政治理念因同父血缘关系而欠缺了一贯性。② 但正因如此,明帝法治主义的皇帝一元统治理念被更加严厉地实施于诸王同党。楚狱连年,以及数千名连坐者的出现,反映的正是明帝严切的法治主义的另一面。那么,被揭发的诸王同党都是什么人呢?

(2) 诸王势力

根据《楚王英传》之外的史料可知,楚王英的支持者们出自各个阶层,可分为许氏一族、功臣子孙、官吏、宾客、豪族等。其中,官吏[千乘太守薛汉(列传二一)、河东太守焦贶(列传二三)、会稽太守尹兴(列传七一)、幽州从事公孙弘(列传二三)]与楚王相通的理由不明确,将其排除。先看许氏一族。

许氏为楚王英之母氏。据《楚王英传》,许美人似乎不甚为光武帝所宠爱,因此刘英的封国最为贫小。许氏参与了楚王英谋议之事明白无误。事件发觉,楚王英自杀,明帝在给许太后的诏救中有"诸许愿王富贵,人情也"之语,从原有"诸许"参与谋议之事一点,可以认为许氏一族对刘英有

---

① 应是《阜陵质王延传》。——译者注
② 不过,也可以认为明敏的明帝判断将事态进一步激化对于王朝来说并非上策,因此采取了宽和的态度,因此本文的判断需要稍作保留。

某种期待而参加了谋议。王充《论衡》也指出了这一点。① 像这样,诸王外戚对诸王有所期待而参加谋反的不止楚王英一例,淮阳王延的事例中,王妃之兄、姐夫亦为其智囊。这对明确诸王势力的核心有外戚存在这一点十分重要。

其次,若考察功臣子孙,便知在东汉建国的诸功臣中,除受到皇室优待的七姓外,其他功臣因光武帝、明帝压制功臣的政策而被限制参与政事,只能依靠侯国生活。明帝时期,世代更替,其子孙虽嗣承其后,但查其列传,楚王英事件中的连坐者却意外地多。王常(颍川)、刘植、耿纯(钜鹿)、王梁、盖延(渔阳)、杜茂、马武(南阳)的子孙皆在其列。功臣三十二人中,出身南阳者十三人,其余十九人,除前述窦、耿外,剩下的十七人有五人与楚王英有关系。虽然不知道他们与楚王英同谋的理由是什么,但因明帝的压制功臣政策而被排斥出官界恐怕占据了很大的部分。但正如郭伋所言,②既便压制功臣,南阳出身者仍受到了各种优待。功臣冯异(颍川)、李忠

---

① 《论衡·恢国篇》曰:"楚外家许氏与楚王谋议。孝明曰:'许氏有属于王,欲王尊贵,人情也。'圣心原之,不绳于法。"
② 列传二一《郭伋传》记曰:"伋因言选补众职,当简天下贤俊,不宜专用南阳人。帝纳之。"另,前期三公九卿、尚书令就任者列表于下。

前期三公九卿尚书令就任者一览表

太傅	卓茂(南阳)	邓禹(南阳)	赵熹(南阳)		
太尉	孙咸(?) 鲂昱(上党)	吴汉(南阳) 邓彪(南阳)	刘隆(南阳) 郑弘(会稽)	虞延(陈留) 宋由(京兆)	牟融(北海)	
司徒	伏湛(琅邪) 蔡茂(河南) 范迁(沛国) 韦彪(扶风)	侯霸(河南) 王况(京兆) 周泽(北海) 袁安(汝南)	韩歆(南阳) 冯勤(魏郡) 邢穆(南阳)	戴涉(清河) 李䜣(东莱) 王敏(西河)	张湛(扶风) 郭丹(南阳) 桓虞(冯翊)	
司空	王梁(渔阳) 窦融(扶风) 伏恭(琅邪)	邳彤(信都) 朱浮(沛国) 第五伦(京兆)	宋弘(京兆) 杜林(扶风)	李通(南阳) 张纯(京兆)	马成(南阳) 冯鲂(南阳)	
太常	桓荣(沛国)	楼望(陈留)	巢堪(太山)			
光禄勋	郭宪(汝南) 马防(扶风)	刘昆(陈留) 窦固(扶风)	席广(?) 任隗(南阳)	窦环(扶风) 召驯(九江)	孙堪(河南)	
卫尉	铫期(颍川)	阴兴(南阳)	马廖(扶风)	马光(扶风)		

(东莱)的子孙在永平中因犯罪而国除,这是在楚王英事件之前还是之后并不清楚,但可以推测,明帝对南阳以外出身功臣的这种冷淡,让诸功臣子孙十分反感。不过,由于楚王英的同谋者中有二人也出身南阳,对于这一点不能太过强调。① 尽管如此,与楚王英同谋的诸功臣一定期待着楚王英成为皇帝的一刻吧。

　　再来看宾客。楚王英事件中,宾客渔阳王平、颜忠为侧近,成为谋反计划的智囊。当时的宾客中从为小盗者,到方士、文学、游说,甚至名儒宿德,包含形形色色、各种各样的人们。② 他们在西汉末的兵乱中,有人因具智谋、有人因有武技而投奔每一位主公帐下,寻求大显身手的机会。他们也是构成光武军事集团的诸豪族之军事力量的重要因素。③ 光武帝自己似乎也蓄养宾客。④ 但是,随着光武帝逐渐平定天下,宾客们因为反光武集团的消灭,以及各功臣部队的解散而逐渐失去了活跃的舞台。留给他们的

(接上页)

续 表

太　仆	梁松(安定)	祭肜(颍川)			
廷　尉	岑彭(南阳)	邓晨(南阳)	张禹(赵国)	郭躬(颍川)	
大鸿胪	洼丹(南阳)	郭况(真定)	包咸(会稽)	魏应(任城)	
宗　正	刘延(帝室) 刘方(平原)	刘吉(?)	刘平(楚郡)	刘匠(?)	刘般(帝室)
大司农	江冯(?) 刘宽(弘农)	高诩(平原) 郑众(河南)	耿国(扶风) 尹睦(河南)	鲑阳鸿(?)	常冲(?)
少　府	丁恭(山阳)	阴就(南阳)	丁鸿(颍川)		
尚书令	郭伋(扶风) 朱晖(南阳)	申屠刚(扶风) 韩棱(颍川)	郭贺(广汉)	宋均(南阳)	李育(扶风)

① 二人之中,杜茂在建武十五年坐"断兵马禀缣,使军吏杀人",被免去骠骑大将军,削减户邑。马武的继承者檀自己并未与楚王通,而是坐兄伯济与楚王相通被除国,这一点与其他的谋反诸功臣不同。
② 举例而言,如"南阳荒饥,诸家宾客多为小盗"(《光武帝纪上》);"(隗)嚣宾客、掾史多文学生"(列传三《隗嚣传》);"时李轶兄弟用事,专制方面,宾客游说者甚众"(列传一一《耿纯传》);"(刘)睦性谦爱好士,千里交结,自名儒宿德,莫不造门"(列传四《刘睦传》)。另外,关于方术之士在诸王部分已述。
③ 例如,"(岑)彭将宾客战斗甚力"(列传七《岑彭传》)、"(刘植)率宗族宾客,聚兵数千人据昌城"(列传一一《刘植传》)等。
④ 有"光武遂将宾客还舂陵"(《光武帝纪上》)语。

生存之道,只有成为官吏,或者成为豪族的保镖,混迹于权势之家的食客之列。① 即便选择走仕宦之途,凭借才行从众多宾客中被举为官吏者也屈指可数。社会正在逐渐改变,选举制度渐渐完善,大量儒雅之士被推举,而宾客们只有在战乱时期才能发挥出的才能已不被需要。必然的,他们也因种种缘故而以出仕为目标。其主人属于光武阵营者还好说,对于出自隗嚣或公孙述等反光武集团中的人来说,成为东汉王朝身居高位者的追随者,是得到提拔出仕的必要条件。例如,冯衍因跟随更始帝左右而归顺较晚,因此不为光武帝所用,一旦成为外戚阴氏的宾客便得为诸王所聘请。(列传一八上)又,如"时禁网尚疏,诸王皆在京师,竞修名誉,争礼四方宾客"(列传三二《沛王辅传》),或"中兴初,禁网尚阔,而睦性谦恭好士,千里交结,自名儒宿德,莫不造门"(列传四《刘睦传》)所见,诸王为了提高名声,也在自己身边召集名儒宿德及其他众多宾客。大量召集名儒宿德成为自己的宾客,虽可得到名声,但宾客中也有很多放纵者。② 从大量史料可知,跟随外戚的宾客也是同样的状况。③ 如此,当时的宾客多是与东汉王朝的建立共同出现的无业者,为了追求出仕而投靠诸王、外戚,一朝有事,他们便有可能成为诸王、外戚势力的一部分。特别是为诸王所招徕的巫者之类,当时屡屡发起叛乱,被视作"妖巫之反"而遭到镇压。④

从光武帝的政治方针出发,他对这种情形没有好感是理所当然的。果然,建武二十八年(52),光武帝逮捕诸王、外戚宾客,数千人被处以死、徙、贬黜之刑;同时,遣诸王就国。⑤ 此次事件后至明帝永平年间,招徕宾客之风似已销声匿迹。⑥ 但是,恐怕在诸王就国的同时,他们这些宾客也奔赴地方,潜入了王国之中。王平、颜忠等可能便是这样成为了楚王英的宾客。

---

① "田绀,(武威)郡之大姓,其子弟宾客为人暴害"(列传六六《任延传》);又,"(马)防兄弟贵盛,……宾客奔凑,四方毕至,京兆杜笃之徒数百人,常为食客,居门下"(列传一四《马防传》)。
② "(郅寿)稍迁冀州刺史。时冀部属郡多封诸王,宾客放纵,类不检节"(列传一九《郅寿传》)。
③ 例如,"时阴氏宾客在郡界多犯吏禁"(列传一六《蔡茂传》),"(杨终)曰……(马防、马光)要结轻狡无行之客"(列传三八《杨终传》)。
④ 参见列传八《臧宫传》。
⑤ 《光武帝纪》建武二十八年条,并参照列传一四《马援传》。
⑥ 列传四《刘睦传》曰:"中兴初,禁网尚阔,而睦性谦恭好士,千里交结,自名儒宿德,莫不造门,由是声价益广。永平中,法宪颇峻,睦乃谢绝宾客。"明帝时期,似乎对交接宾客进行了严厉的取缔。

这些宾客一定对光武帝、明帝压制宾客的政策怀有不满,甚至可以说,他们对光武帝、明帝的施政心怀怨恨。

最后,简单谈谈豪族。此前以赵憙为例,叙述了汉朝利用文吏压制大姓的做法,但光武帝时期,大姓中似乎多有不从中央威令者。(列传六七《酷吏列传·李章传》)明帝时期,有酷吏周紆继续实行压制大姓的政策。奴婢解放和度田政策在光武帝时期便已施行,大姓也在度田时发起了叛乱(后述)。诸王谋反与大姓之间的关系虽不明确,但从前述赵王良与李子春的关系、楚王事件的连坐者有"州郡豪杰",以及功臣子孙支持楚王,而诸功臣又基本都是豪族出身等情况来看,诸王与大姓联络、结合的可能性也非常大。

总而言之,诸王谋反可以说是政治世界中各阶层反抗光武帝、明帝法治主义皇帝一元统治的呈现。然而,由诸王外戚、功臣子孙、宾客、豪族构成的诸王集团并不是具有明确的政治理念从而紧密结合的集团。只是对光武帝、明帝政治的不满,以及对私人利益的期待促成了他们的结合,说是各阶层寄生于诸王而形成的集团也无不可。因诸王被废、被诛,这一集团必然瓦解。只是这里必须注意的是,诸王谋反集团的中心存在王的外戚与宾客。如此,王为权力中心,侧近有外戚,周围有作为王之手足的宾客们簇拥,这种构造实际与章帝之后很快在中央出现的推进外戚政治的集团构造相同。这种因对私人利益的期待而结合在一起的诸王集团与皇帝一元统治之间的对立,对思考之后的东汉政治史颇具启示意义。

那么接下来,便对明帝逝后皇帝政治如何变化、外戚如何自处、又为何能够掌握权力等问题进行考察。

第二节　章帝的政治与儒家理念

一、章帝的政治与儒家官僚

永平十八年(75),明帝驾崩,年仅十九岁的太子刘炟即位,是为章帝,母贾氏。"少宽容,好儒术"的青年天子章帝,接手了明帝后半期的诸王谋反这一震惊皇室的事件,他又该施行怎样的政治呢?

首先从对诸王的对策来看,章帝以楚王英之子刘种为楚侯,其弟五人为列侯。对于济南王康,章帝返还了为明帝削夺的五县。淮阳王延的情况前已提及。明帝因广陵王荆为胞弟,封荆子元寿为广陵侯,章帝亦优待元寿兄弟。如此,对于明帝时期被贬黜的王家,章帝均恢复了其原有或接近的地位,无一例外。

其次对功臣,永平年间除国的列侯中,钜鹿大姓耿纯及郭氏一族郭骏皆复旧。与永平年间不同的是,章帝时期不见对功臣进行除国的处置。①

章帝针对宾客施行了何种对策并不明确,但至少并未施行光武帝时期那样的弹压政策。② 同样,《酷吏传》等史料也不见章帝时期有酷吏活跃,明帝时期活跃的周䌷等反而以"(章)帝知䌷奉法疾奸,不事贵戚,然苛惨失中,数为有司所奏,八年,遂免官",沦落至悲惨的境地。《酷吏传》中没有活跃在章帝时期的酷吏。

若简要概括章帝对诸王、功臣子孙、宾客、豪族这些诸王谋反集团成员的态度,那么从皇帝一元统治的角度来看,章帝可以说采取了消极的政策。特别是对于诸王,似乎是要努力促进其与皇室的再次结合。章帝这种与明帝截然相反的宽和政策又是出于什么原因? 可以设想,章帝面临的课题,是如何将明帝时期所发现的反王朝势力重新纳入皇帝权力之下。在《章帝纪》中,范晔对章帝的政治有如下评论:

　　章帝素知人厌明帝苛切,事从宽厚。

第一节曾引用《宗均传》记载的宗均对明帝的批评,而在整个明帝永平年间,明帝严格的法治主义政治也不甚为朝中日益重要的儒家官僚欢迎,毋宁说他们一直在强烈反对明帝的政治措施。与不敢陈述明帝政治弊害的宗均(活跃在永平前半期)不同,负责楚王英事件的年轻儒家官僚寒

---

① 不过章帝时期有建国功臣贾复的子孙被除国的例子,但很快又复旧。参见列传七《贾复传》。
② 章帝反而解除了对妖言者的禁锢。参见《章帝纪》元和元年条。

朗等人则敢以死谏。① 江幡真一郎在介绍王充关于儒生和文吏的议论的同时，阐明了以章帝时期为界，儒家官僚进入官界并逐渐占据重要地位的过程。②

这一时期的儒家官僚进入官场的原因可能在于光武帝推崇儒学，使儒学自东汉初期便得到普及，更多的儒雅之士可通过察举入仕。章帝"少宽容，好儒术"的性格也是时代所趋，这且不提，范晔所说的"人厌明帝苛切"中的"人"，具体而言，大概就指儒家官僚。章帝时期，以因"四世三公"而闻名的东汉名族袁氏之祖袁安为首，儒家官僚逐渐占据了要职。就连法家官僚陈宠也敏感地捕捉到了当时朝廷风潮的变化，甚至请求章帝采取宽和主义。③ 官僚阶层这一特性的转变不可能不影响章帝的政治。要言之，伴随着儒家官僚参政，儒术主义的影响促使章帝采取了宽和的政策，而章帝又意图借此重建皇帝政治。

然而，源于儒术主义的宽和政策，虽是安定王朝之策，却招致了外戚的跋扈。"亲亲"为儒家思想之一，④这一思想在《孟子》等著作中已经出现，说的是亲近"亲"者。对皇帝来说，"亲"是以自己的父母兄弟，以及皇后父母兄弟为中心的。章帝生母虽为贾氏，但因由马太后抚养的关系，章帝将马氏作为母氏看待。章帝皇后为窦氏。随着章帝即位，马、窦两氏俱为荣显。

明帝时期，因马皇后顾及明帝的政治方针而持谦退态度，马氏不得封侯，但在章帝即位的同时，马皇后兄马廖便被封为顺阳侯，弟马防、马光也在建初四年（79）分别被封为列侯。至建初八年（83）马氏被诛的八年间，是马氏最为得意的时期。其间，马氏极尽奢侈放纵。⑤ 窦氏也是在窦宪之

---

① 参见列传一三《寒朗传》。
② 江幡真一郎：《漢代の文吏について》（见第 32 页脚注①）。
③ 摘录陈宠上奏中与本文所论相关内容如下："往者断狱严明，所以威惩奸慝，奸慝既平，必宜济之以宽。陛下即位，率由此义，数诏群僚，弘崇晏晏。而有司执事，未悉奉承，典刑用法，犹尚深刻。……宜隆先王之道，荡涤烦苛之法。轻薄棰楚，以济群生；全广至德，以奉天心。"（列传三六《陈宠传》）
④ 日原利国《春秋公羊伝の研究》（创文社，1976 年）第四章对《公羊传》中的"亲亲之道"，以及"亲亲之道"与"君臣之义"之间的对立、矛盾展开了讨论。
⑤ 列传一四《马防传》中有"防兄弟贵盛，奴婢各千人已上，资产巨亿，皆买京师膏腴美田，又大起第观，连阁临道，弥亘街路，多聚声乐，曲度比诸郊庙"的记载。

妹被立为皇后以后受到宠遇,当时尚无官职的窦宪先后被提拔为郎、侍中、虎贲中郎将,"兄弟亲幸,并侍宫省,赏赐累积,宠贵日盛,自王、主及阴、马诸家,莫不畏惮"(列传一三《窦宪传》)。此后至和帝永元四年(92)被诛灭,窦氏一族荣显之极。窦宪几乎是用强夺的手段购买了明帝之女沁水公主的园田,后虽被发觉,但可能因为窦皇后的调停,章帝只是召宪切责,并未给予任何处罚。若依明帝的政治方针,这几乎是族灭之罪。与光武帝、明帝对外戚的态度相比,章帝对外戚这种可谓异常的厚遇,难道不是产生于儒学浸透的时代,产生于对儒学特别爱好的章帝的"亲亲主义"之中吗?

不过,即便是章帝也并非完全忘记了光武帝、明帝的皇帝一元统治理念。建初八年(83)诛灭马氏即反映了这一点。窦氏专权则始于章帝驾崩之后,章帝在世时,在公主园田问题之后,史书中未见窦宪的不法行为。可以认为,在这一阶段,皇帝对外戚仍有控制力。

像章帝这样控制外戚的意志,也符合章帝所任用的儒家官僚的国家理念。尽管直到东汉末的清流,儒家官僚的国家理念才具有明确的内容,但这一时期的儒家官僚也通过对窦氏的批判,表明其关于国之为国的观念。与窦氏对立的丁鸿以日食为契机,对窦氏进行了如下批判:

> 刺史二千石初除谒辞,求通待报,虽奉符玺,受台敕,不敢便去,久者至数十日。背王室,向私门,此乃上威损,下权盛也。(列传二七《丁鸿传》)

如上,官员在向大将军窦宪问候之后,才奔赴任所。很明显,"王室"与"私门"、"上威"与"下权"分别指皇帝(和帝)与外戚(窦宪)。在这里,皇帝权力与外戚专权被认为相互对立、不能并存,从其后所言"王不可以不强,不强则宰牧从横。宜因大变,改政匡失,以塞天意"之语,也可知丁鸿期望皇权可以匡正外戚专权的过失,亦即对外戚进行抑制。像这样认为皇权独尊,不应当为"私门"所侵犯的看法,是当时的儒家官僚的基本认识。一般而言,主张独尊皇权的并不只有儒家官僚,法家官僚也一样,但在当时儒家占据优势的风潮中,多由儒家官僚发表此类谏言。由于这些儒家官僚的支持,章帝得以进一步牵制外戚。同时,章帝通过垦田政策促进田地开发与小农的安定化,①并通过赈恤贫民、流民,②废止边境屯兵等政策,③防止农民疲弊、流亡。另外,还停止任用苛刻的文吏,起用宽和的"儒术大吏",表彰"孝悌有义行者"等,由继承了章帝意志的儒家官僚,实现了"百姓化其恩礼"的地方统治。④ 如此看来,通过反省明帝的政治,章帝意图借助儒术主义的缓和政策,实现政治世界的和谐,即建设礼教国家,这样理解,当无大过。⑤ 此可谓德治的皇帝一元统治。企图大量任用儒家官僚虽是时代的趋势,但与其自身的理念也正相吻合。

二、外戚专权的萌芽

然而,在以建设礼教国家为目标的章帝个人意志之外,外戚专权的基础终究还是一一成熟,并再次因宾客寄生于外戚,逐渐形成了一种政治势力。如列传一四《马防传》中描绘马氏荣显状态的后半部分所述:

> 宾客奔凑,四方毕至,京兆杜笃之徒数百人,常为食客,居门下。刺史、守、令多出其家。……由是权执稍损,宾客亦衰。

宾客们为求仕宦而奔走于权势之家。不用说,马氏被诛后,宾客转投窦氏之门。据《窦宪传》和其他史料,除窦氏亲族之外,属于窦氏集团者还有校书郎班固、尚书张林、蜀郡太守廉范、洛阳令杨光、李阜、河南尹王调等官僚。此中明确记为窦氏宾客者虽只有杨光、王调,但从"宾客以宪为官者皆免归本郡"(列传一三《窦宪传》),以及"(窦)宪、景等日益横,尽树其亲党宾客于名都大郡"(列传三五《袁安传》)的记载来看,以宾客身份从窦氏得

---

① 参见《章帝纪》建初元年的诏敕。由地方官施行垦田的情况参见本章第三节。
② 《章帝纪》中记载的关于贫民、流民的诏敕多达十件。
③ 参见列传三八《杨终传》。
④ 参见列传三三《何敞传》。
⑤ 建初四年于白虎观召开的关于五经异同的讨论会,以及强行命令曹褒制作礼乐等,都是沿袭了章帝建设礼教国家意志的产物。

官者当为多数。① 甚至未为官吏的同党也如"窦氏悍士刺客满城中"所言，构成了窦氏的护卫甚至是鹰犬。

那么，这一外戚集团如何结成？列传三六《陈宠传》中记载了窦氏集团的一员张林升任尚书的经过：

> 侍中窦宪，荐真定令张林为尚书，帝以问宠，宠对"林虽有才能，而素行贪浊"，宪以此深恨宠。林卒被用，而以臧污抵罪。

以上引文反映出，只要是窦氏推荐，即便资格多少有问题也能得到任用。从一介县令晋升为在东汉官制中占据重要位置、被称为"天子喉舌"的尚书，这在当时是十分荣耀的事。在窦宪来看，将自己的腹心置于中央官场的要职，只是迈向外戚专权的一步棋。但是在被推荐的一方看来，却是莫大的荣誉。前述洛阳令、河南尹等恐怕也是用与张林大同小异的方法得到了官职。只要跟随窦宪，即便是绝不可能成为选举对象的"素行贪浊"之人也荣达可期。"其余州郡，亦复望风从之（窦宪）"（列传三五《袁安传》）并非虚言。② 总之，支持窦氏外戚集团的，是集团成员对个人荣达的期待。这些宾客寄生于窦氏，并承其意志开展政治活动，于是自然而然地形成了窦氏专权的基础。

在这样的朝政状况下，儒家官僚对窦氏的批判也难免受到遏制。例如，郑弘弹劾并奏请章帝罢免窦氏集团的尚书张林与洛阳令杨光，但处理上奏的官吏中有与杨光亲密者，此事经杨光通报窦宪，反而使郑弘被窦宪以泄露机密之罪弹劾并免官。（列传二三《郑弘传》）这一类事情正反映了儒家官僚批判窦氏是如何的艰难，即便是章帝也无法向他们施以援手。如此看来，窦氏外戚专权在章帝时期已经形成。

---

① 列传三五《袁安传》注引《袁山松书》曰："河南尹王调，汉阳太守朱敞，南阳太守满殷、高丹等皆其宾客。"
② 列传七二上《李郃传》载："时大将军窦宪纳妻，天下郡国皆有礼庆，郡亦遣使。郃进谏曰：'窦将军椒房之亲，不修德礼，而专权骄恣，危亡之祸可翘足而待，愿明府一心王室，勿与交通。'"可知郡守与窦宪也有交通。而李郃认为这是对王室的背叛，则这种想法与前述儒家官僚的国家理念相对应。

窦氏得以专权的原因，不是章帝对德治的皇帝一元统治的追求，更应求诸其因"亲亲主义"而对外戚采取的宽和政策。① 但是，我们不能认为没有招致外戚专权的光武帝、明帝就完全没有"亲亲主义"。在前引光武帝对赵王良的发言之后，还有光武帝因在意赵王良遗言而赦免李子春的记录。明帝则亦如前述。就连以法治主义皇帝一元统治为目的的两位皇帝也不能于"亲亲主义"处得自由。只是章帝给予皇后之家过大的恩遇，其结果便是无法抑制外戚势力的形成，这一点正是外戚得以专权的原因。如此，东汉皇帝的统治中便存在"法"（章帝的情况中还包含了很多礼的成分）与"亲"两种统治形式。在车骑将军马防远征西羌之际，第五伦曾在上疏中劝谏章帝：

贵戚可封侯以富之，不当职事以任之。何者？绳以法则伤恩，私以亲则违宪。（列传三一《第五伦传》）

由上可知，对皇帝来说，"法"与"亲"相互矛盾，公的规范"宪"与凭借私的关系而形成的"恩"互不相容。从第一节讨论过的对七姓的优待可以看出，这番言论的前半部分在一定程度上保有对光武帝、明帝功臣和外戚政策的批评。但是，第五伦的上疏更是针对章帝对外戚的态度发出的警告。相比于光武帝、明帝，章帝更进一步地陷入了私的关系中。如果这一理解不误，那么可以认为，光武帝、明帝也具有的"亲亲主义"，实际上意味着皇帝权力的私权化。总而言之，章帝时期的窦氏专权，是以宾客阶层对私人利益的期待作为支撑的集团，利用皇帝权力的私权化进而掌握权力形成的。

---

① 章帝时期窦氏专权的另一个理由，则是在马氏与窦氏的暗斗中，随着一方衰亡，另一方得到了更加强大的权势。马氏与窦氏的对立始于马援与窦固的对立（列传一四《马援传》）。之后，在马氏势力一时衰微之时，马严不愿与窦氏婚姻，而将马皇后送入后宫。由此，马氏迎来了兴盛期。窦氏虽立为章帝皇后，但窦氏无子。其时，受马太后喜爱的宋贵人（与马氏有血缘关系）生皇太子庆，而梁竦之女梁贵人生肇，即后来的和帝。窦皇后以和帝为养子加以养育，并诬告宋贵人以致其死，其子庆为清河王，肇为皇太子。其后，为专外家之名，又诬陷梁氏。至此，窦皇后称霸后宫。（纪十上《皇后纪上·窦皇后传》）另外，建初八年马氏被诛，很可能也是窦氏的阴谋。

第三节　东汉前期的地方统治与乡里社会

一、地方官员的治绩

前节已稍提及,为了重建两汉交替时期因混乱而疲弊的乡里社会,以之作为帝国基础,东汉前期三代施行了以光武帝各项改革为首的地方统治政策。这些地方统治政策具体取得了哪些成果?当时的乡里社会实际状况又如何?以下兼用出土材料,就这些问题进行考察。

光武帝施行的诸改革中,"度田政策"如《光武帝纪》建武十五年条所记:①

> 诏下州郡检核垦田顷亩及户口年纪,又考实二千石长吏阿枉不平者。

命令郡国守相查证核实所辖地域居住者各自拥有的耕地面积及户口数、年龄;同时,指示州刺史监督地方官员,避免地方官员因受当地权势者即豪族之意而逃避切实的调查,而对弱者造成不公,不然当行检举弹劾。这是伴随着王莽王田制的施行而出现土地制度的混乱、接连不断的农民叛乱以及人民流亡化之后,为了新国家的建设而确保赋税徭役[光武帝于建武六年(30)将一直以来的什一之税恢复为西汉制度的三十税一]的必要措施。然而,接下来的建武十六年(40),发生了以下事件:

> 秋九月,河南尹张伋及诸郡守十余人,坐度田不实,皆下狱死。郡国大姓及兵长、群盗处处并起,攻劫在所,害杀长吏。郡县追讨,到则解散,去复屯结。青、徐、幽、冀四州尤甚。(《光武帝纪》建武十六年条)

---

① 关于东汉的度田,佐竹靖彦《漢代田制考証》(《史林》70卷1号,1987年)有颇具深意的分析,指出这是对结合了春秋时期以来的共同体因素的易田制度的阶段性消解,此处对这一点不拟展开。

首先,我们考察前半部分的"度田不实"。所谓"不实",大部分指上报的垦田顷亩数过小或过大。也就是说,对豪族便"脱田",对小农则加上"庐屋落聚",虚报有水分的垦田顷亩数,①正符合建武十五年诏中的"阿枉不平"。可以推想,这次调查是由郡国守、相命令所辖县令,县令又命令相关掾史这种委任下级机关和相关官吏的方式开展,因此守、相很容易受到豪族阶层的掣肘,想得到正确的数据几无可能。坐度田不实者有十余人,根据《后汉书》,河南尹之外可以确认的郡国守、相(数字为列传序号)有王元—东平国(三)、刘隆—南郡(一二)、鲍永—东海国(一九)、李章—琅邪郡(六七)、牟长—河内郡(六九上)。然而,《刘隆传》称"坐征下狱,其畴辈十余人皆死。帝以隆功臣,特免为庶人",鲍永、李章、牟长也分别以拜州牧、司寇论、免官除死,下狱死者仅王元一人。如果狱死者十余人是事实的话,那么前述郡国之外还有度田不实的守、相,度田不实的地域范围就相当广泛了。

其次,关于后半部分大姓等众的叛乱,坐度田不实的李章本传(列传六七)曰:

> 出为琅邪太守。时北海安丘大姓夏长思等反,遂囚太守处兴,而据营陵城。章闻,即发兵千人,驰往击之。掾史止章曰:"二千石行不得出界,兵不得擅发。"章按剑怒曰:"逆虏无状,囚劫郡守,此何可忍!若坐讨贼而死,吾不恨也。"遂引兵安丘城下,募勇敢烧城门,与长思战,斩之,……后坐度人田不实征。

李章就任琅邪太守当在建武十五年左右,②这也印证了前引《光武帝纪》建武十六年条的记述。据称,这些叛乱在"青、徐、幽、冀"四州尤甚。这大概是因为,在王莽末年农民叛乱丛生的这一地域中,有众多在西汉后期成长起来的豪族大姓。光武政权起于南阳,虽完全掌握了颍川、陈留等河南之

---

① 《光武帝纪》建武十六年条注引《东观汉记》曰:"刺史太守多为诈巧,不务实核,苟以度田为名,聚人田中,并度庐屋落聚,人遮道啼呼。"(中华书局点校本作:"……聚人田中,并度庐屋里落,聚人遮道啼呼。"——译者注)
② 据严耕望《两汉太守刺史表》(凤凰出版社,1979年)。

地(豫州)和河北地区(并州),但在光武帝即位不久的时间里,对青、徐、幽、冀地区的控制并不充分。例如:

> 光武即位,拜阳平令。时赵、魏豪右往往屯聚,清河大姓赵纲遂于县界起坞壁,缮甲兵,为在所害。(列传六七《李章传》)

这反映了这一地域的豪族在乡里社会的外围构筑了领主性的支配体制与光武政权相对峙的状况。而且,这一地域似乎还存在着数量众多的投靠王莽的大姓,对于在王莽时期坐大的大姓来说,或深感度田政策侵害自身权益。地方社会对度田政策的排斥、反抗如上所见。但是,光武帝断然处罚度田不实者,允许酷吏镇压大姓,就是为了确立皇帝支配体制,而这一体制则以掌握全国范围内的田地与户口、统治编户之民为基础。这个方针基本为明帝、章帝所继承,有汉一代最为大治的盛世得以出现。

以下根据《后汉书》制成东汉时期实施垦田政策的地方官治绩一览表(表 1.2)。与其他时期相比,东汉前期循吏型的地方官十分活跃。特别值得注意的是,实施垦田政策的地方官非常多,仅《后汉书》所见,[1]除了顺帝时期的河内郡汲县崔瑗之外,相关的地方官全都集中在东汉前期(和帝初期的两例也可看作与前期关联者)。这究竟意味着什么?可想而知,这是与东汉中期、后期社会的变质相关联的问题,但这些实施垦田政策的地方官的任地大致限定在江淮地域和边境地区,几乎不见于发生大姓等叛乱的青、冀、兖,即所谓的关东地域,两者形成了鲜明的对比。这种对比性该如何解释?自战国以来便是先进地区的关东,治水灌溉设施齐备,豪族自己进行的开垦也有相当进展,大土地所有制已稳步确立,基本上地方官不再有推行垦田政策的必要。与此相对,边境地区自不待言,江淮地域则如宇都宫清吉所说,[2]是汉代大土地所有制发展的前线,尚未经过充分的开发,

---

[1] 此处未记入表内,但见于《后汉书》之外的史料的事例,有顺帝永和五年会稽太守马臻"始立镜湖,筑塘周回三百十里,灌田九千余顷"(《通典》卷二)的治绩,以及《水经注》卷二一中所见的灵帝建宁三年新蔡长李鸿请求修复青陂的上言。另外,藤田胜久《漢代における水利事業の展開》(《历史学研究》521 号,1983 年)一文就汉代的水利事业进行了梳理。
[2] 宇都宫清吉:《僮約研究》及《劉秀と南陽》(均收入《漢代社会経済史研究》,弘文堂,1995 年)。

只有投入相应的劳动力,整备水利灌溉设施,才有可能开拓新的耕地。当然,在西汉时期已经开拓的地域,典型者如汝南,在这些先进地域"修旧功"虽也包含在内,但对中央政府以及地方官来说,江淮地域才是实行垦田政策的重点区域。如此,地方官实行的垦田政策是前期三代地方统治的重点措施,这一点从明帝、章帝对度田政策的继承,以及奖励开垦的事实来看,①也当不误。而开垦的田地作为公田由郡县管理,借与贫民耕种,再转变为官府收益。②

表1.2 地方官治绩表

人名	籍贯	任地	时期	治绩内容	列传
邓晨	南阳新野	汝南	光武帝建武中	晨好乐郡职,由是复拜为中山太守,吏民称之,常为冀州高第。十三年,更封南䜌侯。入奉朝请,复为汝南太守。十八年,行幸章陵,征晨行廷尉事。从至新野,置酒酣宴,赏赐数百千万,复遣归郡。晨兴鸿郤陂数千顷田,汝土以殷,鱼稻之饶,流衍它郡。	五
李忠	东莱黄	丹阳	光武帝建武中	六年,迁丹阳太守。是时海内新定,南方海滨江淮,多拥兵据土。忠到郡,招怀降附,其不服者悉诛之,旬月皆平。忠以丹阳越俗不好学,嫁娶礼仪,衰于中国,乃为起学校,习礼容,春秋乡饮,选用明经,郡中向慕之。垦田增多,三岁间流民占著者五万余口。十四年,三公奏课为天下第一,迁豫章太守。	一一
杜诗	河内汲	南阳	光武帝建武中	七年,迁南阳太守。性节俭而政治清平,以诛暴立威,善于计略,省爱民役。造作水排,铸为农器,用力少,见功多,百姓便之。又修治陂池,广拓土田,郡内比室殷足。时人方于召信臣,故南阳为之语曰:"前有召父,后有杜母。"	二一

---

① 从列传二九《刘殷传》以及列传六六《秦彭传》可分别看出明帝与章帝时期的情况。
② 列传七〇上《黄香传》记曰:"延平元年,迁魏郡太守。郡旧有内外园田,常与人分种,收谷岁数千斛。"

续 表

人名	籍贯	任地	时期	治绩内容	列传
张堪	南阳宛	渔阳	光武帝建武中	在郡二年,征拜骑都尉,后领票骑将军杜茂营,击破匈奴于高柳,拜渔阳太守。捕击奸猾,赏罚必信,吏民皆乐为用。匈奴尝以万骑入渔阳,堪率数千骑奔击,大破之,郡界以静。乃于狐奴开稻田八千余顷,劝民耕种,以致殷富。百姓歌曰:"桑无附枝,麦穗两岐。张君为政,乐不可支。"视事八年,匈奴不敢犯塞。	二一
任延	南阳宛	九真	光武帝建武中	建武初,延上书愿乞骸骨,归拜王庭。诏征为九真太守。光武引见,赐马杂缯,令妻子留洛阳。九真俗以射猎为业,不知牛耕,民常告籴交址,每致困乏。延乃令铸作田器,教之垦辟。田畴岁岁开广,百姓充给。又骆越之民无嫁娶礼法,各因淫好,无适对匹,不识父子之性,夫妇之道。延乃移书属县,各使男年二十至五十,女年十五至四十,皆以年齿相配。其贫无礼娉,令长吏以下各省奉禄以赈助之。同时相娶者二千余人。是岁风雨顺节,谷稼丰衍。	六六
鲍昱	上党屯留	汝南	明帝永平中	永平五年,坐救火迟,免。后拜汝南太守。郡多陂池,岁岁决坏,年费常三千余万。昱乃上作方梁石洫,水常饶足,溉田倍多,人以殷富。	一九
马棱	扶风茂陵	广陵	章帝建初中	建初中,仕郡功曹,举孝廉。及马氏废,肃宗以棱行义,征拜谒者。章和元年,迁广陵太守。时谷贵民饥,奏罢盐官,以利百姓,赈贫赢,薄赋税,兴复陂湖,溉田二万余顷,吏民刻石颂之。永元二年,转汉阳太守,有威严称。	一四
王景	乐浪䛁邯	庐江	章帝建初中	明年(八年),迁庐江太守。先是百姓不知牛耕,致地力有余而食常不足。郡界有楚相孙叔敖所起芍陂稻田。景乃驱率吏民,修起芜废,教用犁耕,由是垦辟倍多,境内丰给。遂铭石刻誓,令民知常禁。又训令蚕织,为作法制,皆著于乡亭,庐江传其文辞。卒于官。	六六

续表

人名	籍贯	任地	时期	治绩内容	列传
秦彭	扶风茂陵	山阳	章帝建初中	建初元年,迁山阳太守。以礼训人,不任刑罚。崇好儒雅,敦明庠序。每春秋飨射,辄修升降揖让之仪。乃为人设四诫,以定六亲长幼之礼。有遵奉教化者,擢为乡三老,常以八月致酒肉以劝勉之。吏有过咎,罢遣而已,不加耻辱。百姓怀爱,莫有欺犯。兴起稻田数千顷,每于农月,亲度顷亩,分别肥塉,差为三品,各立文簿,藏之乡县。于是奸吏跼蹐,无所容诈。彭乃上言,宜令天下齐同其制。诏书以其所立条式,班令三府,并下州郡。	六六
杨仁	巴郡阆中	广汉什邡	章帝建初中	及帝崩,时诸马贵盛,各争欲入宫。仁被甲持戟,严勒门卫,莫敢轻进者。肃宗既立,诸马共譖仁刻峻,帝知其忠,愈善之,拜什邡令。宽惠为政,劝课掾史弟子,悉令就学。其有通明经术者,显之右署,或贡之朝,由是义学大兴。垦田千余顷。行兄丧去官。	六九下
张禹	赵国襄国	下邳	章帝元和中	元和二年,转兖州刺史,亦有清平称。三年,迁下邳相。徐县北界有蒲阳坡,傍多良田,而埭废莫修。禹为开水门,通引灌溉,遂成熟田数百顷。劝率吏民,假与种粮,亲自勉劳,遂大收谷实。邻郡贫者归之千余户,室庐相属,其下成市。后岁至垦千余顷,民用温给。功曹史戴闰,故太尉掾也,权动郡内。有小遣,禹令自致徐狱,然后正其法。自长史以下,莫不震肃。	三四
鲁丕	扶风平陵	东郡	和帝永元初	永元二年,迁东郡太守。丕在二郡,为人修通溉灌,百姓殷富。数荐达幽隐名士。明年,拜陈留太守。视事三期,后坐禀贫人不实,征司寇论。	一五

续　表

人名	籍贯	任地	时期	治　绩　内　容	列传
何敞	扶风平陵	汝南	和帝永元初	岁余,迁汝南太守。敞疾文俗吏以苛刻求当时名誉,故在职以宽和为政。立春日,常召督邮还府,分遣儒术大吏案行属县,显孝悌有义行者。及举冤狱,以《春秋》义断之。是以郡中无怨声,百姓化其恩礼。其出居者,皆归养其父母,追行丧服,推财相让者二百许人。置立礼官,不任文吏。又修理鲖阳旧渠,百姓赖其利,垦田增三万余顷。吏人共刻石,颂敞功德。	三三
崔瑗	涿郡安平	河内汲	顺帝阳嘉中	久之,大将军梁商初开莫府,复首辟瑗。自以再为贵戚吏,不遇被斥,遂以疾固辞。岁中举茂才,迁汲令。在事数言便宜,为人开稻田数百顷。视事七年,百姓歌之。	四二

　　如上,东汉前期三代地方统治的原则,是一边彻底掌握全国的田地和户口,一边如在地方官的治绩中所看到的,意图通过保护、扶植小农,以建立国家财政基础,稳定地方社会秩序。此前,一般认为与西汉相比,东汉时代并没有对豪族进行压制,由此很容易出现东汉政权具有豪族政权特征的看法;但事实上,东汉前期由地方官对豪族进行镇压(列传六七《酷吏传》),地方官在地方社会中具有很高的权威,其统治力也非常坚实、稳固。但另一方面,从大姓针对度田政策发起的叛乱,以及存在大量"度田不实"的地方官等地方社会的反抗也可以推知,豪族在地方社会中的控制力依然十分强大、稳固。

二、前期的乡里社会

1. 关于父老僤石券

1973 年,河南省偃师县发现的石券《汉侍廷里父老僤买田约束石券》(依照宁可的命名,以下简称"石券")刻有章帝建初二年(77)的铭文。它被看作探究这一时期乡里社会实际状态的绝好材料,受到广泛关注,且已有多人撰文探讨。① 关于这一石券的研究，发轫于僤（或作单、弹）这一组织在中国古代社会中有何渊源，以及其实际状态如何等问题，此中仍有很多疑点留待今后解决。在此，作为考察东汉前期乡里社会实际状态的素材，首先简述关于石券铭文的解释。

（1）释文及解读上的诸问题

以下以宁可的释文作为参考。

（一）建初二年正月十五日侍廷里父老僤祭尊

（二）于季主疏左巨等廿五人共为约束石券里治中

（三）迺以永平十五年六月中造起僤敛钱共有六万

（四）一千五百买田八十二亩僤中有其赀次

（五）当给为里父老者共以客田借与得收田

（六）上毛物谷实自给即赀下不中还田

（七）转与当为父老者传后子孙以为常

（八）其有物故得传后代户者一人即僤

（九）中皆赀下不中父老季巨等共假赁

（十）田它如约束单侯单子阳尹伯通锜中都周平周兰

（十一）[父？][老？]周伟于中山于中程于季于孝卿于程于伯先于孝

（十二）左巨单力于稚锜初卿左中[文]□王思锜季卿尹太孙于伯和尹明功

---

① 以下依年代顺序列举参考论文。黄士斌：《河南偃师县发现汉代买田约束石券》，《文物》1982年第12期；宁可：《关于〈侍廷里父老僤买田约束石券〉》，《文物》1982年第12期；邢义田：《汉代的父老、僤与聚族里居——〈汉侍廷里父老僤买田约束石券〉读记》，《汉学研究》第1卷第2期，1983年，收于氏著《秦汉史论稿》，东大图书公司，1987年；山田胜芳：《『父老僤约束石券』と秦漢時代の父老》，科学研究费报告书《旧中国社会における指導者層の研究》，1986年；籾山明：《漢代結僤習俗考——石刻史料と郷里の秩序（一）》，《島根大学法文学部紀要》文学科编，第9号—1，1986年；俞伟超：《中国古代公社组织的考察——论先秦两汉的单、僤、弹》，文物出版社，1988年；邢义田：《〈侍廷里父老僤买田约束石券〉再议——兼与俞伟超先生商榷》，"中研院"历史语言研究所集刊第61本，1990年；林甘泉：《〈侍廷里父老僤〉与古代公社组织残余问题》，《文物》1991年第7期；渡边义浩：《僤考》，《东方学》第85辑，1993年。

合观迄今为止的诸研究,在"石券"铭文的解释中存在以下问题:

A. 这一组织的名称究竟是"父老僤",还是"侍廷里僤"？里与僤的对应关系如何？"里治中"何指？

B. 参加僤的二十五人在里内的地位、阶层问题。

C. 是客田还是容田？其收获物用途如何？

D. 父老之任的变化(从名誉性职位向差役性职位的转变)的原因,以及是否要求有德高龄者的问题,或者说其选任权之所在。

E. 先秦以来的共同组织到此种汉代的僤组织的谱系关系如何？

现阶段无意对这些问题提出明确的证据并加以讨论,姑且整理从石券所得的信息如下:

1. 侍廷里内有二十五人(恐怕各为户主)堪任父老。假定一里百户,至少有四分之一拥有某种程度以上的资产(当然也可能有未参加此僤的富裕农民)。

2. 完成父老职责需要相当的支出。假如亩收二斛,八十二亩便收一百六十四斛,减去三十分之一即大约五斛,有近一百六十斛为共有田的收获。若一斛五十到一百钱,换算下来则有八千到一万六千钱,绝非赤贫之家所能负担。此点如居延汉简所示,父老汇总一里之内征收的赋钱,但可能也要替里内无力缴纳赋钱的贫民代缴相应数额,或向其借贷资金。与此同时,与县、乡三老交涉等必要的经费,迎送官吏等不时之支出,以及对贫穷者的救济,似乎也是父老应承担的责任。

3. 如山田胜芳所指出的,父老具有后世的职役性特征。这一点大概就如依据县的命令轮流承担徭役一事所见,这一时期的父老未必就是秦至汉初时作为宗族代表的年长者,也未必是年齿序列中的血缘性代表者。

4. 二十五人中同姓较多[于氏十人(若将宁可记作王思者,依俞伟超、邢义田两位的释读记作于思),尹氏、单氏、周氏、锜氏三人,左氏二人,不明者一人],由此可以推想,宗族团结为一,保持着聚族而居的共同关系,家族则与宗族保持着相对的分立(这与邢义田认为其体现了豪族聚居状态的见解立场不同)。

以上,在参照诸家见解的同时,对石券反映的侍廷里的情况进行了粗浅推测,接下来试对父老一职与徭役之间的关系,参加父老僤的二十五人的阶层问题,乃至发起这种僤组织的目的,即此处是否有国家的意图在起作用等问题进行考察。

（2）父老的职任与徭役的关系

券文中"僤中有其贳次当给为里父老者,共以客田借与,得收田上毛物谷实自给"一句,似乎可理解为里父老或为一种徭役。山田胜芳通过整理两汉时期徭役、兵役制度的研究史提出了新的见解。① 据他研究,在《后汉书》中不甚明确的徭役情况得到了解释。例如,列传七一《李充传》中,由于拒绝陈留太守辟召为功曹,李充"因谪署县都亭长。不得已,起亲职役"的事例。由此可以推测,东汉末年的名士仇览和陈寔为亭长,也是因其出身卑微而从事徭役的例子。列传七一《范冉传》曰：

> 陈留外黄人也。少为县小吏,年十八,奉檄迎督邮,冉耻之,乃遁去。

又,列传四三有关于冯良的记述：②

> 出于孤微,少作县吏。年三十,为尉从佐。奉檄迎督邮,即路慨然,耻在厮役,因坏车杀马,毁裂衣冠,乃遁至犍为。

这些年少的县吏和县尉从佐等是为县中跑腿、徭役性的卑贱职位。列传三六《陈忠传》记曰：

> 孝宣皇帝旧令,人从军屯及给事县官者,大父母死未满三月,皆勿徭,令得葬送。

---

① 山田胜芳：《後漢時代の徭役と兵役》,《历史》66,1986年,收入氏著《秦漢財政收入の研究》（汲古书院,1993年）。
② 原文误作戴良,今据中华书局点校本《后汉书》改。——译者注

所谓"给事"，即以徭役出任公职的意思。《后汉书》中便可见到"给事县为亭长"（列传八《吴汉传》），或者"给事县廷"（列传五八《郭泰传》）的表达。由此可见，父老僤券文中的"当给为里父老者"的"给"的含义是与给事即徭役之课相对应。但与这一问题相牵涉的是，面对选出履行里之公共任务的代表者的要求，到底是由里民互选，还是按照县的指名派遣？换句话说，就是父老选任权在谁的问题。不用说，候选标准之一是"赀"，建立僤组织正是为了应对徭役。父老之任虽成为徭役的对象，但并不意味着里丧失了自治的特点，例如，《太平御览》卷二六〇所引《东观汉记》曰：

（秦彭）为民四诫以父母、夫妻、兄弟、长幼之序，择民能率众以为乡三老。

列传六六《秦彭传》曰：

每于农月，亲度顷亩，分别肥堉，差为三品，各立文簿，藏之乡县。

可知东汉初期，山阳太守秦彭的指示与行政措施下及乡一层级。笔者倾向于认为这二十五名父老的候补者主动地参与了侍廷里的选任。这一点与下文涉及的二十五人的阶层问题相关。

那么，父老之任为何会成为徭役的对象呢？笔者曾经认为，汉代初期，一里之内有不少宗族，其宗族代表者为父老，因此也有不少父老，[1]但仅从石券来看，只能认为西汉那种父老所具有的特征发生了变化。过去，刘邦召集关中父老约法三章时的父老所具有的社会功能，与父老僤中的父老判然有别。但若综合考虑乡里社会的变质所具有的地域性差异，进入东汉时期之后，所有的父老都如石券所示的选任方法进行选拔也是不可能的。根据地域不同，西汉那种父老依然存在。这一看法符合实际状况。或者也可作如下考虑：樊重以二项田地解决了外孙何氏兄弟的纷

---

[1] 参看拙稿《漢代の家族と郷里——宇都宮清吉氏の漢代家族・郷里社会をめぐって》，《名古屋大学东洋史研究报告》4，1976 年。

争,因此为县中人们所称赞,推为乡三老。(列传二二《樊宏传》)正如这个故事中透露出来的,在宗族内部以富家为中心维持秩序的体系,是在西汉后半期逐渐形成的,而豪族势力在地域秩序的范围上已经从里扩张到了乡和县。从这些方面来看,父老的职能比之以前相对减轻。《汉书》卷八九《循吏·黄霸传》:

> 时上(宣帝)垂意于治,数下恩泽诏书,吏不奉宣。太守霸为选择良吏,分部宣布诏令,令民咸知上意,使邮亭乡官皆畜鸡豚,以赡鳏寡贫穷者。然后为条教,置父老师帅伍长,班行之于民间。

由此可窥知,在豪族势力增长显著的颍川地区,父老等的存在已经不具备实质性的意义。但是,《汉书》卷九〇《酷吏·尹赏传》中长安的"乡吏、亭长、里正、父老、伍人",尤其是"里正"和父老的关系如何,在父老僤石券中也存在类似的问题。概括地说,在汉代初期,年高有德者作为父老维持着里内的秩序,亦即维持里的公共秩序的核心角色。然而,随着时间发展,家、族与里相对分立,这虽不至于引起里内公共性的崩坏,但也开始形成以豪族为中心的结构,由另一体系维持里内的公共性。只是关于这些问题,还需要更进一步的讨论。

(3) 关于父老僤参加者的阶层

渡边义浩《僤考》提到:"从兄弟各为一家,筹措购买田地的资金来看,这些都以宗族的结合力为根基,在当地社会具有控制力,并且仍在里中居住,是处于成长阶段的豪族。可以说,大多数'里父老'候补人便出自豪族阶层。"渡边由此进一步展开,认为国家"干预僤形成的理由是,国家利用具有共同体惯有属性的僤,力求将处于在地方社会中确立控制力的成长阶段的豪族阶层,纳入东汉国家的统治之下",甚至主张"僤的历史意义正在于由国家主导结成父老僤这一点,即东汉国家对地方势力即成长中的豪族在里中的统制力给予公开承认,并通过使其占有'里父老'成为国家统治的媒介"。然而,依据父老僤券文是否可以解释到这一步呢?

在豪族阶层寻求父老僤参加者阶层的见解也见于冈田功和伊藤敏雄。① 确实,粗略计算来看,人均出资二千四百六十钱是相当大的数额(但即便是现在的村落,向神社等捐赠的金额也是每户不同。可能在成员看来,根据家庭的财产数量捐款也是理所当然的。也就是说,要注意公平并不是简单的平均),从富裕程度来看,恐怕很难说是一般的小农阶层。但是,假如一里百户,那么其他的七十五户的富裕程度大概要低于僤的参加者(不过也可以作出存在若干比这二十五户更加富裕的民户的推测)。之所以这么说,是因为就任父老必须要拥有与之相应的财产,而作为这个时代一个里的构成部分,很难认为有比二十五人更多的人能就任父老之任。如此,山田胜芳认为二十五人"虽是侍廷里中的有势力者,但也应该看成是庶民中的上层人,而不是土豪,更不是豪族阶级"的看法,是妥当的。假设二十五人之外还有能就任父老者,那正如在"即僤中皆赀下不中父老,季、巨等共假赁田"的约定条款中所见到的,也可以认为存在因某些原因(年龄、德行、信望)而未能进入二十五人团体的富豪户主。

但是,笔者还有如下猜想。这一猜想取决于如何解释"里治中"。这二十五人在侍廷里的"里治中"立碑,如果"里治中"是里中的公共场所,那么能在那儿立碑,就不能不认为他们是里内具有发言权的势家。但如果是那样,又怎么能说他们不属于土豪或者豪族阶级呢?这二十五人是由于氏十人,单、锜、周、尹各三人,左氏二人以及姓氏不详者一人构成的,如前所揭,其中似乎还包含了兄弟。但是,也不能就此将所有人都看作是豪族阶层。原因很简单,一里之内没有这么多的土豪、豪族。那么,他们是势家的理由,或许就是年高有德这一传统的父老资格标准。② 邢义田在年高有德的条件上还附加了资产资格,这一见解是恰当的。

这块"石券"出土的河南省偃师县缑氏公社郑瑶大队南村(发现时的地名),东汉时期属河南尹下的缑氏县,二十五人中占三人的尹氏有可能是

---

① 冈田功:《戦国秦漢時代の約と律令について》,历史学研究会大会报告《都市民衆の生活と変革意識》,1984 年;伊藤敏雄:《魏晋期における在地社会と国家権力》,历史学研究会大会报告《歴史のなかの情報》,1993 年。
② 券文末尾二十五人排列的顺序是否是以年龄为序呢?原本可以刻在首位的祭尊于季位于第十位,让人有此推想。

东汉时期近缑氏县的巩县名族尹氏（列传五七《尹勋传》）一族。又，二十五人中占比最多的于氏十人中，有一人于季是僤的代表者，此于氏可能是这一里中有势力或势力延伸至其他里的豪家。但是，从必须共同出资才具备父老之任的资格一点来看，也很难认为他们具有那么超群的经济能力，正如券文"即赀下不中，还田，转与当为父老者"所说，也存在资产额度未达到就任父老之职的标准的情况，其资产状况是不稳定的。如此，他们虽然不是贫农，但也算不上富豪，应该属于中家之上层。不用说，无法像这些家庭这样共同出资、即便有意也不可能担任父老之职的贫家也有很多。

当然，也可以作如下考虑：假如将于氏看作豪族，那就必须思考，富裕之家有十户，此外恐怕还有很多没能加入这一群体的于氏之家。之所以这么说，是因为豪族是通过血缘的结合形成的社会集团。根据增渊龙夫的定义，豪族是"经济独立的各户因同姓之故，以其中有势力的户为中心，通过社会性的牵连形成一种土著势力。豪族又以此对杂居其间的异姓单户进行社会性控制，形成一种自律的秩序，其社会控制力所涉及的范围大小不同"。[1] 豪族也好，土豪也好，其差异取决于社会性控制力所波及的范围。根据增渊的定义，于氏大概是土豪，亦即增渊所谓"父老性质的土豪"。但即便这样假设，能称为豪族的也只有于氏，其他姓氏很难说是豪族，或者说，起码不能认为这六姓二十五人全都出自豪族阶层。事实上，包含于氏在内的这些人未必拥有稳定的资产，如果是豪族，很难想象存在这种情况。总之，于氏或可认定为土著豪族，但其他五姓很难说是有势力的家族。

正如南阳郡湖阳县樊氏的情况之所见，当时被称为豪族者在县一层级具有影响力，郡县之吏自不必说，就任乡三老的情况也很普遍。在一县范围内，并没有那么多所谓的大姓之族。列传二三《冯鲂传》中的南阳郡湖阳县大姓有三族，若加上樊氏则为四姓。两汉交替时期的平原郡鬲县则有五姓（列传五八《吴汉传》）。很难想象一里中能有多家豪族。

总之，笔者对这一券文引出的问题有如下思考：

第一，由六姓组成的二十五人，或可将于氏看作是有势力的家族，但此

---

[1] 增渊龙夫：《所謂東洋の專制主義と共同體》，《一桥论丛》47-3，1962年。

外诸姓并非豪族、土豪。他们是侍廷里中具有发言权（拥有一定资产）且年龄较长的户主的可能性较高。

第二，券文中并没有像渡边义浩引为论据之一的《刘熊碑》那样的，①能够推测出是以县以上政府机关的意向为准的语句，可以断定石券刻写的是非常私人的伙伴之间的约定。由此可以推知，并非官方促成了僤组织的结成。

2. 豪放阶层的动向

当然，东汉前期的乡里社会并非皆如"石券"所示，是以中家阶层为中心构成的。在汉代，以豪族众多而著名的南阳、河内、颍川、赵、魏、泰山、钜鹿、清河、陈留、山阳、东郡、汝南等地，豪族对小农当然有规制、支配。记载中还留存着在两汉交替时期加入对抗光武集团的王郎集团，发起反光武政权叛乱的赵、魏、信都诸大姓的活动。如前所述，清河郡有大姓赵纲欲施行领主性支配的动向。但是也如前文所说，在地方官对大姓的弹压之下，两汉之际的这些地方大姓的活动也渐渐消沉。前期这些大姓尚未自立于王朝权力之外，不如说，这一时期他们作为豪族的存在形态得以一般化，正在于其巧妙地利用皇帝的地方统治，同时图谋扩张大土地经营。《明帝纪》永平十三年（70）条载：

> 夏四月，汴渠成。辛巳，行幸荥阳，巡行河渠。乙酉，诏曰："……滨渠下田，赋与贫人，无令豪右得固其利……"

又，《章帝纪》建初元年（76）条曰：

> 春正月，诏三州郡国："……流人欲归本者，郡县其实禀，令足还到，听过止官亭，无雇舍宿。长吏亲躬，无使贫弱遗脱，小吏豪右得容奸妄。……"

---

① 除了其自身主动性这一解释之外，或许还能解释为是有势力阶层通过裹挟地方官来维持地区秩序系统的一种方法。

从前者可以推想乡里社会可能存在的实际状态,靠近渠道的良田为豪右围占,贫民在其下遭受不正当的侵夺。后者则是在前一年兖、豫、徐三州大旱之际所发"以见谷赈给贫人"之诏后下达的针对流民的对策诏令。诏书命令郡县要支给食物,开放官亭作为宿舍,为使流民能够归还原籍,守、令等应亲临处置,不可使掾史以下的郡县小吏和豪右得逞奸猾。小吏和豪右的不法行为何指?或许是过于苛酷的役使和压榨掠夺金钱财物,又或者指豪右假田于流民耕作,使之成为自己土地经营必要的劳动力之事。豪右在灾害时对流民的这种侵夺,实际是以乡里社会日常的"豪右因缘"的构造为前提的。

列传二九《刘般传》载:

> 帝曾欲置常平仓,公卿议者多以为便。般对以"常平仓外有利民之名,而内实侵刻百姓,豪右因缘为奸,小民不能得其平,置之不便"。帝乃止。

此处也表明了对"豪右因缘"的担忧。所谓常平仓,是在谷价低廉时从农民处加价购买并储藏,在谷物稀少、价格飙升时又以低于时价的价格进行供给的制度。宣帝时,曾因大司农耿寿昌的建议而设立常平仓。明帝以宣帝的统治为模范,似乎也希望继承、实施常平仓的政策。但是,这个想法遭到了刘般的反对。其理由难以具体了解,恐怕是通过操纵价格的高下,最终会导致农民不得不低价卖出、高价买入之类的情况,利益由此尽归豪右之手。但是,常平仓的运营者并不是豪右,而是地方郡县的吏员。刘般担忧的应该是豪右和郡县小吏狼狈为奸,朝着"侵刻百姓"的趋向发展。作为旁证,列传三一《第五伦传》记载了明帝时期的一个事情:

> 迁蜀郡太守。蜀地肥饶,人吏富实,掾史家赀多至千万,皆鲜车怒马,以财货自达。伦悉简其丰赡者遣还之,更选孤贫志行之人以处曹任。

由此可以明确,蜀郡掾史大致皆为出身豪族之家者占据,而且掾史阶层的任用、晋升也取决于财产(赀)的状况。可以说,增渊从东汉末巴郡太守张纳碑碑阴的考察中所观察到的巴郡掾史职位为豪族所独占的情况,也适用于东汉前期的蜀郡。但据《第五伦传》,也可以认为,这种豪族阶层在实质上对地方郡县统治权限的独占,在东汉前期尚未确立。这是因为,皇帝统治的特征表现在太守对地方豪族的控制力仍然稳固。无论如何,正如在蜀郡所见,郡县小吏中大部分都出自豪族阶层,豪右的意向很容易反映在郡县的施政中,由此不难推想,前见刘般的担忧便是基于这样的现实。正因如此,前引章帝之诏中,为使"小吏、豪右"不能任意妄为,因此要命令"长吏亲躬"。下面再举一个反映这种郡县实际状况的事例。

列传七二上《许杨传》中有修复西汉建造的汝南鸿却陂的相关记述:

> 建武中,太守邓晨欲修复其功,闻杨晓水脉,召与议之。杨曰:……晨大悦,因署杨为都水掾,使典其事。杨因高下形势,起塘四百余里,数年乃立。百姓得其便,累岁大稔。初,豪右大姓因缘陂役,竞欲辜较在所,杨一无听,遂共谮杨受取赇赂。晨遂收杨下狱。

这一事例反映了主事之吏与豪右之间的对立关系。但是若非如许杨这般有清节之人作主事之吏的话,豪右大姓"辜较在所"的欲求无疑很容易达成。

如上,东汉前期乡里社会的结构中,在作为大土地所有者的豪右、可以担任父老的中家阶层,以及包含假作、庸作者的贫民阶层之间,存在明显的阶层差异。豪右每有事,便巧妙地利用中央的地方统治政策,同时与郡县之吏相勾结,侵夺小农,意图扩大自己的经营。但是,由于皇帝统治的特征是通过对小农的保护扶植政策以确保对豪族阶层的统制力,因此豪族阶层也未能脱离皇帝统治而自立,也不能仅凭一己之力完成垦田、赈济贫民等事情。就豪族而言,也不是直接地控御乡里成员,而是一边依照乡里秩序,一边朝着扩大自己的经营及强化地方统治和对乡里社会的控制力的方向迈进。豪族并不是借助暴力武断乡曲,而是通过教化获得威望,并借此维持大土地所有者的地位,发展经营。

列传一七《王丹传》曰:

> 王莽时,连征不至。家累千金,隐居养志,好施周急。每岁农时,辄载酒肴于田间,候勤者而劳之。其堕懒者,耻不致丹,皆兼功自厉。邑聚相率,以致殷富。其轻黠游荡废业为患者,辄晓其父兄,使黜责之。没者则赙给,亲自将护。其有遭丧忧者,辄待丹为办,乡邻以为常。行之十余年,其化大洽,风俗以笃。

王丹为京兆下邽人。虽然很难遽下定论这是王丹所有土地之内的事情,抑或是包含其所有土地在内的乡里社会的事情,但很明显,王丹行动的意图是要维持乡邑农里秩序的安定,并奖励农业劳动中的勤恳者。作为大土地所有者,这样的乡邑社会建设对王丹来说绝不矛盾。可以说,著名的南阳樊氏的大土地经营,在根本上也与王丹一样,是建立在努力结成并维持与周围农民的亲和性之上的。

相对于王丹和樊重这样的豪族,也存在前述那样欲对乡里进行领主支配的豪右。东汉政府弹压的对象为后者,只要其直接威胁到作为王朝权力基础的民的生存便被视之为恶,但大土地所有者作为社会构成的要素却很难成为抑制、限制的对象,这是光武帝其人作为南阳豪族社会的一员为其拥戴,又借河北豪族的助力建立政权的必然归宿。东汉王朝从创建之初就显现了作为时代趋势的大土地所有制发展——这必然对小农造成有形、无形的压力,也必定孕育小农的没落——与王朝统治理念之间的矛盾。但是,作为统一的政权,东汉王朝不得不将豪族与编户之民同等视为统治对象。度田政策以平均为宗旨,地方官员为实现"平均徭赋"而努力,便是其反映。[①] 总而言之,可以推想,东汉前期的乡里社会,在豪族意图扩大大土地经营,而中央政府则意图在抑制豪族势力扩张与保

---

① 关于"平均徭赋",参见重近启树《秦漢における賦制の展開》,《東洋学报》65卷1、2号,1984年。

护、扶植小农这两个方向上保持着均衡。前期三代如此苦心维系的这种保持均衡的地方统治和乡里社会秩序,却在经过下一个时期后,成为豪族势力扩张的温床。

第二章　贵戚政治的形成

引　言

　　东汉中期，王符所著《潜夫论》一书以批判时事而著名。在书中，王符不留情面地批判了"贵戚"，"今京师贵戚，衣服、饮食、车舆、文饰、庐舍，皆过王制，僭上甚矣"（《浮侈篇》），"（贵戚）卒其以败者……崇财货而行骄僭，虐百姓而失民心尔"（《忠贵篇》）。王符对此类"贵戚"的痛恨之情，最终升级为对君主重贵戚的批判（《思贤篇》）。王符批判的"贵戚"的情况在《后汉书》中有更具体的记述，[1]但此"贵戚"之语却不限于《后汉书》，亦见于《史记》《汉书》之中。因此，从字面上似乎很容易推测贵戚指的是皇帝的戚属，但由于相关记述多为片段的、模式化的，其正确的含义未必明确，而迄今为止，也几乎没有关于这一用语的检讨。[2]

　　正如众多前辈学者已经指出的那样，东汉政治史最大的特征，是和

---

[1] 以下试举几例：
　　（建初）二年春三月辛丑，诏曰："……今贵戚近亲，奢纵无度，嫁娶送终，尤为僭侈。有司废典，莫肯举察。……"（《章帝纪》）
　　（田）歆谓之曰："今当举六孝廉，多得贵戚书命，不宜相违，欲自用一名士以报国家，尔助我求之。"（列传四六《种暠传》）
　　（王畅）寻拜南阳太守。前后二千石逼惧帝乡贵戚，多不称职。（列传四六《王畅传》）
　　（李育）知名太学，深为同郡班固所重。固奏记荐育于骠骑将军东平王苍，由是京师贵戚争往交之。（列传六九下《李育传》）
　　（缪彤）迁中牟令。县近京师，多权豪，彤到，诛诸奸吏及托名贵戚宾客者百有余人，威名遂行。（列传七一《缪彤传》）
[2] 江村治树《西漢官僚における『賢』と『能』》（《名古屋大学東洋史研究報告》4，1976年）认为，由于以列侯"为中心的'贵戚势力'本为无能之才，并且成为了妨碍皇帝统治强化之物，应将其排除出以皇帝为顶点的官僚机构"，但是，并没有明确"贵戚"这一群体的实际状况。

帝以后外戚专权,即皇太后代替幼帝临朝称制,皇太后一族,特别是其父兄掌握权力的政治形态持续出现。从政治史的角度来看,汉代的外戚大致从西汉中期开始逐渐具有政治集团的意义,其顶点是王莽政权的前身王氏集团,到东汉时,更是明确地作为政治权力一贯的骨干出现。既然"贵戚"一词在内容上包含了这样的外戚集团,那么,明确此用语的历史意义,便是探究两汉政治史发展过程时应该解决的一个问题。

本章就从对以上问题的关心开始,以《史记》《汉书》《后汉书》诸史籍为主要材料,尽量明确"贵戚"的语义,并以此为基础,在一探"贵戚"在两汉政治史上的地位、作用的同时,讨论东汉政治史上,最早的外戚得以专权的原因。

第一节 所谓贵戚政治

一、"贵戚"与帝室戚属

首先,试举两《汉书》中的几个用例,以判断"贵戚"究竟指哪些人。
《汉书》:

> A. 后二年,帝崩,王莽擅朝,诛贵戚丁、傅,大臣董贤等皆放徙远方。(卷二七《五行志中之下》)
>
> B. 时恭、显、许、史子弟侍中诸曹,皆侧目于望之等,更生惧焉,乃使其外亲上变事,言:"窃闻故前将军萧望之等,皆忠正无私,欲致大治,忤于贵戚尚书。"(卷三六《刘向传》)
>
> C. (张敞曰)陛下褒宠故大将军以报功德足矣。间者辅臣颛政,贵戚太盛,君臣之分不明,请罢霍氏三侯皆就弟。及卫将军张安世,宜赐几杖归休。(卷七六《张敞传》)
>
> D. 永始、元延间,上怠于政,贵戚骄恣,红阳长仲兄弟交通轻侠,臧匿亡命。(卷九〇《尹赏传》)

《后汉书》：

  E. 于是京师贵戚卫尉马廖、侍中窦宪慕其行，各奉书致礼，(江)革无所报受。(列传二九《江革传》)

  F. 是时大将军梁冀贵戚秉权，自公卿以下莫敢违忤。(列传三八《霍谞传》)

  G. (李)充迁侍中。大将军邓骘贵戚倾时，无所下借，以充高节，每卑敬之。(列传七一《李充传》)

据以上诸例，显然"贵戚"指各个时期的外戚。A 为哀帝外戚丁氏与傅氏，B 为宣帝外戚许氏与史氏，C 是宣帝时期的霍氏，D 为成帝时期的王氏，①E 是章帝时期的马氏和窦氏，F 为顺帝至桓帝时期的梁氏，G 则为安帝时期的邓氏，均被称为"贵戚"。又，列传三一《第五伦传》：

  又闻诸王主贵戚，骄奢逾制，京师尚然，何以示远？

从"诸王、诸公主"与"贵戚"的区别而言，"贵戚"只用来指称外戚。然而，又有如下之例：

  (郅)都独先严酷，致行法不避贵戚，列侯宗室见都侧目而视。(《汉书》卷九〇《郅都传》)

又，列传一六《蔡茂传》曰：

  (蔡茂)再迁广汉太守，有政绩称。时阴氏宾客在郡界多犯吏禁，茂辄纠案，无所回避。会洛阳令董宣举纠湖阳公主，帝始怒收宣，既而赦之。茂喜宣刚正，欲令朝廷禁制贵戚，乃上书曰："……顷者贵戚椒

---

① 遵从《汉书》颜师古注中的"一曰"之说，"红阳长仲兄弟"即红阳侯王立诸子。

房之家,数因恩执,干犯吏禁……"

以上两例中,至少"宗室""公主"也包括在"贵戚"之中。宗室谓帝室一族,指诸侯王及其子孙,以及诸公主等。相对于外戚,这些被视为"内戚"。① 由此来看,"贵戚"有仅指外戚的"贵戚"与包含内戚的"贵戚"两种用法。从下引《史记》的例子中也可以看到这一情况:

H. 商君相秦十年,宗室贵戚多怨望者。(卷六八《商君传》)

I. (商)鞅之初为秦施法,法不行,太子犯禁。鞅曰:"法之不行,自于贵戚。君必欲行法,先于太子。……"(卷五《秦本纪》)

J. (赵)奢因说(平原君)曰:"……以君之贵,奉公如法则上下平,上下平则国强,国强则赵固,而君为贵戚,岂轻于天下邪?"(卷八一《赵奢传》)

H 仅指区别于宗室的外戚,I 和 J 可视为包含了内戚的"贵戚"之用例。首先应该理解,贵戚是包含了内、外戚两方的用语。②

如果"贵戚"是以皇帝的内、外戚属为对象的话,那么接下来的问题,是戚属的范围扩展到什么程度。大体可以认为,内戚是针对男系血亲及其配偶而言的,与此相对,外戚则指"女系血亲及妻子的娘家以及女儿的夫家",即"外姻"。③ 如此,被视为"贵戚"者便有刘氏男系血亲及其配偶,以及帝室女系血亲、皇后的娘家、公主的夫家,人数庞大。现在,便分别考察内戚、外戚的戚属范围。

考察内戚范围的一个线索,是散见于两《汉书》中的关于宗室"属籍"的记述。例如,"赐宗室有属籍者马一匹至二驷"(《汉书》卷九《元帝纪》初元元年条),是对录入宗室属籍者的给赐。这样的例子还有其他几个,又

---

① 列传一六《赵憙传》云:"(建武)二十六年,帝延集内戚宴会,欢甚,诸夫人各各前言'赵憙笃义多恩,往遭赤眉出长安,皆为憙所济活'。帝甚嘉之。"
② 《孟子·万章篇下》有:"齐宣王问卿。孟子曰:'王何卿之问也?'王曰:'卿不同乎?'曰:'不同。有贵戚之卿,有异姓之卿。'"东汉人赵岐注曰:"贵戚之卿,谓内外亲属也。"
③ 滋贺秀三:《中国家族法の原理》,创文社,1967 年,第 21 页。

有因犯罪等原因从属籍中抹除的情况。① 据这些属籍的例子推测，犯罪除籍者另当别论，但即便属于刘氏一族也有录入属籍与未录入属籍者，似乎根据血缘亲疏等进行了某种区分。但是，《续汉志》记掌管属籍的宗正的职能曰：

> 掌序录王国嫡庶之次，及诸宗室亲属远近，郡国岁因计上宗室名籍。

则是将诸侯王的所有男系血亲全部录籍。又，郑玄《礼记·大传》注谓，高祖以上的庶姓，六代亲属关系已尽，仍"系之弗别，谓若今宗室属籍也"。如此，录入宗室属籍中的便是出自高祖刘邦及其兄弟的所有人，②从先前"宗室有属籍者"窥知的"无属籍者"则只能是因犯罪等而除籍的人。但是，也有如下解释，即《汉书·哀帝纪》中"赐宗室王子有属者马各一驷"颜师古注"有属，谓亲未尽，尚有服者"。此处将同高祖五服中最轻的缌麻亲以上者（五属）视为"有属者"。不过，"有属籍者"与"有属者"的对象不同，也就是说，颜师古考虑的问题并非录入宗室属籍者的范围如何，而是"有属者"的范围如何。如果认为所有的刘氏男系血亲都被记入宗室属籍中，而其中"有属者"即缌麻亲以上者又成为特殊的赐予对象的话，那么郑氏、颜氏两说便没有矛盾，可以两存。但若从将"绝属"用作"绝属籍"之意的例子来看，③两者又不可调和。关于这一点尚不能下结论，但即便认为被录入宗室属籍者（所有男系血亲）为具有血缘关系者，将内戚的范围确

---

① 两《汉书》各举一例：
　　今（吴王）濞等已灭，吏民当坐濞等及逋逃亡军者，皆赦之。楚元王子蓺等与濞等为逆，朕不忍加法，除其籍，毋令污宗室。（《汉书》卷五《景帝纪》三年条）
　　初，太夫人葬，起坟微高，（马）太后以为言，兄廖等即时减削。其外亲有谦素义行者，辄假借温言，赏以财位。如有纤介，则先见严恪之色，然后加谴。其美车服不轨法度者，便绝属籍，遣归田里。（《皇后纪上》马皇后条）
② 《汉书》卷一二《平帝纪》元始五年条曰："惟宗室子皆太祖高皇帝子孙及兄弟吴顷、楚元之后，汉元至今，十有余万人。"
③ 《汉书》卷六《武帝纪》元光元年条载："夏四月，赦天下，赐民长子爵一级。复七国宗室前绝属者。"

定在同高祖,即缌麻亲以上的亲族应该是妥当的。①

那么,外戚的情况又如何呢? 虽然一直以来都是在没有任何规定的状况下使用外戚一词,但若提及外戚,首先会认为其与"外姻"同义。然而,从两《汉书》中外戚一词的用例来看,这一词语的使用似乎只与皇帝相关,②一般人臣(包括诸侯王)皆不用外戚一词,而使用"外家""外亲""外属""亲戚"等词。③ 这样的状况到底是因为外戚一词的含义在汉代被限定为"皇帝的外姻",还是由于以皇帝为中心的正史书写特征而产生的偶然,实在难以决断。以下就在"皇帝的女系血亲和皇后等(包括未就皇后位但却为皇帝生母者)的娘家、尚公主之家"的语义下使用外戚一词。

如此,我们有必要从两个层面来探讨外戚的范围。一为代际性的、时间性的范围,另一个则是血缘范围。

关于前者,列传一三《窦融传》有云:

> 臣融窃伏自惟,幸得托先后末属,蒙恩为外戚,累世二千石。至臣之身,复备列位……

同传又云:

> (光武帝)乃赐融以外属图及太史公《五宗》《外戚世家》《魏其侯列传》。诏报曰:"每追念外属,孝景皇帝出自窦氏,定王,景帝之子,朕之所祖。……"

光武帝将窦氏视为"外属"。据本传,文帝窦皇后之弟广国为窦融七世祖,

---

① 前注作为内戚之例引用的《赵憙传》中,有"(憙)既入丹水,遇更始亲属,皆裸跣涂炭,饥困不能前。意见之悲感,所装缣帛资粮,悉以与之,将护归乡里"的记载,可知前注中作为内戚的"诸夫人"便包含在"更始亲属"诸人之中。更始帝刘玄是光武帝之族兄,为同高祖者。
② 但这并不意味着与皇帝相关就一定要用外戚一词。与皇帝相关的情况下,也多有外家、外亲、亲戚、外属等词语的用例。
③ 《汉书》卷六六《王䜣传》:"(王䜣)昭帝时为御史大夫,代车千秋为丞相,封宜春侯。明年薨,谥曰敬侯。子谭嗣,以列侯与谋废昌邑王立宣帝,益封三百户。薨,子咸嗣。王莽妻即咸女,莽篡位,宜春氏以外戚宠。"这一情况可以理解为宜春氏在王莽即皇帝位后才称外戚。

但从此例来看,曾经出过皇后之家的子孙并不受代际性的限制,仍被视为外戚。再举一例,列传五四《卢植传》曰:

> (卢植)少与郑玄俱事马融,能通古今学,好研精而不守章句。融外戚豪家,多列女倡歌舞于前。植侍讲积年,未尝转眄。

毋庸赘言,马氏乃东汉明帝明德马皇后的家族,马融为皇后之父马援兄弟的孙子,即皇后的从父兄弟之子(从侄)。由此可知,至少皇后的从父兄弟之子也是包含在外戚之中的。此点暂且不提,与窦融的情况不同,马融并无世代性的隔断,但距离皇后去世已经过了相当长的一段时间,马融依然被视为外戚。①

如此,不论是窦融还是马融,即便世代更替,或者皇后已经去世了很长时间,继承了外戚血脉者依然被视为外戚。如果按此认定的话,在两汉四百年中,外戚的数量将相当可观。光武帝赐予窦融的"外属图"应该是前述宗正制作并保管之物,可能就是通过这样的一种谱系图来认定外戚。然而,若纯粹从血缘性的戚属关系来看,外戚可能不受世代性和时间性的限制,但从政治性和社会性的角度来说,在皇帝和一般人看来,外戚又有一定的界限。皇后和皇太后、公主在世时理所当然受到外戚的待遇,但很难认为,在她们死后,后代也可以毫无限制地被承认为外戚。②

那么,世代性和时间性的范围究竟有多大呢?试举西汉之例来看,《汉书》卷八二《王商传》曰:

> 元帝时,(王商)至右将军、光禄大夫。是时,定陶共王爱幸,几代太子。商为外戚重臣辅政,拥佑太子,颇有力焉。

---

① 据池田秀三《馬融私論》(《东方学报》京都第 52 册,1980 年),郑玄入门的时间在桓帝延熹元年(158)至延熹四年(161)之间。马太后死于章帝建初四年(79)。
② 将窦融视为外戚,应该是光武帝在当时的政治背景下作出的考虑。也就是说,一定要让在河西地方拥有强大势力的窦氏归顺,是光武帝面临的重要的政治课题。马融似乎未享受外戚的恩典,这可能是范晔的理解。

王商为宣帝母史皇孙王夫人的兄弟王武之子,相当于元帝外祖母的从兄弟。① 从另一人史丹之例来看,史丹是卫太子史良娣兄史恭之孙,"元帝即位,为驸马都尉侍中,出常骖乘,甚有宠。上以丹旧臣,皇考(宣帝父)外属,亲信之"(《汉书》卷八二《史丹传》)。由此可知,王夫人、史良娣虽已死亡,但直到元帝时期,王氏与史氏依然被尊为外戚。然而,进入成帝时期后,元后所出的王氏渐得成帝信任,慢慢地,王、史两氏不再被尊为外戚,并最终被排除出政治中心。不过,被承认为外戚,与受到尊重并在政治中心占有一定地位之间,未必有直接关系。因此,通过以上的例子并不能坐实外戚存在世代性和时间性的范围。但是,仅根据王氏、史氏的例子来看,在政治上被尊为外戚意味着,在皇帝本人看来,夫人这一代以后的二到三代大概是一样的。

接下来探讨后一问题,即被视为外戚的血缘关系者的范围。②《后汉书》列传六《邓禹传》中,记有代安帝临朝称制的邓太后将从父兄弟邓康"免康官,遣归国,绝属籍"一事。③ 所谓"绝属籍"即前述从宗室亲属的名籍中除名。从此例来看,被认定为外戚的一员并被录入属籍的范围至少包括皇后的从父兄弟。但是,被录入这一属籍的外戚成员是怎样确定的呢?一般想来,大概是若为邓氏便依据邓氏的户籍决定录入属籍者。关于汉代的户籍,越智重明依据平中苓次的解读,对《汉书·惠帝纪》中关于官吏复除规定的诏敕所用"同居"一语进行了探讨,得出"汉代户籍由兄弟终生同

---

① 王商与元帝在辈分上并非兄弟,王商相当于元帝外祖母之侄,是元帝的表舅。——译者注
② 在此,若先就"尚公主之家"而言,那么就事例来看,尚公主之家受到外戚待遇的范围非常狭窄,最多是尚公主者本人或其子而已。如西汉时的张放,父张临尚元帝妹(根据颜师古之说)敬武公主,因张放为公主之子,且又娶了成帝许皇后父许嘉之女,才多得成帝恩遇,事见《汉书》卷五九《张延寿传》。但是张氏其他成员并未作为帝室戚属受到恩惠。

东汉有梁松之例。父梁统算是东汉创业功臣,梁松尚光武帝女舞阴长公主。或因此之故,梁松受到光武帝的信任和宠遇。光武帝崩后,遗诏令其辅政。其后坐罪死,其子及兄弟并未以外戚身份受到特别的恩遇。(列传二四《梁松传》)由于公主出嫁后即属于他宗,尚公主之家与成为帝室一员的皇后之家本身是不同的。尚主之家的范围并不很明确,在以下论述中,尚主之家的范围包含在皇后等的娘家之中,不会特别涉及。
③ 外戚被录入宗室属籍一事,明见于《汉书》卷五二《田蚡传》:"婴、(田)蚡俱好儒术,推毂赵绾为御史大夫,王臧为郎中令。迎鲁申公,欲设明堂,令列侯就国,除关,以礼为服制,以兴太平。举谪诸窦宗室无行者,除其属藉。"

籍为基础的血缘关系者构成"的结论，①具体成员"包括（作为基准人物的）本人（其子孙）及其兄弟（其子孙），若父与伯、叔仍在世，则亦及于父、伯、叔，与伯叔之子即从父兄弟（及其子孙）"。汉代户籍记录的范围是否果真如此仍有疑问，汉代户籍的面貌尚不明晰，②因此，关于这一见解的正误判断只能留待以后。不过越智"按照现实生活的状况来理解礼制上的同居时，可以认为这与兄弟是否同居共财没有关系，而只是表示血缘关系"这一观点，可为本文的考察提供参考。换句话说，与其说是依据户籍向宗室属籍中录入，不如说是根据当时人们关于血缘关系的常识性的范围，即将"从父兄弟及其诸子"作为录入的对象。如此，也可以很好地解释前见邓康之例。

这样，若不管在现实中是否经营着同居共财的生活，或是否登录在同一户籍，而是从比三族制更为广泛的"从父兄弟及其诸子"的血缘关系中寻求皇后等娘家的血缘关系者的范围，那么，用三族制关系无法解释的邓康之外的例子便可迎刃而解。例如，景帝时为大将军，在武帝初期经窦太后推荐成为丞相的窦婴，乃窦太后从兄之子。东汉的例子则有马皇后的从兄马严，从《皇后纪》马皇后条及马严本传可知，马严为马氏一门的中心人物。关于马氏这里附带一提，相当于马皇后父马援之族孙的马棱的传记虽附于《马援传》，但据其传记可知，马棱并未受到外戚的待遇，而是经过与其他普通官僚相同的程序才在政治上立身的。

通过以上讨论得出如下结论大概不误：从皇后等妇人的角度来看，外戚成员是以父母、兄弟及其妻子之三族制家族成员为中心，旁及伯、叔父及其子，即从父兄弟以及从父兄弟之子。③

---

① 越智重明：《漢時代の戸と家——主として戸籍制度面から見た——》，《史学杂志》78 编 8 号，1969 年。
② 参见池田温《中国古代籍帐研究》，东京大学出版会，1979 年，第 25 页。
③ 但是，也有外戚成员包含外戚的外家的情况，淳于长之例即其明证（其他例子还有武帝卫皇后姐之子霍去病）。《汉书》卷八四《翟方进传》曰："淳于长虽外戚，然以能谋议为九卿。"据其本传，淳于长为元后姐之子，也就是元后的外甥。本来，在成帝看来他并非女系血亲之一员，在元帝看来也不属于元后娘家王氏之宗。但即便如此，《汉书》中淳于长仍被记作"外戚""外属"（《元后传》）和"外亲"（《淳于长传》）。于是，外戚一语所指的对象便不限于"皇帝的女系血亲和皇后等的娘家、尚公主之家"。不过淳于长的例子是个人被视为外戚一员的例子，从淳于氏一族未被看作外戚来看，这个例子也可能是特例。

以上就包含在"贵戚"中的内戚、外戚的范围进行了考察,其结果是相当数量的人们都可算作"贵戚"。但是,若通览"贵戚"的史料,到底还是很难将如此广泛的人们都视为"贵戚"。之所以这么说,是因为在"贵戚子弟"这样的表达方式中,"子弟"并未包含在"贵戚"中,例如前述皇后的"从父兄弟及其诸子"范围中,并非所有的血缘关系者都被视为"贵戚"。那么,"贵戚"究竟何指再次成为问题。此处有疑问的是,若仅指内戚、外戚的话,使用"亲戚""亲属""外家"等词语即足矣,又何必冠以"贵戚"之"贵"呢?要解答这一疑问,便要明确被称为"贵戚"的都是哪些人。

二、"贵"的用法和意义

通过对《汉书》中出现的用例加以检讨,可将汉代"贵"的意义分为三大类:

第一类在"谷贵""贾咸贵""货既贵"等用例群,以及《食货志》等史料中频出,表示物品钱货的价格或价值高。

第二类一般用来表示具有价值的东西、应该被重视的东西、重要的东西,兼具动词性和名词性的用法。用为前者的有"治道贵清净而民自定"(《曹参传》)、"天道贵信,地道贵贞"(《杜钦传》)等,后者则有"天地之性人为贵"(《楚王嚣传》)、"神君最贵者曰太一"(《郊祀志上》)等,又有相对于"贱"的"贵廉洁,贱贪污"(《贡禹传》)、"贵布衣一剑之任,贱王侯之位"(《淮南王长传》)等用例。

接下来的第三类用法是此处讨论的主要对象,即表示在汉代社会中处于较高的政治和社会地位的状态,包括一般意义上常被使用的"富贵"的"贵"。如《汉书·高帝纪》:

> 吕后与两子居田中,有一老父过请饮,吕后因哺之。老父相后曰:"夫人天下贵人也。"令相两子,见孝惠帝,曰:"夫人所以贵者,乃此男也。"相鲁元公主,亦皆贵。老父已去,高祖适从旁舍来,吕后具言客有过,相我子母皆大贵。高祖问,曰:"未远。"乃追及,问老父。老父曰:"乡者夫人儿子皆以君,君相贵不可言。"……及高祖贵,遂不知老父处。

可知帝室一家,皇帝、皇后、皇太子、诸侯王、诸公主皆为"贵"者。① 又,《汉书》卷六八《霍光传》:

> 宣帝始立,立微时许妃为皇后。显爱小女成君,欲贵之,私使乳医淳于衍行毒药杀许后,因劝光内成君,代立为后。

这一情况中的"贵"明确意味着即皇后之位,②与其他常见的通过相人和卜筮之术,预言其将来成为皇后或皇帝生母的例子有相通之处。③

帝室之外的一般臣下的例子,则有《汉书》卷四六《万石君传》:

> 内史(石)庆醉归,入外门不下车。万石君闻之,不食。庆恐,肉袒谢请罪,不许。举宗及兄建肉袒,万石君让曰:"内史贵人,入闾里,里中长老皆走匿,而内史坐车中自如,固当!"乃谢罢庆。

又,同书卷六四《主父偃传》曰:

> 上拜偃为齐相。……偃始为布衣时,尝游燕、赵,及其贵,发燕事。赵王恐其为国患……

内史、齐相虽为二千石官,但管见所及,没有以二千石以下的官位表示

---

① 《汉书》卷四五《蒯通传》:"蒯通知天下权在(韩)信,欲说信令背汉,乃先微感信曰:'仆尝受相人之术,相君之面,不过封侯,又危而不安;相君之背,贵而不可言。'"此处之"贵"也是成为天子之意。关于皇太子和公主没有适当的例子,但关于诸侯王,《汉书》卷四八《贾谊传》则有云:"臣请试言其亲者。假令悼惠王王齐,元王王楚,中子王赵,幽王王淮阳,共王王梁,灵王王燕,厉王王淮南,六七贵人皆亡恙。"很明显,此处的"贵人"指诸侯王。
② 两《汉书》中散见"母以子贵"的表述。这一表述常用于虽为皇后生母,但未能成为皇后或皇太后,而给予皇帝生母以皇后或皇太后尊号时的情况。《春秋公羊传》"隐公元年"条有其典据。如《汉书》卷九七下《外戚传·孝元傅昭仪传》:"《春秋》'母以子贵',尊傅太后为恭皇太后,丁姬为恭皇后。"这一情况中"贵"亦指皇后或皇太后之位。
③ 例如,《汉书》卷九七上《外戚传上·孝景王皇后传》:"孝景王皇后,武帝母也。父王仲,槐里人也。母臧儿,故燕王臧荼孙也,为仲妻,生男信与两女。……而臧儿卜筮曰两女当贵,欲倚两女。"又,同书卷九八《元后传》曰:"(元后政君)及壮大,婉顺得妇人道。尝许嫁未行,所许者死。后东平王聘政君为姬,未入,王薨。(王)禁独怪之,使卜数者相政君,'当大贵,不可言。'禁心以为然。"

"贵"的用例，因此一般臣下的情况中，"贵"当指二千石以上的官位。①

不过，"贵"也有与上述表示位为二千石以上官的用例稍稍不同的用法。《汉书》卷九七下《外戚传下·孝成赵皇后传》曰：

> 召入宫，大幸。有女弟复召入，俱为婕妤，贵倾后宫。

与其说这里的"贵"表示婕妤之位，不如看作是得到皇帝宠遇的得意状态。同传"成帝许皇后"条有"幸妾尚贵时"，颜师古注曰："尚贵时，谓昔被宠遇之时也。"因此，可以认为赵氏姐妹情况中的"贵"也包含了"被宠遇"的意思。又，《汉书》卷六八《金日磾传》载：

> 日磾既亲近，未尝有过失，上甚信爱之，赏赐累千金，出则骖乘，入侍左右。贵戚多窃怨，曰："陛下妄得一胡儿，反贵重之！"上闻，愈厚焉。

此处的"贵"也是得到皇帝的信任、宠遇的意思。除此以外，这种"贵"的用法，还有表述为"贵用事"的数例，②这些都可理解为得到皇帝信任而典政事的意思。又，"(晁)错以此愈贵。迁为御史大夫"（《晁错传》）、"上愈益贵(公孙)弘、(张)汤"（《汲黯传》）、"时侍中董贤方贵"（《毋将隆传》）等也是一样，与通常训读做"とうとぶ"所包含的意思有若干不同。③ 典型的例子即"'其赐(淳于)长爵关内侯'。后遂封为定陵侯，大见信用，贵倾公卿"（《淳于长传》）。在此诸例之中，关于张汤、董贤更可见到"(张)汤尝

---

① 《汉书》卷五〇《郑当时传》曰："迁为大司农。当时为大吏，戒门下：'客至，亡贵贱亡留门(下)者。'执宾主之礼，以其贵下人。性廉，又不治产。"又，同书卷六四《朱买臣传》载："上拜买臣会稽太守。上谓买臣曰：'富贵不归故乡，如衣绣夜行，今子何如？'"目力所及，此两例与本文所举两例皆为表示二千石之位"贵"的用例。
② 例如，"御史大夫张汤方贵用事，减宣、杜周等为中丞，义纵、尹齐、王温舒等用急刻为九卿，直指夏兰之属始出"（《汉书》卷二四下《食货志下》），"霍光薨后，子禹与宗族谋反，诛。上以(杜)延年霍氏旧人，欲退之，而丞相魏相奏延年素贵用事，官职多奸"（《汉书》卷六〇《杜延年传》）等。
③ "とうとぶ"即日语单词"贵ぶ"。——译者注

病,上自至舍视,其隆贵如此"(《张汤传》),或"(董贤)贵震朝廷。常与上卧起"(《董贤传》)等记述,可证明前言关于"贵"的用法的解释。

　　以上探讨了"贵"的第三种用法,可以认为,其中包含了两种含义:一种指包含皇帝在内的帝室成员,和拥有二千石以上官位者所具有的崇高地位,以及处在这种地位的状态;另一种则指受到皇帝信任和宠遇以及这种状态。这两种"贵"的含义,特别是在一般人臣的情况中,若认为皇帝的信任、宠遇保证了其地位的高贵,那么"贵"的两种含义并非各自孤立,而是互相关联、互相渗透的,可以认为"贵"的两种含义是内在统一的。

　　那么,若是因为皇帝的信任、宠遇而获得"贵"的地位,这种地位之"贵"在当时又指多高的地位呢?对于这一问题,不得不再做思考。皇帝、皇后、皇太子、诸侯王、公主等皇室成员自然被视为"贵",除此之外的一般官僚被视为"贵"的根据又为何?虽说官僚秩在二千石以上者即被视为"贵",但前已阐明,"贵戚"包含外戚,外戚未必具有二千石以上的官位。那么,外戚为"贵戚"之"贵"的原因又该求之何处呢?只是笼统的"高贵",抑或仅仅表示受到皇帝宠遇、信任呢?

《汉书》卷九九上《王莽传上》曰:

> 臣莽伏自惟,爵为新都侯,号为安汉公,官为宰衡、太傅、大司马,爵贵号尊官重。

又,同书卷八六《王嘉传》曰:

> (王嘉曰)王者代天爵人,尤宜慎之。裂地而封,不得其宜,则众庶不服……高安侯(董)贤,佞幸之臣,陛下倾爵位以贵之,单货财以富之,损至尊以宠之。

由此可知,"贵"与爵位之间存在着某种关系,①那么,"贵"与爵位高低之间

---

① 除此之外可以反映"贵"与爵位之间关系的还有"疏爵而贵之"(《汉书》卷三四《英布传》)、"贵爵厚赏"(同书卷五八《公孙弘传》)之类的表述。

的关系如何,何种等级的爵位又被视为"贵"呢?以下两例就这一点提供了某些启示。《汉书》卷六八《霍光传》:

> 武帝病,封玺书曰:"帝崩发书以从事。"遗诏封金日磾为秺侯,上官桀为安阳侯,光为博陆侯,皆以前捕反者功封。时卫尉王莽子男忽侍中,扬语曰:"帝崩,忽常在左右,安得遗诏封三子事!群儿自相贵耳。"光闻之,切让王莽。

又,《汉书》卷九〇《田广明传》:

> 公孙勇衣绣衣,乘骊马车至圉,圉使小史侍之,亦知其非是,守尉魏不害与厩啬夫江德、尉史苏昌共收捕之。上封不害为当涂侯,德轑阳侯,昌蒲侯。初,四人俱拜于前,小史窃言,武帝问:"言何?"对曰:"为侯者得东归不?"上曰:"女欲不?贵矣。"

从这两例与前王莽之例来看,"贵"指有列侯爵位的推测应可成立。如所周知,汉代有二十等爵制,关于其在皇帝支配体制中的制度全貌及历史意义,已有西嶋定生大著在前。① 现参考西嶋的高论,对"贵"与爵位,特别是与列侯之间的关系进行探讨。《汉书》卷三三《韩王信传》曰:

> (韩)增少为郎,诸曹侍中光禄大夫,昭帝时至前将军,与大将军霍光定策立宣帝,益封千户。……增世贵,幼为忠臣,事三主,重于朝廷。

在此,"世贵"如何表现?翻检其列传,可知龙额侯韩增之家自韩王信以来便为列侯之家。又有如下之例。《汉书》卷四二《任敖传》:

---

① 西嶋定生:《中国古代帝国の形成と構造》,东京大学出版会,1961年。

> （张）苍德安国侯王陵，及贵，父事陵。陵死后，苍为丞相，洗沐，常先朝陵夫人上食，然后敢归家。

张苍曾在即将被沛公处斩之际，为王陵所救，（《张苍传》）这是以上故事的背景。从行文逻辑来看，此处的"及贵"非指为丞相，而是指在此之前因军功（平定燕王臧荼的叛乱）被封为北平侯。这种"及贵""及富贵""至富贵"的例子尚有其他，可以断定，这些例子基本上意味着伴随就任丞相而获得列侯的爵位。①

其次，东汉时将后宫女官称为"贵人"虽为定制，但西汉并非没有称女官为"贵人"之例。② 根据西嶋的研究，妇人无爵（前引西嶋书第454页），"贵人"的"贵"似乎与爵位没有关系。但在《汉书·外戚传序》中，女官又以"比爵"的形式呈现，即若其为有爵之男子，相当于何种等级之爵位。据此，昭仪比诸侯王，倢伃比列侯，娙娥比关内侯。③ 那么，东汉"贵人"的情况如何呢？《皇后纪上》载：

> 及光武中兴，斲雕为朴，六宫称号，唯皇后、贵人。贵人金印紫绶，奉不过粟数十斛。又置美人、宫人、采女三等，并无爵秩，岁时赏赐充给而已。

如上，则"贵人"可佩金印紫绶。金印紫绶，是西汉时为丞相、大将军、太

---

① 《汉书》卷八一《张禹传》曰："（张禹）代王商为丞相，封安昌侯。……天子数加赏赐，前后数千万。禹为人谨厚，内殖货财，家以田为业。及富贵，多买田至四百顷。"又，同传卷八三《朱博传》云："博为人廉俭，不好酒色游宴。自微贱至富贵，食不重味，案上不过三杯。"同传可知朱博为丞相后被封于阳乡侯。
② 例如，"太子喜（王）襃所为《甘泉》及《洞箫颂》，令后宫贵人左右皆诵读之"（《汉书》卷六四下《王襃传》），"尝幸上林，后宫冯贵人从临兽圈，猛兽惊出，贵人前当之，元帝嘉美其义"（《王嘉传》）等。
③ 根据鎌田重雄《漢代の後宫》（收入氏著《秦漢政治制度の研究》，日本学术振兴会，1962年），汉代后宫的女官分为嫡妻、贵妾、贱妾三个等级。不需说，嫡妻即皇后，次之贵妾至武帝时期为夫人，武帝之后情况不明。武帝时的夫人又分为两种，即倢伃和娙娥。元帝时，在此之上增加了昭仪。可以发现，鎌田认为昭仪、倢伃、娙娥三者相当于贵妾。东汉时期这些贵妾被统称为"贵人"。

师、太傅、太保、太尉、左右前后将军,东汉为公卿、将军以上才能佩戴的印绶。① 若以爵位来说,相当于列侯,仅次于"金玺绶"的诸侯王。因此,东汉的"贵人"可以比为列侯,其为"贵"的原因即在于列侯之爵位。

如此看来,在汉代,一般官僚有列侯爵位即被视为"贵"。若有列侯爵位便为"贵",那么皇室成员当然被视为"贵"。② 但问题是,与皇室成员不同,通过以上考察并不能确定,一般官僚被视为"贵"的爵位下限是否就是列侯?③ 进一步说,从前述位二千石者则为"贵"的例子来看,并不能断言没有列侯这一二十等爵中的最高爵位便不被视为"贵",这一点仍是问题。前一问题因没有明确的史料而难以判断,不过,由于没有封关内侯而为"贵"的正面例子,汉代人对列侯和关内侯在身份上的差异又有明确的感知等,④或许可以作为以上推论具有某种正确性的根据。

后者则涉及官位与爵位之间的关系。关于这一点,西嶋认为"朝廷根

---

① 参栗原朋信《文献にあらわれたる秦漢璽印の研究》,《秦漢史の研究》,吉川弘文馆,1960年。
② 关于皇室成员之"贵"与爵位的关系附注于下。
  首先关于皇帝。史书中有所谓"贵为天子"的惯用句。例如,"夫虞、夏之主,贵为天子,亲处劳苦之实,以徇百姓"(《史记》卷六《秦始皇本纪》)、"故孟子曰,纣贵为天子,死曾不如匹夫"(《汉书》卷四五《伍被传》)等。相对于"富"使用的例子有"今陛下贵为天子,富有四海"(《汉书》卷五六《董仲舒传》)、"秦贵为天子,富有天下"(《汉书》卷六四下《严安传》)等。前两例可理解为位高至于"天子"一级的意思,但必须注意,这些惯用句都使用"天子"。因此,若先前推断的"贵"与"爵位"的关系在此也适用的话,那么"天子"也是被视为"贵"的爵位之一。而且从文理来看还是最高的爵位。西嶋定生也将"天子"是否为爵称视作问题,认为:"若将爵制看作秩序结构,天子是其中一员,因此,天子是爵称。但若从天子拥有赐爵的特权,且所有的爵位都由天子授予来看,天子又并非爵称。"(前揭西嶋著作第464页)其结论则认为,《孟子》《白虎通》将"天子"列入爵称的观点,与《礼记·王制》中未包含此类文句之间"并非互相矛盾的表达"。《汉书》卷二五下《郊祀志下》载:"平帝元始五年,大司马王莽奏言:'王者父事天,故爵称天子。'"可为反映"天子"为爵称之一例。因此,也可以认为"贵为天子"的"贵"表示"天子"这一最高爵位。
  其次为皇后,此前曾将居贵妾最高位的昭仪比为诸侯王,从女官的比爵来推测,皇后可比天子之爵等。此处就公主附带一提,《通典》卷三一所引蔡邕《独断》称:"汉帝子女曰公主,仪比诸侯。姊妹曰长公主,仪比诸侯王。"可知公主也被比为列侯以上。
  就皇太子、诸侯王而言,皇太子是将来可就"天子"之位者,可比皇帝。列传十六《伏隆传》载:"梁王刘永,幸以宗室属籍,爵为侯王。"则等侯王即爵位。另外,诸侯王诸子,即诸王子可依推恩令封为列侯,此点《汉书》卷一五《王子侯表》已明确。又,关于其女即翁主(参见《汉书》卷三八《高五王传》、同书卷四七《文三王传》),《通典》卷三一《职官一三》曰:"诸王女皆封乡、亭翁主,仪服同乡、亭侯。"
③ 据前揭镰田论文,包含在"贵妾"之中的娙娥比关内侯一点仍有疑问。
④ 参照前引西嶋书第一章第二节二《関内侯について》。另外,关于列侯有参加集议资格的问题,可参照永田英正《漢代の集議について》,《东方学报》京都第43册,1972年。

据爵位确定爵列,形成朝廷的秩序,因此有'朝廷莫如爵'(《孟子·公孙丑下》)之说。而随着官僚制度的完善,官秩的次序也与爵列的位序一起,日渐受到重视。……如此,秩六百石以上者在朝廷的班序得以确定,朝廷的秩序得以规范后,爵位便成为其补充,规范朝廷秩序的也不再只有爵位"(前引西嶋书第97页)。于是,汉代便开始出现用"贵"来表示官位高低的倾向,前见以内史和齐相等二千石官为"贵"之诸例也可以反映这一点。但是正如以上讨论所明确的,在汉代人的观念中,以有高爵位为"贵"是事实,在此基础上,即便"朝廷莫如爵"的观念不是决定朝廷序列的唯一标准,但以身有高爵为"贵"的观念在汉代仍然有可能发挥着作用。除西汉初期,汉代人臣可以获得的最高爵位为列侯,因此有此爵而为"贵"的例子不在少数,可以说拥有列侯的爵位亦被视为"贵"。特别是在外戚的情况中,若"贵"未必表示就高官之位,那就当指居列侯爵位了。

至此,总结关于"贵"的意义的讨论结果。首先要明确,此处主要关心的是"贵戚",这里的"贵"取第三种意义,含义包括"贵重""贵宠"等词语所反映的"得天子信任、宠遇",以及居列侯(以上)爵位两个方面。① 这两方面密切关联,在外戚的情况中,则是因与帝室的姻戚关系而受到宠遇,由此得封列侯,②也就是成为外戚侯,这种状态就是"贵"。

那么,基于上述对"贵"的意义的探讨,我们重新思考"贵戚"的语义,"贵戚"便成为受到皇帝宠遇、信任,并有列侯(以上)爵位的帝室戚属。如

---

① 还有不见于《汉书》,但新出现于《后汉书》中的"贵"的用法。例如:"(苏)不韦后遇赦还家,乃始改葬,行丧。士大夫多讥其发掘冢墓,归罪枯骨,不合古义,唯任城何休方之伍员。太原郭林宗闻而论之曰……议者于是贵之。"(列传二一《苏不韦传》)"(赵咨)复拜东海相。之官,道经荥阳,令敦煌曹暠,咨之故孝廉也,迎路谒候,咨不为留。暠送至亭次,望尘不及,谓主簿曰:'赵君名重,今过界不见,必为天下笑!'即弃印绶,追至东海。谒咨毕,辞归家。其为时人所贵者此。"(列传二九《赵咨传》)"(杜安)年十三入太学,号奇童。京师贵戚慕其名,或遗之书,安不发,悉壁藏之。及后捕案贵戚宾客,安开壁出书,印封如故,竟不离其患,时人贵之。"(列传四七《杜根传》)等等。这里的"贵"并不表示皇帝的宠遇、信任,也不表示列侯爵位或高官之位,与第一节二中的第二种"贵"亦有区别,是用来表示此人的行为和人格被"议者""时人"赞赏为有价值或者很优秀,可以预想其与之后的贵族制社会中的"贵"之间的关系,颇具深意。

② 关于外戚封列侯之事,见《汉书》卷一八《外戚恩泽侯表》,无需多言,《汉书》诸本纪中也有不少外戚封侯的事例,又,从《通典》卷三一引《汉官仪》"皇后父兄,率为特进侯,朝会位次三公。故章帝启马太后曰,'汉典,舅氏之封侯,犹皇子之为王'"(可也参照列传三一《第五伦传》),可知此事被视为当然。

此，得称贵戚者便相当有限。内戚原本相当于诸侯王及其子女，即王子侯、公主，而外戚仅限于皇太后、皇后等在世的外戚，以及曾经为外戚而受到帝室亲属待遇、被封为列侯的人，而曾为外戚且曾被视为贵戚，但不再有帝室亲属待遇者，即便继承了列侯之爵位，也不被视作贵戚。

以上探讨的虽是可以称为贵戚的人，但"贵戚"的用例中，明确仅指外戚的例子甚多，从前引"诸王主贵戚"或"侯王贵戚"（《潜夫论·断讼篇》）等特意将诸侯王、公主与贵戚相区别的表述来看，"贵戚"大体为"显赫一时的帝室姻戚之大名"之类的意思，有时虽含非难之意，但用于仅指外戚的例子还是很多的。

三、贵戚与两汉政治史

众所周知，除前期外，毫不夸张地说，东汉政治史呈现出的样貌是外戚导致的权柄转移。光武帝、明帝、章帝三代以西汉外戚之祸为鉴，防范外戚参与政治，因此未发生外戚专权的情况。① 但即便在这一时期，郭、阴、马、窦等外戚也多有奢侈不法之事。进入和帝一朝后，首先是窦氏，接着是安帝时期的邓氏、阎氏，以及顺帝至桓帝初的梁氏，均可见外戚对政权的垄断。此后，到灵帝时期，外戚又借太后临朝称制干预朝政。众所周知，外戚插手政治，在西汉时期已见萌芽和发展。西汉初，由吕后专权开始，在政治史上发挥作用的外戚，有景帝至武帝时期窦太后一族的窦婴，景帝皇后王氏的同母弟田蚡，武帝时期的卫氏、霍去病，昭帝时的上官氏，宣帝初期的窦氏，以及宣帝外戚史氏、王氏、许氏，元帝皇后王氏，哀帝时的丁氏、傅氏等。甚至因王氏一员王莽，汉王朝不得已中断一时。

一直以来，"外戚政治"一词都用来指称以外戚为中心的政治形态。由于成为外戚的人是超历史性的存在，或者说是特定时期历史现象的反映，所以这种说法未必适当，不过外戚得以成为政治中心的时期基本都限定在汉代，因此说到外戚政治，也可以认为是汉代政治史中固有的现象。然而，如前所述，外戚一词所指的人群范围广大，以此作为掌握政权的主体

---

① 关于这一点，请参考第一章第一节。

的限定性用语,实在是太过一般,而且作为考察汉代政治史而使用的术语,在表现主体的状态以及政治形态中的汉代特质方面又是否适合呢?若思及此,似乎仍不够充分。这种不充分于此也有体现:由于贵戚是得到皇帝的信任、宠遇才成为掌握政权的主体,因此,外戚政治也是以皇帝支配体制为前提的,与皇帝实行的政治本质相同。但若以贵戚代替外戚,又因贵戚包含了内、外戚双方,与外戚所涵盖的范围不同而有问题。不过,内戚也有干涉政治的情况,例如昭帝时期,盖长公主与燕王旦、外戚上官氏联结而介入政治;东汉明帝即位之初,东平王苍就辅政之任等。又,太后临朝称制也是作为内戚的皇后发挥辅佐皇帝政治的职能,依靠太后临朝称制的外戚专权则是内、外戚一体参与政治,[①]而并非仅仅是外戚施行的政治。因此,下文姑且用包含了"外戚政治"在内的"贵戚政治",表现贵戚作为皇帝的辅佐而掌握政治实权的政治形态。只是历史上实无仅由内戚导致的专权,"贵戚政治"实际上意味着太后临朝称制,或依靠皇太后、太后权威的外戚专权。

那么,贵戚政治的萌芽见于汉代何时呢?仅就《汉书》来看,贵戚之语大致在武帝之后被使用。这一现象并非毫无缘由。直至武帝时期,外戚除吕后之外,还有文帝时期的薄氏,但后者在政治上几乎未产生影响。吕氏则因吕后特殊的个性而壮大,吕后专权也可视为她作为创业者刘邦的伴侣参与政治(诛灭功臣等)的延伸,与之后的贵戚政治性质稍异。武帝时期,作为贵戚极尽荣显者初为窦婴和田蚡,继有卫青、霍去病。不过,前二人凭借的仅是他们个人的活动,同族的背景很稀薄,后二人则是因远征匈奴的军功而非外戚身份得拜大将军,而且二人也处于武帝这一拥有绝对权力的皇帝之下,因此这四人并不拥有政治上的决定性影响力。作为贵戚在政治世界中具有重要意义的第一人,终究还数霍去病之异母弟,即在昭帝时期、宣帝初期一手遮天的霍光。

[①] 关于太后临朝称制,有谷口やすよ《漢代の『太后臨朝』》(《历史评论》359号,1980年),对于与本章相关的太后与外戚之关系,谷口的见解也是妥当的。

西嶋定生已经阐明武帝死后至宣帝时期的政治过程,①在此对于其清晰的分析并无补充,只是关于霍光政权是否可作为贵戚政治之嚆矢一点,我们与西嶋看法有异。西嶋有如下论述:"西汉时期的外戚势力是在霍光政权覆灭之后出现的。霍光虽因其女为宣帝皇后而为外戚,但霍氏的政治权力却是在此之前通过压制内朝而获得的,并非始于其为外戚之后。"(《中国の歴史》二《秦漢帝国》,讲谈社,1974年,第336页)"但是,宣帝亲政却从其他方面展现了新的皇帝统治的倾向。即宣帝一边抑制霍氏一族,一边进用史氏、许氏,由此导致之后的西汉皇帝重用外戚,以至王莽最终出现,这便是西汉政治史特色之端绪。"(《武帝の死》)西嶋认为,西汉贵戚政治始于霍光政权崩溃之后,史氏、许氏进入朝政之时。确实,霍光掌权与成为外戚并无直接的因果关系,而是发端于霍光与金日䃅、上官桀共受武帝遗诏辅政,并于昭帝元凤元年(前80)一扫上官氏、燕王旦、盖长公主、桑弘羊等反霍光派而确立的。霍光成为外戚则在宣帝本始四年(前70),依显夫人之谋册立霍光女成君为皇后时,第三年霍光即病死,因此他作为皇后父亲的时间极其短暂。② 由此观之,很难认为霍光政权是贵戚权力。但是,霍光的出仕,以及其十余岁为侍中,侍奉于武帝近侧并能得到爱幸的决定因素,在于霍光为武帝卫皇后姊少儿之子霍去病的异母弟。在这一意义上,他能出仕乃因其为贵戚。其次,也如西嶋所揭,武帝死后,霍光的官职为大司马、大将军,领尚书事,其以军职为本官掌握内朝权限,进而行使政治权力,这种方式与此后的贵戚政治如出一辙,甚至不如说,这种贵戚掌握政治权力的方式是由霍光自己创造的。③ 进一步讲,霍光的子弟与亲属就

---

① 西嶋定生:《武帝の死——『塩鉄論』の政治史的背景》,《古代史講座》11卷,学生社,1965年。亦收录于氏著《中国古代国家と東アジア世界》,东京大学出版会,1983年。
② 虽说为皇后之父的时间很短,但昭帝皇后上官氏乃霍光之女与上官安所生之女,即霍光外孙,对皇后而言,霍光为外祖父,霍氏为昭帝外戚的外家。因此,霍氏虽到本始四年才成为外戚,但若参照前文注释中淳于长的例子,也相当于外戚。另外,霍光在废立皇后之际巧妙地利用了上官皇后,关于此,谷口やすず《漢代の皇后権》(《史学雑志》87编11号,1978年)有详细的分析。
③ 大庭脩《前漢の将軍》[《东洋史研究》26卷4号,1968年,又收录于氏著《秦漢法制史の研究》(创文社,1982年)]认为"为将军而领尚书事这种掌握兵力与机密的形式,成为外戚的基本结构",此形式为"霍光所开将军之新例"。另外,关于霍光政权,参看富田健之《大司馬大将軍霍光》,《新潟大学教育学部纪要》35卷2号,1994年。

任内外朝之要职,支撑其专权,①这种将血缘关系者配置于要职以图掌握政治权力的方法,也可视为此后贵戚政治的共通点。

出于以上理由,可以认为霍光政权具有贵戚权力的特征,且为之后贵戚政治的先驱形态。若此说见允,那么从贵戚在政治世界中势力渐长一点来看,或可以"武帝之死"为界,将西汉政治史大致分为两个时期,即:到武帝时期为止,这是权力向皇帝集中的过程;大约从武帝时期开始,贵戚在政治中权位渐重,昭帝以后,绝对化的皇权走向相对化。增渊龙夫也认为"武帝时强化的天子对官僚单方面的权力关系,在武帝殁后,以与此前不同的状态开始崩塌。这发端于昭帝时期霍光的摄政,并随着内朝相对外朝的优势地位而激化",②并在"武帝之死"中寻求西汉政治史的转捩点。不过,对于增渊将"内朝的优势地位"作为西汉后期的特征并着力于此的方式,本文在认同其见解的同时,认为实际行使具有优势的内朝权限的贵戚开始具有政治史意义的节点,是昭帝时期霍光政权的成立。

若观察宣帝初期霍氏政权崩溃后的政局,可以看到依据霍光制造的内朝权力,并以辅政之任为媒介,欲掌握政治权力的诸贵戚,即史氏、王氏、许氏等宣帝外戚的活动。此三姓大致在宣、元时期进入朝廷,大部分任将军之职,并担当宣帝、元帝辅政之任。但成帝即位以后,因元后所出的王氏的进入,各势力逐渐被消灭。又,宣、元之时,由于中书令石显等宦官的势力大增,史良娣、王夫人、许皇后已死亡等原因,此三姓所行贵戚政治并未得到充分发展。但由霍光所创的、以内朝为中心的政治却借此三姓而得发展之端绪,王氏集团乘势巩固了成帝以后的专制体制,并最终导致了王莽政权的建立。

本来,这些贵戚群体掌握政治权力的对立面有外朝儒家官僚的政治活

---

① 《汉书》卷六八《霍光传》载:"自昭帝时,光子禹及兄孙云皆中郎将,云弟山奉车都尉侍中,邻胡越兵。光两女婿为东西宫卫尉,昆弟诸婿外孙皆奉朝请,为诸曹大夫、骑都尉、给事中。党亲连体,根据于朝廷。"
② 增渊龙夫:《漢代における国家秩序の構造と官僚》,《一桥论丛》28卷4号,1952年,又收入氏著《中国古代の社会と国家》(弘文堂,1960年)。另外,狩野直祯《霍光から王莽へ(一)・(二)》(《圣心女子大学论丛》30集,1967年,31、32集合并号,1969年)也与笔者有大致相同的看法。

动,他们面对内朝渐处优势、外戚渐得贵宠等不利形势,对贵戚时而联合,时或批判,追求儒家官僚的政治理念。若将西汉后期的政治过程用贵戚掌握权力一语概括,不仅失于简单,也不符合当时皇帝权力的状态。① 但如前所述,昭帝以后明显出现了具有新特征的皇帝统治,这便是贵戚以内朝为中心被任用,皇帝权力大半为贵戚所掌握的政治状态。西汉后期贵戚参政,在东汉以后更进一步展开,特别是东汉中期,政局发展以贵戚为中心进行。下一节将通过探讨《汉书》撰写者班固的生涯及其与时代之间的关系,考察东汉最初的贵戚政治的建立。

第二节 窦氏专权与三辅人士

一、考察视角

《汉书》的撰写者、与司马迁并称的班固,生活在东汉初期。一直以

---

① 好並隆司《前漢後半期における皇帝支配と官僚層の動向》[《东洋史研究》26卷4号,1968年,又收入氏著《秦漢帝国史研究》(未来社,1978年)]认为"皇帝欲通过让内朝在政治制度中占据一定位置来维持其绝对性",这与笔者所认为的贵戚在内朝中心使皇帝权力相对化的观点不同。又,好並似乎不太重视西汉后期贵戚所起的作用。

另外,藤田高夫《前漢後半期の外戚と官僚機構》(《东洋史研究》48卷4号,1990年)对西汉后期内朝的实际状态与外戚辅政进行了考察,并对一直以来亦为笔者所采纳的皇权因外戚政权及儒家理念而逐渐相对化的看法提出了质疑。藤田认为,在武帝创设侧近官、宣帝任用中书宦官、成帝强化尚书职能这一连串的制度举措中,可以看到"向皇帝独裁体制的不断努力"。因此,"对官僚结构的统御管理"由皇帝个人负责,内朝和尚书为辅佐,在皇帝因年幼等原因不能进行统御管理的情况下,"与皇帝之间具有强烈的亲近性"的外戚便辅翼皇帝。结果便是以带将军号的形式掌握兵权以使辅政变得容易的外戚政权,这是"汉代的官僚结构逐渐成熟过程中必然产生的一种副产物"。也就是说,藤田认为皇帝统治的辅翼功能的整顿、充实是迈向皇帝独裁体制之路。不得不说,这种看法是以到武帝为止的皇帝、丞相及御史大夫以下的被称为外朝的机构不是皇帝独裁体制的认识为前提的。这一点在富田健之通过追问皇帝独裁制的内容和时代性特质的批判中有所呈现(《漢代政治制度史に関する二・三の問題——内朝・外朝及び尚書問題についての近年の研究をめぐって》,《东亚——历史与文化》创刊号,1992年)。不过,关于西汉武帝之后官僚机构组织性的、功能性的整备与发展,尚书执行体制逐渐形成这一观察,富田和藤田二人是一致的。但在这样的政治制度史中,关于贵戚政治应该置于什么样的位置,如何理解皇帝权力的特征,两人的议论又存在分歧。这一问题的根本,是皇帝权力究竟为何这一重要问题不易作出解答。本文认为,比起"相对化","私权化"的说法或许更为合适,但光武帝那样地警戒着外戚和功臣插手政治,应该可视为贵戚政治与"皇帝独裁"相对立之佐证吧。又,假设存在向皇帝独裁体制努力的情况,那就必须以皇帝权力在武帝之前本就比之后的时期更受某些掣肘为前提,那么不禁要问,将那种制约加诸皇帝身上者为谁,为什么要实现权力的绝对化呢?

来,两人在著作、性格、生活方式等诸多方面常被拿来比较。此处转引关于两人的明晰的评论。

> 司马迁因对当代的历史性批判,以及由此而来的反政府立场而受到权力的压迫,班固则始终心向汉帝国,高唱赞歌,其受难则缘于部分俗人的嫉妒或心胸狭窄,也是凡常之事。司马迁描绘了中国历史发展之实存,构建了宏大的世界史,班固则描绘了王朝存在之当为,赞美了形式美之成熟。前者是自由的,后者是井然的。前者以人类本身作为问题,后者则是人类应为道德之存在的必要说教。明确地说,前者犹是前儒教性的,后者则完全是儒教世界的著作。①

这种观点让人们对司马迁比对班固抱有更多的同情与共鸣,《史记》的研究也理所当然地涌现了更多对司马迁传记性的研究。当然,班固的传记性研究不能说完全阙如,也有郑鹤声《班固年谱》(商务印书馆,1931年)等优秀的著作。② 但总的来说,班固多在讨论司马迁时被引作例证,关于班固自己的人生,以及班固和他所处时代的关系的探讨却不多。而且,即便言及,也是以《汉书》的著述为中心,关于他人生中的最大事件之一——这最终夺走了他的生命——与外戚窦氏的政治结合,以及伴随窦氏一党败亡而来的免官、系狱,在有关东汉初期政治史的研究中却很不充分。可以说,几乎没有从当时的政治状况中追究其中原因、缘由的研究。比起《汉书》作者班固,本节更想考察生活在东汉初期、与外戚结合参与政治的一介文人的生涯,考察的重点放在他与外戚窦氏,以及与当时政治世界情况的关系中。如此,或许也能自然地窥见东汉贵戚政治建立的一个断面。

---

① 宇都宫清吉:《漢代社会経済史研究》,弘文堂,1959年,第88—89页。
② 其他可参考有冈崎文夫《司馬遷と班固》(《史林》17卷3号,1932年)、重沢俊郎《班固の史学》(《東洋文化の問題》1号,1949年)、田村实造《班家の人びと》(《龙谷史坛》68、69合并号,1974年)、增井经夫《アジアの歴史と歴史家》(欧亚文化史选书,吉川弘文馆,1966年)、安作璋《班固与汉书》(山东人民出版社,1979年)等。

二、班固略传

《汉书》卷一〇〇《叙传》（以下简称《叙传》），列传三〇上、下《班彪附固传》，列传三七《班超附勇传》，以及班固的各种作品，是了解班固的直接材料。成于近人之手的班固传记中，前引郑鹤声《班固年谱》最为详细。以下依据郑鹤声的研究，概述班固生平。

班固于光武帝建武八年（32）生于河西。之所以这么说，是因为其父班彪在王莽末期为避三辅大乱而归于据处天水的隗嚣麾下，因与隗嚣不和，又寄身于当时正在河西观望形势的扶风平陵窦融之下，任职从事，为窦融智囊。建武十二年（36），班固五岁，在窦融、梁统赴洛阳归顺光武帝之际，班彪亦随行入洛。班彪被任命为徐令，估计班固也随行至当地，但此后约十年间的生活则不明。班彪很快辞掉徐令，成为司徒王况府、薛勤府的掾属，在作为望都长外调之前应该一直居住在洛阳。班固本传云，"年九岁，能属文诵诗赋"，文采似自幼年已显。此后，建武二十三年（47），以十六岁入太学，至建武三十年（54）埋头学问。本传称："及长，遂博贯载籍，九流百家之言，无不穷究。所学无常师，不为章句，举大义而已。"在太学中，似乎与同郡李育、傅毅、鲁国孔僖、涿郡崔骃等一起博取了名声。

建武三十年，父卒于望都长任上，班固退出太学，回归乡里（二十三岁），服丧。这一时期的作品有《幽通赋》（《叙传》）。赋中，班固谦逊于孤弱己身之才能，但也表达了欲继承父亲修史之遗业的觉悟，同时也展现了与其"保身遗名"不如"舍生取谊"，不染流俗，争取清白一生的青年气魄。

时光武帝崩，明帝即位。明帝弟东平王苍以骠骑将军辅政，开置将军府。据郑鹤声考证，班固以此府掾属出仕。这一时期，班固奏记刘苍，推荐关中、凉州的六名士人，得到采纳。但班固仕东平王苍至何时并不明确，恐怕时间并不很长。这么说是因为，东平王苍在永平五年（62），即开府后五年便就藩国，这五年中相当长的时间，班固在乡里从事着父亲遗留的事业，继司马迁《史记》之后，撰写太初以后的史传，即"后传"。

就这样，永平五年发生了一件让班固的生涯出现转机的事件。有人上书状告班固擅自改作国史。于是，诏命系班固于京兆狱。其弟班超立即赶赴洛阳，向明帝说明其兄撰述国史的意图，又将没收的书样呈交明帝，由此解除了误会。明帝在赦免班固的同时，命其诣校书部，任御史中丞的属官兰台令史（百石），时班固三十一岁。被任命为兰台令史的班固与尹敏、陈宗、孟冀等共同撰写《世祖本纪》，次年迁郎中（比三百石），①在校订秘书的同时，又奉明帝敕命从事《汉书》的撰著，并编纂东汉创业功臣、平林、新市、公孙述之事迹，奏上《列传载记》二十八篇。从次年即永平七年（64）开始，正式专注于《汉书》的撰著，这项工作一直持续到章帝建初七年（82）才大致完成。② 这期间，于建初三年左右拜为卫尉之下负责警戒宫城门之一玄武门的玄武司马（比千石）之前，班固一直满足于郎中之职，专心于完成《汉书》。建初四年，又与其他儒者一起参加了章帝召集的白虎观五经异同讨论会，会上议题被汇集、整理为《白虎通》。

建初八年（83），大体完成了《汉书》的班固奏上关于北匈奴的对策，显示出他对政事的关心。又，元和年间，章帝任命曹褒，强令制定礼乐，亦常常征求班固意见，正如叔孙通奉上《汉仪》十二篇那样，章帝对班固甚为信任。③ 从明帝至章帝，在经营西域中建立功绩的班超也很活跃，这一时期正是班氏家族得意之时。

章帝章和年间，班固因母丧曾一度辞官。章帝驾崩后，其于和帝永元元年（89）为车骑将军窦宪府之中护军，远征匈奴，次年为中郎将再次奔赴匈奴之地。永元三年，因远征北匈奴有功而成为大将军的窦宪迎来了最盛之时，班固也作为窦氏之党典属文章之事。但班固的悲剧也源于与窦氏的结合。永元四年（92）六月，和帝与宦官郑众等密谋，剥夺窦氏一派的权力，窦宪自杀，其主要成员多下狱死或被免官。班固也作为窦氏一党连坐

---

① 《叙传》与班固本传皆记曰："永平中为郎，典校秘书。"汉代的郎官有比六百石的议郎、中郎，比四百石的侍郎，比三百石的郎中，难以判断班固为何者。但列传五〇《马融传》，列传六九上《孔僖传》以及列传七〇上《傅毅传》均见郎中任典校之职的记载，由此，班固可能也是以郎中之资典校秘书的。另外，关于东汉称光禄勋在东观典校秘书者为校书郎或东观郎之事，参见严耕望：《秦汉郎吏制度考》（《"中研院"历史语言研究所集刊》23 上，1951 年）。
② 《汉书》在这个时候似乎尚未完成，剩"八表"、《天文志》。参见《史通》卷一二《古今正史篇》。
③ 班固本传云："及肃宗雅好文章，固愈得幸，数入读书禁中，或连日继夜。每行巡狩，辄献上赋颂，朝廷有大议，使难问公卿，辩论于前，赏赐恩宠甚渥。"

免官。而在此之前,当窦氏全盛之时,班固家奴曾因醉酒阻拦洛阳令种兢之车,最后甚至破口大骂。种兢因畏惧班固背后窦宪的权势,虽觉不悦但却不予追究。窦氏败后,种兢立即逮捕了班固,投入洛阳狱中。班固因与己无关之事受到连累,死于狱中,时年六十一。班固的悲剧与司马迁的悲剧大概不同。但因他对诸子弟缺少训诫,使诸子弟中出现了不遵法度者,因此班家之奴的放纵行为,也有部分原因是班固这种不拘细节的生活态度。更重要的是,家族成员放纵的背景,正是班固与备受士人非议的权势独大的窦氏相结合,并由此得到的奢侈生活。他的受难在这个意义上可以说是政治性的。

以上是班固略传,若对其生涯进行分期的话,可以划分为三个时期:第一时期到父死归乡里,从事"后传"工作为止;第二时期以永平五年国史改作事件为契机除为兰台令史,于校书部专心撰著《汉书》并完成为止;第三时期与北匈奴对策、制定礼乐等政事相关,同时与窦氏结合参与对北匈奴的远征,以及最终死于非命。

班固生活的时代大致相当于光武帝、明帝、章帝这一展现了东汉最鼎盛时期的三代皇帝之治世。此时,儒教所支撑的帝国体制在外在和内里均已完成、成熟。皇帝权力的一元性得以恢复,北边的叛乱也渐趋平稳,国内生产力复旧,儒教倡导的秩序正在逐步建立。班固《东都赋》所讴歌的情形未必只是文学夸张,或许也有实质性的一面。但如第一章第二节所述,经此三代治世,东汉政治史的特征,外戚、宦官、儒家官僚三者相互克制、对立的政治图式开始形成。在这个包含了完成与下一时期萌芽的时代,拥有一世文才的班固这位文人怎样生活?在关注他与周围人们的关系的同时,将对这一问题进行更加具体的考察。

三、班氏与窦氏

《后汉书》列传一三《窦宪传》曰:

> (窦宪)以耿夔、任尚等为爪牙,邓叠、郭璜为心腹。班固、傅毅之徒,皆置幕府,以典文章。

班固确为窦宪党羽。在现今留存的班固写给窦宪的信笺中,①叙述了班固对窦宪种种恩赐的感谢之情,两者的亲密关系可见一斑。然而,尽管班固所写论赞(《汉书·外戚传》)对外戚所处的危险立场有明确的认识,却不仅承认了被当时的儒家官僚强烈批判的外戚窦氏的专权,还成为其手足,以文章之才给予支持,这又究竟为何呢?

仅就班固本传,如果说与窦宪的政治合作始于和帝永元元年(89)班固作为车骑将军府中护军,参加以窦宪为中心的北匈奴远征,而其弟班超在西域的经营中建立功业,其父班彪也曾就北边事务有一家之言,那么从班家的这种特点来看,②他们在外交政策方面与窦宪有相同的见解。这是可以想见的理由之一。不过,在远征匈奴以前,班固已与窦宪有深交,③所以必须进一步考虑其他的原因。

若搜寻其他考察班氏与窦氏关系的材料,可以注意到,两家都是西汉时期徙往帝陵的官僚、豪族世家。④ 据列传一三《窦宪传》,窦氏因为吏二千石,宣帝时从常山迁往平陵。据《叙传》,班氏则因"赀累千金",成帝时自雁门郡楼烦迁往昌陵。但因昌陵的建造被废止,班氏与其他世家在长安著籍,但似乎之后又移居安陵。⑤ 又,窦氏为文帝皇后所出之家,班氏亦在成帝时有女贵为倢伃,《叙传》称其兄弟即班固的祖父一代,身为名门子弟而受贵宠。总之,班氏、窦氏均为西汉时期的望族。

班氏与窦氏关系中更值得注意的是班固的父亲班彪在王莽末年离乱之时,窦宪曾祖父融曾待之以师友之礼,此见于《班彪传》。随后,窦融向

---

① 《太平御览》《艺文类聚》《北堂书钞》录有五条。例如:"班固《与窦宪笺》曰:'今月中□以令赐固刀□,曰:"此将军少小时所服,今赐固。"伏念大恩,且喜且惭。'"(《太平御览》卷三四六)
② 在班氏的世系中,本来就存在着爱好学问与因任侠武人的气质而喜好冒险两种风气(宇都宫清吉:《古代帝国史概論》,收录于前引《漢代社会経済史研究》,并参看前引田村实造论文)。前者为班彪、班固所继承,后者为班超所继承,但班彪也在建武二十五年上言设置乌桓校尉(列传八〇《乌桓传》),即便是班固也在建初八年陈述了与众议不同的对匈奴政策(本传)。
③ 列传四二《崔骃传》载章帝元和年间事:"(章)帝雅好文章,自见骃颂后,常嗟叹之,谓侍中窦宪曰:'卿宁知崔骃乎?'对曰:'班固数为臣说之,然未见也。'帝曰:'公爱班固而忽崔骃,此叶公之好龙也。试请见之。'"
④ 关于西汉时期迁徙帝陵之事,参见好並隆司《漢代皇帝支配秩序の形成——帝陵への徙遷と豪族》,《東洋史研究》35卷2号,1976年,收录于氏著《秦漢帝国史研究》(未来社,1978年)。
⑤ 列传三〇上《班彪传》记曰"扶风安陵人",列传三七《班超传》则记为"扶风平陵人"。班氏出身于扶风郡哪一县并不明确。郑先生在种种考证之后取安陵之说。此处从郑说。

光武帝介绍了班彪,举为司隶茂材,拜徐令。班固之父与窦宪曾祖父之间有这样的交情,而且还都是西汉时延续而来的世家名门,彼此的出身地也距离相近,从这些情况来看,班固与窦宪从很早开始便相互抱有亲密感,也再正常不过。可以说,班氏与窦氏之间延续着班彪、窦融以来的关系,①特别是班氏,恐怕并非不想依靠身为贵戚的窦氏。据郑鹤声考证,建初三年(78)左右,尽管《汉书》尚未完成,班固却突然从比三百石的郎中晋升为比千石的玄武司马。窦宪之妹为章帝贵人在建初二年,次年为皇后。班固的晋升与窦氏立后并非完全没有关系。

在此有一颇具意味的事件。《汉书》卷九九下《王莽传下》载:

> 李松遣偏将军韩臣等径西至新丰,与莽波水将军战,波水走。

此处不提"波水将军"为何人。但钱大昕《三史拾遗》卷三有如下看法:

> 考范《史》,波水将军即窦融也。孟坚修史时,窦氏方贵盛,故隐其名。

据此,可以解释为,班固故意隐去窦融的名字是因为窦氏当时权势正盛,若明指窦氏与王莽有关联,班固便会遭窦氏记恨。但如前文所见,班氏与窦氏并非普通的关系,单单说窦氏的权势使一介史官感到恐惧,不如说窦氏曾作为王莽臣下,与光武帝所属更始旗下诸将为敌,这在当事人看来并不是光彩的事。这一记述暗含的班固的用心,便是为窦氏隐讳这一事实。再进一步考虑,从窦氏之女为章帝皇后的事实出发,班固担心将窦氏的过往明确记载在官修史书中,会对章帝甚至东汉王朝本身造成非难,因此故意隐去其姓名。不难推测,在当时,议论与王莽之间的关系是一种禁忌。对于像班氏、窦氏这样西汉末年在王莽政权中占有某种地位的世家来

---

① 被免兰台令史、胸有大志却怀才不遇的班超,在明帝永平十六年,为窦融之侄窦固于远征匈奴中提拔为假司马,这正是班超成功经营西域的开端。(《班超传》)这次拔擢,恐怕也是因为自其父班彪以来班氏与窦氏之间的关系。

说,为了在东汉王朝生活下去,更是如此。

如此思考班氏与窦氏之关系,便会产生这样的疑问,为班固的生涯带来转机的那个国史改作事件,是否是因为与窦氏的关系才发生的呢?之所以有此疑问,是因为班固下狱的明帝永平五年(62),窦氏也遭遇了被排斥的痛苦经历。事情是这样的。

在此之前,窦氏已多有不法。永平二年,由于窦融从兄子窦林被诛等事(《西羌传》),窦氏常受明帝叱责。当时身为安丰侯居于安丰的窦融长子窦穆,想通过与邻近安丰的六安国的姻戚关系来扶植势力,便矫阴太后诏,强迫六安侯刘盱与夫人离婚,代之以自己的女儿。永平五年,刘盱夫人家上书诉讼,明帝大怒,以窦穆为首的诸窦皆免官,遣返故郡,只有窦融一人作为人质留置京师。痛心于此的窦融死后,已行至函谷关的窦穆被允许折返,但不得不在谒者监视下生活。数年后,因"出怨望语"被遣归故乡,以"赂遗小吏"之罪,与子窦宣一起死于扶风平陵狱中。(列传一三《窦融传》)

这一系列排斥、诛灭窦氏的事件中,范晔将最初的免官系于永平五年,窦穆父子死于平陵狱则记于数年后。诸窦最初免官之年,班固被人诬告入狱。将这两件事情联系起来考虑可能太过跳跃,但从前文所见班氏与窦氏之关系来看,班固可与窦氏视为一党,不难想象,有人欲以私自修史为借口将其与窦氏一网打尽。历史编纂对于王朝具有极为重要的政治意义,故可以推测在这一背景中,改作国史的告发具有十足的政治意义。我们认为这与排斥东汉初期颇有势力的窦氏一族有某种关联,似乎也不是那么荒唐。不过,这一看法无法进一步证实,但这一事件的结果可谓使班固的人生柳暗花明。

以上从多方面观察了班氏与窦氏之间的关系,在一定程度上解释了班固为何支持窦宪一派这一疑问,即班固和窦宪结合的因缘在此之前早已存在。但身为史家而通晓古今历史事实的班固,在明确意识到外戚所处的危险的立场,并充分知晓当时朝中对外戚的批判的情况下,仍与窦宪结合,又是为什么呢?要思考这一问题,必须进一步明确他所在的朝廷的状况。

四、班固与三辅人士

此节将对班固的交友关系进行考察,为求方便,特参考郑鹤声所著年谱,将班固为太学生、引退乡里、为东平王苍府掾属,任兰台令史、校书郎三个时期的友人制作一览表如下(表2.1)。

表2.1 班固知友表

	姓 名	出 身 地	出 处
太学 时代	李 育	扶风 漆	列传六九下《儒林列传·李育传》
	傅 毅	扶风 茂陵	列传七〇上《文苑列传·傅毅传》
	孔 僖	鲁国 鲁	列传六九上《儒林列传·孔僖传》
	崔 骃	涿郡 安平	列传四二《崔骃传》
引退乡里、 东平王苍 府时代	桓 梁	冯翊	列传一六《宋弘传》
	晋 冯	(京兆祭酒)	《史通·古今正史篇》
	李 育	扶风 漆	列传六九下《儒林列传·李育传》
	郭 基	(京兆督邮)	列传三〇《班固传上》
	王 雍	(凉州从事)	列传三〇《班固传上》
	殷 肃	(弘农功曹史)	《史通·古今正史篇》
兰台令史、 校书郎 时代	尹 敏	南阳 堵阳	列传六九上《儒林列传·尹敏传》
	陈 宗	?	《论衡·须颂篇》
	孟 冀	扶风 平陵	列传一四《马援传》、列传一七《杜林传》
	刘 复	南阳 蔡阳	列传四《北海靖王兴传》
	贾 逵	扶风 平陵	列传二六《贾逵传》
	傅 毅	扶风 茂陵	列传七〇上《文苑列传·傅毅传》
	杨 终	蜀郡 成都	列传三八《杨终传》

此外,郑鹤声还有"白虎观讲友表"与"窦宪僚友表",关于后者将在后文叙述,前者因为是在公共场合聚集的人们,此处省去不论。

从上面班固知友表可知，与班固交往最亲密的是李育、傅毅两人。

李育　字元春，精通《春秋》公羊学，和班固一起参加了白虎观的辩论，与左氏学者贾逵论难。建初元年(76)，由马廖举为方正，经议郎、博士，历任尚书令、侍中，建初八年因外戚马氏被废而连坐免官。其与班固同在太学求学，以"知名太学，深为同郡班固所重"。又，从班固推荐李育入东平王苍府也可知两人之间关系亲密。

傅毅　字武仲。此人一生始终为班固之友。章帝建初年间，为兰台令史，再为郎中，与班固、贾逵共典校书。当时还曾任车骑将军马防之军司马，但在马氏诛灭后，永元元年(89)，为窦宪主记室，窦宪为大将军后任为司马，先窦氏败亡而卒。傅毅也是与班固齐名的文章大家，据传留有诗、赋、诔、颂等二十八篇。傅毅的经历与班固基本相同。与马氏、窦氏这些出身三辅的贵戚关系颇深，是李育、傅毅、班固三人的共同点。

与这两人一起在太学求学的班固友人，郑鹤声还列举了孔僖与崔骃。但孔僖亲近的是崔骃，在《孔僖传》(列传六九上)中并未见到其与班固关系亲近。又，崔骃虽也"少游太学，与班固、傅毅同时齐名"(列传四二《崔骃传》)，后又为主簿与班固、傅毅一同仕于窦宪之府，但因劝谏窦宪不要专横而遭窦宪嫌忌，窦宪借口将其出为长岑长而赶走，由此可见崔骃与班固志向不同。

以李育、傅毅二人为中心，班固向东平王苍府推荐了五人，①共同撰著《世祖本纪》者有尹敏、陈宗、孟冀三人，②校书郎时代的同僚则有刘复、贾

---

① 除李育之外的五人中，桓梁出身京兆长安，为司空宋弘府中掾属。晋冯、殷肃(《史通》作段肃)两人乃西汉末年续写《史记》的十数人中的好古之士(参见马先醒"诸好事者"与汉书撰者》，《华冈学报》第 8 期，1974 年)，可能是与班彪有某种交友关系的人。《叙传》曰："彪字叔皮，幼与从兄嗣共游学，家有赐书，内足于财，好古之士自远方至，父党扬子云以下莫不造门。"剩下的郭基与王雍二人情况不明，据《后汉书》列传六九下《杜抚传》，东平王苍就藩国之际，其掾属悉为王国官属随苍赴国，但他们似乎很快便自勤出家了。
② 据本传，尹敏因不认可谶纬之书而为光武帝所疏远，不免沉滞。其与班彪亲友，两人"每相遇，辄日旰忘食，夜分不寝"。

陈宗即《论衡·须颂篇》中记为"陈平仲纪光武"的陈平仲，除班固本传所记"前睢阳令"外，其他情况不明。

孟冀为马援故人，《马援传》称其为计谋之士。又，根据扶风茂陵人杜林的传记，王莽败，三辅混乱，杜林与其弟成、范逡等，与家族一起避难河西。杜林、范逡在途中寄身于隗嚣之下，孟冀恐怕也同归隗嚣。因此，与曾归附隗嚣集团的班彪可能有某种关系。

遂、杨终。①

以上所见班固知友关系中最引人注目的是,这些人几乎都是好学之士,另一点便是三辅人士居多。关于前者,如尹敏、孟冀这样为其父班彪之同好而又与班固相熟所示,班氏从西汉以来至班固一直都是学者之家,当然班固自身的才能与孜孜向学也是原因之一。由于三辅地域是学术文化的中心,因此后者毫无疑问与前者有关联,但从班固其人出身三辅来看,则是理所当然。然而,从东汉初期三辅地域所面临的实际情况来看,仅仅从出身同一地域这一缘由来解释班固三辅出身的好友众多似不充分。在此,我们要对西汉末至东汉初三辅地域的状况以及三辅人士的动向进行考察。

王莽败亡后,包括三辅在内的关中地域,因绿林、赤眉等农民叛乱集团的掠夺,以及各种叛乱集团和当地土豪集团的争斗等而荒废,生产力极度低下,甚至到了人相食的凄惨、饥困状态。由此,关中地域人口锐减,"城郭皆空,白骨蔽野"(列传一《刘盆子传》)。在这样的状态下,三辅之人究竟如何处身呢?列传二一《郭伋传》载:

> 更始新立,三辅连被兵寇,百姓震骇,强宗右姓各拥众保营。②

可见以三辅大姓为中心各自割据自守。可以推测,与这些当地土豪阶层不同,代代出仕为官的世家人士并没有可以依靠的土地与人众。③ 班固之父班彪先寄身隗嚣,后又避难河西即为一例。对于很多三辅人士来说,只有

---

① 关于刘复,列传四《北海王兴传》曰:"封兴子复为临邑侯……初,临邑侯复好学,能文章。永平中,每有讲学事,辄令复典掌焉。与班固、贾逵共述汉史,傅毅等皆宗事之。"
  贾逵,西汉文帝时代便为官僚学者之家,父徽从刘歆受《左氏春秋》,逵亦能为古学,著《左氏传解诂》《国语解诂》五十一篇。为一代学者,既与班固共同从事校书之事,又与其共同受召仰答问询。(班固《典引篇序》)
  由《论衡·别通篇》可知,杨终也曾为校书郎与班固共事。白虎观会议时,班固、贾逵要求当时身在狱中的杨终参加。但据《杨终传》,其关于北匈奴之对策以及经营西域的意见,似乎与班固对立。
② 这些"强宗右姓"有栎阳之申阳、下邽王大、漦之严春、茂陵董喜、蓝田王孟、槐里汝臣、阳陵严本、杜陵屠门少等。(《汉书》卷九九下《王莽传》)
③ 王莽末年离乱之时,没有避难的士人中有京兆下邽的王丹(列传一七)。下邽王氏为豪族,王丹据说也"家累千金"。更始帝败亡后,光武帝前将军邓禹入关中之际,王丹率宗族献麦二千斛,因功拜为左冯翊、太子少傅。

出仕更始政权,或寄身于天水、河西这两种生存手段。更始政权崩溃后,由于赤眉的入关、败退,延岑等叛乱集团的跋扈,三辅已混乱至极,此时更多的人士向光武帝、隗嚣、公孙述、窦融等集团寻求庇护,流移四散。① 特别是以窦融、梁统为中心的河西集团,集结了相当多的三辅人士,②对光武帝来说,这个集团便成为威胁。③ 由于光武帝的密切关注,河西集团臣服于光武政权,窦氏、梁氏作为功臣之家受到尊重,又作为贵戚之家得以存续,最终将贵戚政治带入了东汉政治史中。

然而,以上三辅人士因为不可避免的、命运般的事态而较晚归顺光武政权,这对他们在东汉朝廷中的地位非常不利。出身南阳、颍川及河北,很早便从附于光武帝的人士占据了要职,④三辅人士要挤入朝廷较为困难。⑤

那么,他们究竟是如何进入朝廷的呢? 三辅人士的祖先多为迁徙至西汉帝陵的地方豪族和吏二千石之世家。随着世代更迭,他们与故地同族之间的联系逐渐淡薄,只以传统积累的名望、学问、政治能力、文章之才为基础,过着官僚的生活。因此,他们在登上东汉朝廷的舞台时,所能凭借的武器也只有这些。除此之外,就只剩在边疆建立武功一途。东汉前期,积极的外交政策主要由三辅出身者担当,便源于这样的背景。若查阅三辅出身者之后的足迹,多数为儒学者,或像班固这样为文章大家,或者作为通晓典故之权威,更有在边疆建立武功的武人。但是,正如出

---

① 列传三《隗嚣传》中记录依附隗嚣集团的三辅人士如下:"更始败,三辅耆老士大夫皆奔归嚣……以前王莽平河大尹长安谷恭为掌野大夫,平陵范逡为师友,赵秉、苏衡、郑兴为祭酒,申屠刚、杜林为持书,杨广、王遵、周宗及平襄人行巡、阿阳人王捷、长陵人王元为大将军,杜陵、金丹之属为宾客。由此名震西州,闻于山东。"
  另外,属于公孙述集团者有廉范(列传二一)、申屠刚(列传一九)。
  窦融集团中,则有蔡茂(列传一六)、梁统(列传二四)、孔奋(列传二一)、任延(列传六六)、王隆(列传七〇上)、史苞(列传四三《窦融传》),然后还有班彪。
② 列传三《隗嚣传》云:"(嚣)犹负其险陀,欲专方面,于是游士长者,稍稍去之。"列传三《隗嚣传》注虽引《东观汉记》称"杜林先去,余稍稍相随,东诣京师",但可以想见,像班彪这样从隗嚣集团转移到窦融集团的人士也不少。
③ 从《后汉书》列传一三《窦融传》所载光武帝写给窦融的玺书中也可看出这一点。
④ 列传一三《窦融传》曰:"融到,诣洛阳城门……引见,就诸侯位,赏赐恩宠,倾动京师。数月,拜为冀州牧,十余日,又迁大司空。融自以非旧臣,一旦入朝,在功臣之右,每召会进见,容貌辞气亦甚。"由此可以窥见"旧臣"与新附人士之间的紧张关系。另外,从第一章第一节脚注"前期三公九卿尚书令就任者一览表"中也可以看出,以南阳为中心的河南、河北人士为多。
⑤ 出身京兆杜陵、祖父为冯野王、曾祖父为冯奉世的冯衍的情况即为一例。(列传一八上、下)

身扶风茂陵的郭伋对光武帝提出的著名谏言所示,"选补众职,当简天下贤俊,不宜专用南阳人"(列传二一《郭伋传》),三辅人士对当时以南阳出身者为中心的人事状况,抱有强烈的不满和不遇之感。虽然可能有性格与志向的原因,①班固之父班彪也止步于司徒府掾属、县令。当然,并非所有三辅出身者均如此。很早就奔赴光武帝麾下,在创业中建立大功者也大有人在。而从光武帝一侧出发,也有因其名望与交友关系对平定关中、陇西、巴蜀有用而加以器重的三辅出身者的例子。② 情况因人而异,不可一概而论。但不能否认,对于较晚归顺光武帝的三辅人士来说,大部分人在进入朝廷时相对困难。

三辅士人在朝中不得志的心情,班固似乎亦有同感。班固本传载:

> 固自以二世才术,位不过郎,感东方朔、杨雄自论,以不遭苏、张、范、蔡之时,作《宾戏》以自通焉。③

又,《叙传》所载《答宾戏》中的"宾"关于追求现世功业的劝说,是班固内心的声音,也代表了三辅士人的心声。不过班固有完成《汉书》这一目标,对于完成这一事业恰好便利的校书郎之官,他还是心甘情愿的。

三辅人士曾在西汉帝都、天子脚下,受种种政治之庇护,沐经济、文化之恩惠,并于其中涵养出学问和文化肩负者的自尊心,但如今身处这种境况,不免深情怀念昔日的荣光。光武帝时,出身京兆杜陵、高祖为杜延年的杜笃奏上了《论都赋》,迂回曲折地表达了迁都长安之希冀。直至章帝时,三辅人士似乎仍存此期望。④ 班固《两都赋》便写于这样的情况之下。文中所述"西都宾"的主张,是将《班固传》中的"关中耆老""犹望朝廷西顾"

---

① 《叙传》曰:"举茂材,为徐令,以病去官。后数应三公之召。仕不为禄,所如不合;学不为人,博而不俗;言不为华,述而不作。"
② 例如杜林、王丹、宣秉(列传一七)、申屠刚、郭伋(列传二一)、张纯(列传二五)等。
③ 《叙传》记曰:"永平中为郎,典校秘书,专笃志于博学,以著述为业。或讥以无功,又感东方朔、扬雄自谕以不遭苏、张、范、蔡之时,曾不折之以正道,明君子之所守,故聊复应焉。"与本传异。可以认为,"固自以二世才术"只是范晔的解释,"正道""君子之守"才是班固的志向,但在班固作《答宾戏》这一事实中可以体会到他复杂的心境。
④ 参见列传六六《王景传》。

之想，加以文学修饰原样呈现。《两都赋》的内容虽是"盛称洛邑制度之美，以折西宾淫侈之论"，但其中，在展现班固的历史意识——通过两都的比较，借由因儒学的兴隆而日益完善的帝国礼教制度来观察西汉到东汉的发展——的同时，也表达了对往昔岁月中，以长安为中心的繁荣、美丽的三辅地区的向往，以及三辅人士不得不以洛阳为终焉之地的某种悲哀与觉悟。

如此来看，自可理解班固知友多为三辅人士的原因。这些拥有共同历史命运的人，不得不相互紧密联结，踏入东汉初期多事的朝廷。① 因为在那里，以南阳、颍川、汝南等地出身者为中心的贵戚和人士，俨然已成为主流。从以上观点出发，对先前所提出的班固为何要与外戚窦氏联合的问题，也必须重新思考。我们不应该仅从班氏与窦氏的私人关系中寻求答案，也必须从东汉前期政治势力相互克制的问题及其相关角度进行考虑。与此同时，关于窦氏所建立的贵戚政治是借助怎样的情形得以实现的问题，也能有所启发。

五、围绕窦氏专权的政治势力

正如第一章中所揭，章帝看重的"亲亲主义"是章帝后期至和帝初期窦氏贵戚政治形成的一个重要原因。但其中，由于皇帝政治的状态成为主要的关心之所在，因此窦氏一方的重要原因，便只有窦氏党羽对荣达的期待了。在此，既是为了探讨班固与窦氏的结合问题，也想对窦氏一党结成之时的政治势力进行考察，以补前阙。首先，略述窦氏专权至其为和帝诛灭的过程。

窦宪是窦融曾孙，其父窦勋因受祖父窦穆被诛事件连坐，死于洛阳狱。因此，史称窦宪"少孤"。窦穆被诛在永平五年(62)，建初二年(77)，窦宪之妹为章帝贵人，此间十数年，窦宪度过了一段不得志的时光。但是，或因其母为东海王强(光武帝长子)之女沘阳公主，或因窦氏为西汉以来的贵

---

① 列传一七《杜林传》载："后代王良为大司徒司直。林荐同郡范迁、赵秉、申屠刚及陇西牛邯等，皆被擢用。"此处所列诸人，除牛邯外，均出身三辅，且都曾同属隗嚣集团。与班固向东平王苍推荐六名关中、凉州人士是一样的。

戚之家,其妹为章帝贵人后,窦宪拜郎官。次年立贵人为皇后不久,又以窦宪为侍中,领虎贲中郎将。后因强买明帝之女沁水公主田园之事触怒章帝,直到章帝驾崩,都未给予重任。和帝即位,窦太后临朝称制,窦宪也以侍中"内干机密,出宣诰命",一手掌握了权力,之后又凭远征北匈奴之功,一门一党权势无二。察觉废立之危险的和帝任用宦官郑众,尽诛窦氏一党,窦宪自杀。从章帝建初二年至和帝永元四年(92)的十五年,是窦宪得意之时,也是窦氏一党结成的时期。

根据《窦宪传》之外的史料,可以确定属于窦宪一党的人物,现列举如下并加以说明。

耿夔 耿氏本为钜鹿大姓。① 武帝时徙至扶风茂陵。耿夔乃东汉创业中立有大功的耿况之孙,常与窦宪一起远征匈奴的耿秉则为其兄。列传九《耿秉传》记曰:"长子冲嗣。及窦宪败,以秉窦氏党,国除。"耿夔也是"及窦宪败,夔亦免官夺爵土"。耿氏代代为将家,是"与汉兴衰"的东汉名门。

任尚 关于此人并不十分清楚。他虽为窦宪府司马,但窦宪废诛后,又作为邓骘征西校尉参与对羌战争,应是专任军事之人。

邓叠 章帝驾崩时为步兵校尉,后为侍中。母亲元,通过窦太后而常出入长乐宫。弟磊亦为步兵校尉,属于窦氏一党。

郭璜 长乐少府。郭璜为光武帝皇后郭氏的外甥,尚淯阳公主。郭皇后被废后,郭氏不振。郭璜之子郭举乃窦宪女婿,为侍中,兼射声校尉。郭氏本是真定槀县的"郡著姓"。

以上诸人并班固、傅毅六人为窦氏一党的主要成员。其他可视为窦氏一党者,还有河南尹王调、②汉阳太守朱敞、南阳太守满殷、高丹(《袁山松书》)、洛阳令李阜(列传三三《乐恢传》)、尚书张林(列传三六《陈宠传》)等。此外,郑鹤声还列举了廉范与徐齮。

廉范 京兆杜陵人。曾祖父褒在哀、成之间为右将军,祖父丹为王莽大司马庸部(益州)牧,是世代担任边郡太守之职的名门,也是从苦陉徙往

---

① 协助光武帝的河北豪族耿纯(钜鹿宋子人,列传十一)可能也是此耿氏一族。
② 《三辅决录注》曰:"调字叔和,为河南尹。"王调也出身三辅。

杜陵的豪宗。章帝时,廉范官至蜀郡太守,此后的任职不见本传(列传二一)。其人重义,据记载:"范世在边,广田地,积财粟,悉以赈宗族朋友……世伏其好义,然依倚大将军窦宪,以此为讥。"

徐龂 他在《后汉书》列传三五《周荣传》中作为"窦氏客太尉掾徐龂"出场,但从胁迫当时司徒袁安的腹心周荣一点来看,此时的太尉是宋由。宋由是将班固推荐给东平王苍的冯翊桓梁辟召为掾的大司空宋弘之侄,乃京兆长安人。据列传一六《宋弘传》,"(由)章和间为太尉,[①]坐阿党窦宪,策免归本郡,自杀"。这里所说"阿党窦宪"事,详见列传三五《袁安传》,即窦宪提出远征北匈奴之议时,司徒袁安、司空任隗、太尉宋由及九卿均诣朝堂上奏反对,但未得窦太后诏报。于是"宋由惧,遂不敢复署议,而诸卿稍自引止",只有袁安、任隗"守正不移",窦宪最终还是出师远征。宋由支持窦宪的事大概不止这一件,将窦宪的宾客徐龂辟召为太尉掾也反映了这一点。

以上是窦宪集团的成员。此外还有窦氏一族,[②]这些人有以下明确特征:其一,以三辅出身者(耿氏、廉范、班固、宋由、傅毅、王调)为中心,身为贵戚但当时正遭受落魄之难的郭氏及其他为附从。再者,窦氏一党的成员和窦氏一族的官职主要以皇帝侧近官,以及宫中(以下为"内朝"表示)乃至京城警卫相关系统的官职为多,[③]又有如耿氏和任尚这样能在军事方面发挥才能之人。窦氏一党通过内朝,几乎独占了宫城警卫之职——通过这些官职便可对都城洛阳加以军事压制。

而之前因宋由而提及的袁安(汝南汝阳)、任隗(南阳宛),是当时与窦宪一派相对立的儒家官僚。其他同样可视为反窦宪派者有朱晖(南阳宛)、宋意(南阳安众)、丁鸿(颍川定陵)、韩陵(颍川舞阴)、郅寿(汝南西平)、张酺(汝南细阳)、陈宠(沛国洨)、周荣(庐江舒)、郑弘(会稽山阴)、

---

① 《后汉书》中华书局点校本作"元和间"。——译者注
② 和帝永元三年,全盛期的窦氏一族及其官职如下。窦宪[弟]笃(位特进,得举吏,见礼依三公)、景(执金吾)、环(光禄勋)。[叔父]霸(城门校尉)、褒(将作大匠)、嘉(少府)。此外还有"其为侍中、将、大夫、郎吏十余人"(《窦宪传》)。
③ 上田早苗《貴族の官制の成立——清官の由来とその性格》(中国中世史研究会:《中国中世史研究》,东海大学出版会,1970年)对"近卫兵力与对内朝的独占是外戚权力构造的基本"这一点进行了具体的探讨。

周纡(下邳徐)、乐恢(京兆长陵)、何敞(扶风平陵)、鲁恭(扶风平陵)。以上所举诸人,除乐恢、何敞、鲁恭外,几乎都是来自豪族众多的南阳、颍川、汝南和淮水流域的官僚。他们因东汉皇帝尊崇儒学,而从明帝末期开始逐渐领导官界。与窦氏一党不同,他们凭借儒学占据了"外朝"(以此来表示与"内朝"相对的官僚机构)要职,从皇帝独尊的理念和立场出发批判外戚专权。窦氏一党与"外朝"儒家官僚这两种势力形成于章帝后期,引发两者激烈冲突的正是前述远征北匈奴的问题。

据列传七九《南匈奴传》,章和二年(88)七月,内属东汉的南匈奴单于上奏,请求汉朝出兵,征讨当时极为混乱的北匈奴,统一南、北匈奴,使汉王朝北边无忧。然其年二月,章帝崩,当时来参加葬礼的齐王之子都乡侯刘畅不知为何人所杀。调查发现,竟是嫉妒刘畅得太后爱幸的窦宪所为。太后怒,幽闭窦宪于内宫。此时正好南单于上奏。为赎罪,窦宪申请远征北匈奴,并得到了允许。同年十月,窦宪任车骑将军。次年永元元年(89)六月,窦宪大破北匈奴,凯旋后恣意擅权。围绕这一问题,司徒袁安、司空任隗等强烈反对,这一过程前已述及。

据远征反对派人士的传记,他们反对的理由可总结为,无故远征未犯边境的北匈奴非王者所应为,不仅如此,在连年歉收的当口,在农事开始之时兴起无益的兵役,会破坏民生,致使国家财政窘迫。与之相对,窦宪与耿秉等人则认为,当下北匈奴正好衰弱,应抓住时机,与南匈奴一起一举驱逐北匈奴,解除北边之忧。① 总而言之,这可以理解为内治派与外征派的对立。② 正如之前所提到的,内治派的儒家学者多出身于南阳、颍川、汝南等与北边不直接相关的地域,而另一方面,窦宪一派的三辅人士、河北豪族(耿氏、郭氏)等,多来自与北方关系颇深的地域。又,在班固写给弟班超的信中可以看到,窦宪对西域的物产抱有强烈的兴趣。③ 进一步说,希望并实际与匈奴、西域交易、通商者,④多见于邻近北边的地域和商业活动盛

---

① 耿秉的看法见列传七九《南匈奴列传》。
② 章帝时期已见这样的对立(列传三八《杨终传》)。在安帝元初六年关于放弃西域的讨论中也同样出现(列传三七《班勇传》)。
③ 参看原田淑人《班固の与弟超書に就いて》,《东洋学报》东京第 11 册之 1,1940 年。
④ 关于中国与匈奴的交易,参看内田吟风《北アジア史研究匈奴篇》,同朋舍,1975 年,第 258 页。

行的三辅地区。两方意见的针锋相对,恐怕不仅仅是朝中势力的对立,也源自他们所依靠地域的社会、经济特点。

不论如何,如已经指出的那样,皇帝的"亲亲主义"带来了对外戚的尊重,而从西汉开始也已有皇太后临朝称制的传统,加之西汉以来的历史发展也导致了地域间的对立,即三辅士人与南阳、颍川、汝南、淮水流域地区出身者势不两立。因此,窦氏这一渊源于西汉的望族、贵戚被推到了前台,势力日大。窦氏专权当可从中找到原因。

第三章 儒学的普及与知识阶层的形成

引　言

　　川胜义雄先生曾经论及,东汉末期清流势力荟萃的知识阶层,一方面遏制了豪族的"领主化倾向",另一方面形成了作为权力媒介的"士"这一身份阶层:身为下层权力的代表者——"民望",既支持上层权力,又限制了其方向。在此基础上,文人贵族制社会得以成立。① 很明显,川胜关心的问题是为何中国历史上没有形成欧洲那样的典型的封建社会,而是形成了文人贵族制社会。然而,按川胜之说,作为中国中古社会的中坚力量,被赋予重要历史意义的"士"阶层即知识阶级,究竟是如何形成的呢? 这一问题并非川胜论文的主旨,故其文章未能充分解答。不过,川胜论文提出的观点对理解中国史具有极其重大的影响。因为论文明确揭示了在后世中国社会各个方面均占据指导地位的士大夫阶层就成立于东汉末期。那么,这就意味着东汉末期以前的中国社会不存在"士"的阶层,尽管"士"自春秋战国时期就已经存在,但是尚未形成一个阶层。这也引出一个疑问,即:在什么意义上可以说无法作为一个阶层存在呢? 为了解决这个问题,还是需要追溯直到东汉末期"士"的社会存在形态,探究"士"阶层的形成过程。

　　然而,亦如川胜先生指出的那样,"士"阶层的成立需要全国范围内被称为"士"的人群存在,而且这些人之间需要有某种横向联系。特别是

---

① 川胜义雄:《漢末のレジスタンス運動》,《東洋史研究》25卷4号,1967年。后收于氏著《六朝貴族制社会の研究》,岩波书店,1982年。

"士"的全国性普遍存在这一"士"阶层形成的前提必须实现。如所周知，随着西汉武帝尊崇儒学，儒学修养成为入仕的必要条件，西汉后期习儒之风日盛，承此风气的东汉时代儒学隆盛，被学者称为"儒学极盛的时代"（皮锡瑞《经学历史》）。如此概观两汉历史就可以发现，尽管武帝独尊儒术的政策可谓"士"阶层形成的一个契机，但尊崇儒学之风浸透全国，以致儒雅之士开始辈出，仍是要到两汉之际。大致而言，以上倾向逐渐稳定，"士"人辈出，又由这些"士"人维持秩序的地方社会在全国范围内走向成熟，则又需待明帝、章帝以后。因此，若要从川胜所谓汉末"士"阶层的形成过程来考虑"士"阶层如何成立的话，首先需要考察东汉末期知识阶层形成的具体情况。

探讨这个问题的首要前提在于考察当时知识学习者的实态、知识修习的过程，即汉代教育制度。翻开两《汉书》，"诸生"一词经常映入眼帘。这里的"诸生"，一般意义上是指修习学术的学生。先行研究主要是从教育制度的侧面言及诸生，但我认为这并不全面。特别是没有考察学习生活的实态、出身阶层、毕业后的出路等问题。为了阐明汉代诸生的面貌，有必要同时弄清楚汉代的教育制度。关于汉代教育制度的研究并不少见，[1]但多集中于各个教育机构或初级教育的具体情况，个别、分散的研究多，整体性、综合性的论述少，即使有总体把握的研究也多停留在概述阶段，而留下诸多有待解决的问题。解明教育制度的整体情况，除了制度层面的研究，诸生也是一个可以入手的分析路径。本章将吸纳已有观点，阐明以东汉时期的诸生为中心的汉代诸生全体面貌，亦试图触及东汉时代知识阶层形成的一端。

---

[1] 关于汉代教育制度参考了以下文献：两《汉书》的《儒林传》序、《文献通考》卷四十至四六《学校考》，吕思勉《秦汉史》第 19 章《秦汉学术》第一节《学校》，严耕望《中国地方行政制度史上》中的《郡县学官》，余书麟《两汉私学研究》（《师大学报》11 上，1966 年）。此外，参看市村瓚次郎《後漢の経学及び選挙と士風との関係》（氏著《中国史研究》，春秋社柏松館，1939 年）、牧野巽《漢代の教育についての一二のこと》（《东洋文化》2, 1962 年）、陈青之《中国教育史》（台湾商务出版社，1973 年）、杨承斌《秦汉魏晋南北朝教育制度》（台湾商务印书馆，1978 年）、北京师范大学编《中国古代教育史》（人民教育出版社，1979 年）、顾树森《中国历代教育制度》（江苏人民出版社，1981 年），等等。

第一节　汉代的教育制度

一、诸生

首先阐明"诸生"一词的含义。镰田重雄考证了贾生、郦生等姓后添加的"生"字,认为"生"指学者或学徒,因此诸生是诸学者、诸学徒之谓。又,原指学习诸子百家之学的诸生,因汉代独尊儒术政策,诸生成为儒生的称谓。[①] 但是,镰田先生的诸生定义尚存些许疑义。例如,诸生即儒生,从诸生、儒生的用例来看,确实秦至西汉初存在诸儒生被略称为诸生或诸老先生称诸生的用例,[②]诸生与儒生间无法明确区别的用例时有一二。但是此后,儒生指已经习得或具有一定儒学修养的学者。[③] 不得不说,它与表示正在修学的诸生不同(例如称"教授诸生"却不会称"教授儒生")。而且从这样的差异来看,镰田氏将诸学者(镰田的"学者"非指"学习之人",而是特指可以为人师的学者)也包含在诸生的定义方式还是有问题的。对照诸生的用例,显然师事博士、师儒之人才是"诸生"(《汉书》卷七二《龚胜传》的颜师古注"诸生谓学徒"是为正解),而绝不会称博士、师儒为诸生。又如后文将述,诸生学习的汉代教育机构包括太学、郡国学、县校、[④]私学。[⑤] 因此,诸生是在以上教育机构修习学问者的总称。诸生作为总称,它是一个包括了修习于太学的博士弟子、太学生,在郡国学置

[①] 镰田重雄:《漢代の門生・故吏》(《東方学》7 辑,1953 年),收录于氏著《秦漢政治制度の研究》(日本学术振兴会,1962 年)。
[②] 前者见《史记》卷九九《叔孙通传》,后者见同书卷八四《贾谊传》。《汉书》同。
[③] 王充《论衡》论述了儒生与文吏的对比,其中的儒生已经指的是具有某些儒学教养之人。对于《论衡》中儒生、文吏对比的分析,可参见江幡真一郎《漢代の文吏について》(《田村博士頌寿東洋史論叢》,1968 年)、佐藤匡玄《論衡の研究》(创文社,1981 年)、福井重雅《漢代官吏登用制度の研究》(创文社,1988 年)等。
[④] 《汉书》卷七六《韩延寿传》、列传一五《刘宽传》可证县校就学者也称为诸生。但是因县校相关史料匮乏,实际情况相当模糊。因此在以下论述中,将诸生入学的学校限定于太学、郡国学和私学,如非必要,省略县校的讨论。
[⑤] 如后将述,也有个人师从中央大官、地方官的诸生。虽然这种情况不完全等同于私学,但本文暂且将其归类为私学。

籍的文学弟子、郡学生、诸郡生徒,以及私学的子弟、门生①、门徒、门人等的用语。②

若诸生指以上这些学徒,那么成为诸生的年龄究竟在何时呢?《四民月令》"正月"条记载如下:

>　　农事未起,命成童已上入大学,学《五经》;师法求备,勿读书传。研冻释,命幼童入小学,学篇章。

"成童以上"或即指诸生开始游学的年纪。石声汉《校注》中"成童以上"的本注(石氏假定)为"谓十五已上至二十",缪启愉《四民月令辑释》(农业出版社,1981年)亦同。据此注,脱离幼童阶段进入大学学习,即作为诸生开始游学的年龄在十五至二十岁之间。汉代太学设立于西汉武帝时期,太常选拔的博士弟子均在十八岁以上。以下为确定诸生游学开始年龄,将《后汉书》列传所见诸生游学年龄相关记载整理为下表,其具体分析详后。

表3.1　诸生游学年龄表

姓　名	年龄	摘　要	出　典
鲁　恭	15	十五,与母及丕俱居太学,习《鲁诗》,闭户讲诵。	15鲁恭传
张　堪	16	年十六,受业长安,志美行厉,诸儒号曰"圣童"。	21张堪传
廉　范	18	年十五,辞母西迎父丧……归葬服竟,诣京师受业,事博士薛汉。	21廉范传
丁　鸿	13	年十三,从桓荣受《欧阳尚书》,三年而明章句,善论难,为都讲。	27丁鸿传

---

① 镰田氏在前引论文《漢代の門生・故吏》中指出:"进入儒者之门,于其名簿著录者总称为门生。其中师儒亲授业者为弟子,转相授业者为狭义的门生。"门生有狭义、广义之分。本文这里的门生从镰田氏的狭义。

② 与诸生基本同义的有"书生"(列传六六《仇览传》、列传七七《高凤传》),但用例不多。

续　表

姓　名	年龄	摘　要	出　典
宗　均	15	均以父任为郎,时年十五,好经书,每休沐日,辄受业博士,通《诗》《礼》,善论难。	31 宗均传
杨　终	13	年十三,为郡小吏,太守奇其才,遣诣京师受业,习《春秋》。	38 杨终传
霍　谞	15	少为诸生,明经。有人诬谞舅宋光于大将军梁商者……谞时年十五,奏记于商。	38 霍谞传
仲长统	20余	少好学,博涉书记,赡于文辞。年二十余,游学青、徐、并、冀之间,与交友者多异之。	39 仲长统传
崔　瑗	18	早孤,锐志好学,尽能传其父业。年十八,至京师,从侍中贾逵,质正大义。	42 崔瑗传
冯　良	30	少作县吏,年三十为尉从佐,奉檄迎督邮,即路慨然,耻在厮役,因坏车杀马,毁裂衣冠,乃遁至犍为,从杜抚学。	43 周燮传
申屠蟠	15	蟠时年十五,为诸生。	43 申屠蟠传
刘　表	17	同郡刘表时年十七,从(王)畅受学。	46 王畅传
杜　安	13	少有志节,年十三入太学,号奇童。	47 杜根传
臧　洪	15	洪年十五,以父功拜童子郎,知名太学。	48 臧洪传
茅　容	40余	年四十余,耕于野……林宗行见之而奇其异,遂与共言……因劝令学,卒以成德。	58 茅容传
任　延	12	年十二,为诸生,学于长安,明《诗》《易》《春秋》,显名太学,学中号为任圣童。	66 任延传
戴　封	15	年十五,诣太学,师事鄮令东海申君。	71 戴封传
范　冉	18	少为县小吏,年十八,奉檄迎督邮,冉耻之,乃遁去。到南阳,受业于樊英。又游三辅,就马融通经。	71 范冉传

据此,诸生开始游学的年纪大体在十五岁至二十岁之间。丁鸿、杨终(太学入学稍迟)、杜安、任诞等人在十二、三岁为诸生,可视为例外。当然也存在如冯良、茅荣等晚学诸生。但是,一般而言十五岁后为诸生开始游学当无疑问。① 《盐铁论·未通篇》称:"御史曰:古者,十五入大学,与小役;二十冠而成人,与戎。"又《白虎通德论·辟雍》称:"古者所以年十五入太学何?……故十五成童志明,入太学,学经术。"可见如上传统观念在汉代得到了继承。

然而,两《汉书》中也常见"为诸生""少为诸生"的措辞。由此可见"诸生"在汉代社会是一种身份。《汉书》卷九九上《王莽传》有云:

> 太后以为至诚,乃下诏曰:"王氏女,朕之外家,其勿采。"庶民、诸生、郎吏以上守阙上书者日千余人。

诸生被置于庶民、郎吏之间,说明诸生既非单纯的庶民,也不是官吏,而是单独构成了一个不同的身份集团。这里所谓的"身份集团",并非源自严格意义上的身份概念,而是指在某社会中,具有独自社会角色或地位的人群。那么,"为诸生"之表述,可能指的就是某人进入"诸生"的身份集团,并在社会上被认定为那个身份集团的一员。如果这样考虑的话,则会产生如下一些疑问,诸如获得诸生身份需要哪些条件、资格,是否任何人都可以成为诸生,诸生身份具有哪些特权等。关于前两点,在以后的论述中自可知晓。这里简要论及第三点。

如前所述,诸生一般在十五岁以后开始游学。这便涉及以下问题:在汉代,十五岁起,需要负担算赋(口算,相当于人头税)和徭役。《汉书》卷八九《文翁传》中关于其作为蜀郡太守的治迹,有如下记载:

> 又修起学官于成都市中,招下县子弟以为学官弟子,为除更徭,高者以补郡县吏,次为孝弟力田。

---

① 《三国志·蜀书》第二《先主传》曰:"年十五,母使行学,与同宗刘德然、辽西公孙瓒俱事故九江太守同郡卢植。"由此可见十五岁一般是开始游学的年龄。

第三章　儒学的普及与知识阶层的形成　113

"更徭"指的是每年为期一月的在出身县中从事土木建筑等劳力的更卒义务。① 东汉的情况如《后汉书》列传六六《任延传》曰：

> 拜武威太守，……又造立校官，自掾史子孙，皆令诣学受业，复其徭役。章句既通，悉显拔荣进之。郡遂有儒雅之士。

尽管不能确定这里的"徭役"是否与前面的"更徭"相同，但是两例中均授予郡国学的学生免除徭役的特权，可见郡国学一般会免除徭役。但是，这两个例子中的免除措施，是作为落后地区振兴学术、培养人才的手段而提供的优待（甚至可能是临时措施），那么，反过来也可以说明，一般情况下郡国学中的诸生不免除徭役。面对更卒的义务，诸生可以通过支付作为更卒免番代偿金的过更钱来免除劳力役使，从而继续学业。但是，从诸生可能免于二十三岁以后开始的正卒等情况来看，就现阶段的史料，尚无法对该问题遽下定论。而且，私学中诸生的相关情况完全没有可资讨论的线索。② 不过，太学的情况却可以确定。三国曹魏时期就有针对太学诸生只为避役、不勤于修学的奏劾。③ 关于汉代太学的入学者将在后文详述，这里说结论，即汉代太学生最早包括了选为博士弟子者和郡国长官推荐者

---

① 关于"更卒"，可参见滨口重国《践更と過更——如淳説の批判》（《東方学報》19 卷 3 号，1931 年）、《践更と過更——如淳説の批判——補遺》（《東方学報》19 卷 3 号，1931 年）（以上两文收录于氏著《秦漢隋唐史の研究　上》，东京大学出版会，1966 年）。此外还有不少论考，近者提出新说的有：渡边信一郎《漢代更卒制度の再検討——服虔—濱口説批判——》（《東洋史研究》51 卷 1 号，1992 年）、重近启树《秦漢における徭役の諸形態》（《東洋史研究》49 卷 3 号，1990 年）、山田胜芳《後漢時代の徭役と兵役》（《歴史》66 辑，1986 年，收于氏著《秦漢財政収入の研究》，汲古书院，1993 年），等等。渡边氏指出："需要注意，郡太守直接掌握了更徭的免除权，更徭是以郡为最终编组单位的地方性徭役。这明确显示出更徭是卒更制度下的徭役。"
② 《晋书》卷八八《王裒传》载："门人为本县所役，告裒求属令，裒曰：'卿学不足以庇身，吾德薄不足以荫卿，属之何益！且吾不执笔已四十年矣。'乃步担干饭，儿负盐豉草屩，送所役生到县，门徒随从者千余人。安丘令以为诣己，整衣出迎之。裒乃下道至土牛亭，磬折而立，云：'门生为县所役，故来送别。'因执手涕泣而去。令即放之，一县以为耻。"川胜义雄引用此文，指出"役使门生是为政者不齿的行为"，推测私学门生与太学、郡国学一样均有免役权。列传五一《郭泰传》中，郭泰不顾母亲的希望，不愿就任县小吏，而入学私塾的记载也暗示了这一点。但郭泰是因入学为之故免除徭役，还是出免役钱后入学，我们不甚清楚。
③ 《三国志》卷一五《魏书·刘靖传》曰："自黄初以来，崇立太学二十余年，而寡有成者，盖由博士选轻，诸生避役，高门子弟，耻非其伦，故无学者。虽有其名而无其人，虽设其教而无其功。"

两种人群,王莽以后六百石以上的官吏子弟也可进入太学,而到了东汉时期,限于以上三类学生,均免除徭役。①

由上可知,太学的学生具有免除徭役的特权,但是郡国学与私学情况尚不明了。② 以下再来考察作为诸生本职的学业修行情况。

二、教育制度

1. 初等教育(成为诸生以前的教育)

在讨论诸生学业生活的具体情况之前,有必要先说明成为诸生之前的学习,即汉代的初等教育的情况。《论衡·自纪篇》的如下记述正是一窥其貌的合适史料。其文曰:

> 八岁出于书馆,书馆小僮百人以上,皆以过失祖谪,或以书丑得鞭。充书日进,又无过失。手书既成,辞师受《论语》《尚书》,日讽千字。经明德就,谢师而专门,援笔而众奇。所读文书,亦日博多。

首先,从入学年龄来看,王充在八岁入学。但在此记述之前,还有王充六岁时,其父王诵"教书"的记载。这属于家庭教育。汉代儿童入学的其他相关记述,例如前揭《四民月令》正月条中对"幼童"注释为十岁至十四岁间。然而,《汉书》卷二四上《食货志上》、《大戴礼记》卷三《保傅》、《白虎通德论·辟雍》等资料中的"古者"小学入学年龄在八岁。但是这较难成为讨论汉代一般庶民入学年龄的史料。况且汉代并没有像近代学校那样的制度,假定人均八岁入学是没有意义的。不过从王充的例子来看,八

---

① 《汉书·儒林传序》云"置弟子五十人,复其身",说明博士弟子自动免役。郡国选入学者情况无确证,但因"得受业如弟子",也会免役。又据《汉书·惠帝纪》,诏六百石以上官吏子弟,无论是否入太学,均可免"军赋"。不过关于这个诏书中免除"军赋"的对象仅限于六百石以上的官吏本人,还是一同包括同居家庭,以及"军赋"的内容,目前均还有争论。现在尚无力解决这一问题,限于这里涉及的前一问题,本文依从永田英正《礼忠简と徐宗简について——平中氏の算赋申告书说の再检讨——》[《東洋史研究》28卷2、3号,1968年,后收于氏著《居延漢簡の研究》(同朋舍,1989年)]的见解。
② 与诸生身份相关涉的还有其服饰问题。《后汉书·舆服志》称:"进贤冠,古缁布冠也,文儒者之服也。……中二千石以下至博士两梁,自博士以下至小史、私学弟子,皆一梁。"私学弟子也可服一梁进贤冠,太学、郡国学生当相同。另外,佩印方面也有相同规定。

岁作为一般开始入学的年龄大致不错。

学习场所为"书馆",或称"书舍"(《三国志·魏书》卷一一《邴原传》注引《原别传》),先生被称为"闾里书师"(《汉书》卷三〇《艺文志》)。王充似乎先学习了读写,学习文本或即《四民月令》中"命幼童入小学,学篇章"的"篇章"。"学篇章"本注"谓《六甲》《九九》《急就》《三仓》之属",包含了算术系统的读物。但据《汉书·艺文志》"闾里书师合《苍颉》《爰历》《博学》三篇,断六十字以为一章,凡五十五章,并为《苍颉篇》"来看,篇章或指《苍颉篇》之类。闾里书师所合的三篇共五十五章,一章六十字的话,合三千三百字,应是适于学童记忆的分量。① 识字课本还有司马相如《凡将篇》、元帝时期黄门令史游的《急就篇》、成帝时期李长的《元尚篇》等。而杨雄将这些篇章汇编为《训纂篇》,班固亦有所增补。② 如王充的经历,幼童就学后的第一个课题是抄写并记忆这些文字。又《汉书·食货志上》记载"八岁入小学,学六甲、五方、书计之事",可见汉代的初等教育还包括了算术、地理知识等方面,但不明其详。

王充在"手书既成"后"辞师",可能辞别书馆,晋升到下一阶段的教育机构。那么,是什么教育机构呢?

汉代地方学校教育制度整备于西汉末的平帝时期。根据王莽的奏言,

---

① 《汉书·艺文志》称:"汉兴,萧何草律,亦著其法,曰:'太史试学童,能讽书九千字以上,乃得为史。又以六体试之,课最者以为尚书、御史、史书令史。吏民上书,字或不正,辄举劾。'"同样说法又见于《说文·序》:"尉律,学童十七以上始试。讽籀书九千字,乃得为史。又以八体试之。郡移太史并课。最者以为尚书史。书或不正,辄举劾之。"对前者的"能讽书九千字以上",永田英正在《漢代の選挙と官僚階級》(《東方学報》京都第41册,1970年)中解释为"默记九千字以上",并指出"大概能识九千字以上者具有成为吏的资格"。不过池田雄一在《漢代における地方小吏についての一考察》(《中央大学文学部紀要》63,1972年)中提出异议,他在其文注(18)中指出,"公孙弘自然明白,不可能期待郡县小吏均具有如此高的学力"。虽然不能将"能讽书九千字以上"理解为背诵九千字以上的书籍,但是对十七岁以上承担文书行政的史的资格而言,永田英正理解的暗记九千多文字的要求可以说得通,只是目前还无法下确定结论。不过,本文认为在十岁以前的初等教育阶段,要求暗记三千三百字的程度还是比较合适的。
② 拙稿《漢代の諸生》(《愛媛大学教育学部紀要》16卷,1984年)中曾经指出,《汉书》《后汉书》中散见表示识字用教科书的"史书",可能指的是《汉书·艺文志》所谓"史籀篇者,周时史官教学童书也"的《史籀篇》。这一看法有误。据富谷至"史书"考(《西北大学学报》哲学社会科学版,1983年1期)的考证,"史书"指的是预备成为吏者学习的书体和书法。又,阿辻哲次《漢字学——〈説文解字〉の世界——》(东海大学出版社,1985年)中的解释也基本相同。与"史书"类似的还有"史篇"一词,富谷与阿辻二人均认为"史篇"是识字用教科书诸篇的总称。

实施了"郡国曰学,县、道、邑、侯国曰校,校、学置经师一人;乡曰庠,聚曰序,序、庠置《孝经》师一人"(《汉书·平帝纪》元始三年条)的政策,即班固《东都赋》所称"四海之内,学校如林,庠序盈门"。当然此前并非全然无任何措施,前述蜀郡文翁设立郡学,由此引发了汉武帝时期全国郡国设立学官的风潮。此后元帝时期郡国置五经百石卒史(《汉书》卷八八《儒林传序》)。到了平帝时期,整备地方学校制度,但很难断言该措施立即在全国全面展开。因为到了东汉以后,还有若干地区的地方官建立郡县学校的事例。① 关于郡国学将在后文详述,而县校以下则因史料缺乏而无法把握其实态。就庠序臆测,很可能如王充习书的书馆等教育机构在西汉后半期的乡里间已经逐渐增加,因平帝的政策而兼具了庠序的功能。因庠序置《孝经》师一人,故非单纯教习书计,而兼具庶民教化之任。但实际上,书馆、书舍之类机构多与庠序一体,闾里书师兼任《孝经》师,在有些情况下,由教化乡里之民的乡三老、父老等年长者出任。《三国志·魏书》卷一一《邴原传》注引《原别传》有如下记载:

原十一而丧父,家贫,早孤。邻有书舍,原过其旁而泣。师问曰:"童子何悲?"原曰:"孤者易伤,贫者易感。夫书者,必皆具有父兄者,一则羡其不孤,二则羡其得学,心中恻然而为涕零也。"师亦哀原之言而为之泣曰:"欲书可耳!"答曰:"无钱资。"师曰:"童子苟有志,我徒相教,不求资也。"于是遂就书。一冬之间,诵《孝经》《论语》。自在童龀之中,嶷然有异。及长,金玉其行。欲远游学,诣安丘孙崧。

可见以上对庠序的推论并非无稽之谈。此点暂且不论,从上引记载可知,邴原在书舍习字,诵读《孝经》《论语》,然后以诸生身份欲入私学。

回到前面的话题,参照上述汉代地方学校制度和邴原的例子,王充进入的下一阶段教育机构,若有县校则是县校,或如邴原一样进入私学。即王充在书馆完成了一定的课业,开始了诸生生活。虽然王充在书馆受《论

---

① 参见《后汉书》以下列传:列传六《寇恂传》、列传一一《李忠传》、列传三一《宗均传》、列传六九下《伏恭传》。

语》《尚书》,但并非国学、太学等专门的经学传授,而是以讽诵记忆为主的学习。关于汉代的县校,尽管严耕望也涉及一二,但其实态较模糊,它与郡国学之间是否存在差异也不甚明朗。不过有明确资料显示,县校学生被称为诸生(参见脚注),说明两者间无本质区别。从严耕望的研究来看,与平帝时期县校仅置经师一人不同,东汉时期的县校可能有多位教员,但又不太可能如后述郡国学那样每经各置教员。可能若干经书的讽诵、概说由某一经师承担。若王充升入的学校不是县校而是私学的话,情况应该也差不多。王充在这一阶段同样崭露天资,每日能讽诵千字。

《后汉书》中也记载有幼学阶段便学业精进的事例。如冯衍"年九岁能通诗"(列传一八上),范升"九岁通《论语》《孝经》"(列传二六),班固"年九岁能属文,诵诗书"(列传三〇上),周燮"十岁就学,能通诗论(《论语》?)"(列传四三),崔骃"年十三,能通《诗》《易》《春秋》"(列传四二)。尽管无法确定这里的"通"代表何种程度,但前提肯定是讽诵。王充及以上诸人均天赋异禀,从邴原的情况来看,一般学童在进入诸生阶段前,充其量不过是讽诵和初步了解《孝经》《论语》的程度。《孝经》《论语》是儒家中比肩五经的重要典籍,与五经合称为"孔子七经"。汉代特别重视《孝经》,将其作为基本的教化用书,这从庠序设《孝经》师即可见一斑。明帝时期,悉令期门羽林之士通习《孝经》章句(列传六九上《儒林传序》),亭长教化当地之民时也利用《孝经》(《太平御览》卷六一〇引谢承《后汉书》)。很可能在汉代学童习字后首先学习的便是《孝经》,虽然王充的经历中无相关记载,但应该也曾在学馆讽诵《孝经》。

在讽诵和初步理解了《孝经》《论语》后,就大致完成了初等教育。普通学童到达这一阶段,一般在十五岁左右。而王充"经明德就,谢师而专门"恐怕在相当以后的时期。完成初等教育的学童在此后分途,或修习更加专门的儒学,即成为诸生,或出任郡县给事之小史等,①或直接去谋生。

---

① 完成初等教育以后成为郡县小史的例子,如《汉书》卷八四《翟方进传》"方进年十二三,失父孤学,给事太守府为小史",同书卷八五《谷永传》"永少为长安小史,后博学经书。建昭中,御史大夫繁延寿闻其有茂材,除补属,举为太常丞"。又同书卷九〇《田广明传》也有受县令指派侍奉客的"小史"。这些小史具体所属机构不明,列传七〇上《黄香传》中"年九岁,失母,思慕憔悴,殆不免丧。乡人称其至孝。年十二,太守刘护闻而召之,署门下",这里的"门(转下页)

以上简要考察了诸生阶段之前的教育情况,汉代大部分受教育的人均会经历这一阶段。但也有例外,像贵戚、高官、师儒之子弟,即不入书馆、庠序,很早便能够在家接受教育。例如《皇后纪上》载和帝邓皇后的幼年教育:

> 六岁能史书,十二通《诗》《论语》。诸兄每读经传,辄下意难问。志在典籍,不问居家之事。

"六岁能史书"本是为了形容邓后蕙质,但也由此可知贵戚、高官的子弟教育始于相当早的阶段。史传称明帝外戚家族的马续,七岁能通《论语》,十三明《尚书》,十六治《诗》。(列传一四《马严传》)东汉还有为贵戚子弟专门设置的四姓小侯之学,①贵戚以外的高官或师儒子弟也很早便得到家庭教师之类或父亲门生的初等教育。郑众早在十二岁便直接得到学有高名的父亲郑兴的专业《左氏》学教导(列传二六《郑众传》),可见也有师儒直接指导子弟的情况。又,东汉以后家学开始成立,从弘农杨氏(《欧阳尚书》)、汝南袁氏(《孟氏易》)、颍川郭氏(《小杜律》)、沛桓氏(《欧阳尚书》)诸例来看,这些家族子弟自幼便开始修习家学(所谓"少传家业""少传家学""传家业")。因此,贵戚、高官、师儒之家子弟中的高才者,应该较遵循常规教育路径的人捷足先登。

2. 太学、郡国学、私学

诸生游学的目的地有太学、郡国学和私学。以下概述这三个教育机构

(接上页)下"应该就是门下小史之谓。1952 年河北省望都县发掘的东汉墓壁画中有门下小史之像,与其他门下功曹等人物不同,脸部没有胡须,是明显的幼童相貌(《汉唐壁画》,外文出版社,1974 年)。从以上诸点来看,《汉书》卷七六《王尊传》所云"少孤,归诸父,使牧羊泽中。尊窃学问,能史书。年十三,求为狱小吏。数岁,给事太守府,问诏书行事,尊无不对。太守奇之,除补书佐,署守属监狱。久之,尊称病去,事师郡文学官,治《尚书》《论语》,略通大义"中的"小吏",应该是"小史"之谓。同样,列传三八《杨终传》称"年十三,为郡小吏,太守奇其才,遣诣京师受业,习《春秋》",列传六九上《周防传》曰"防年十六,仕郡小吏。世祖巡狩汝南,召掾史试经,防尤能诵读,拜为守丞。防未冠,谒去。师事徐州刺史盖豫,受《古文尚书》",两文所言"小吏"均可以理解为"小史"。不过,因不详汉代郡县小吏的年龄下限,所以这里也不能断言。另外,从以上诸例可以发现,存在不少从郡县小史成为诸生的情况。

① 关于四姓小侯之学,参见列传三五《张酺传》、列传六九上《儒林列传序》。

的情况。

关于东汉太学的沿革、内情、盛衰,吉川忠夫的研究已基本阐明,[1]这里就两汉太学的构成人员和入学资格作一考察。

博士祭酒相当于太学长官,隶属太常,秩六百石。(《续汉书·百官志》)太学教员当然是博士,秩比六百石,"掌教弟子,国有疑事,掌承问对"(《续汉书·百官志》),职责不限于执教太学。博士定员在太学设立之初为七人,宣帝时增至十二人(《汉书》卷一九上《百官公卿表》),东汉则始终保持十四人。

受业博士者为博士弟子。弟子员数初为五十人,后来逐渐增加,昭帝时为百人,宣帝末二百人,元帝时千人,成帝时一度达到三千人,后减至千人。东汉时期的博士弟子员数不明,或延续西汉规模,仍为千人。史料记载东汉末太学生三万余人,这当然不是博士弟子的人数,应该还包括了置籍太学的人数。据《史记·儒林传序》中所谓的公孙弘功令,太学设立伊始的入学条件是:(1)"民年十八已上,仪状端正者,补博士弟子";(2)"郡国县道邑有好文学,敬长上,肃政教,顺乡里,出入不悖所闻者,令相长丞上属所二千石,二千石谨察可者,当与计偕,诣太常,得受业如弟子"。后者非博士弟子。[2] 此规定应该也适用于东汉。到了平帝时期,"元士之子"也能受业如博士弟子,且无定员。(《汉书·儒林传序》)据《汉书》卷九九中《王莽传》"六百石曰元士","元士"指秩六百石的官僚。始于王莽的该措施,可以理解为允许六百石以上的官吏子弟进入太学。这与东汉质帝本初元年(146)梁太后诏令"大将军下至六百石,悉遣子就学"的内容相同。接

---

[1] 吉川忠夫:《党錮と学問——とくに何休の場合——》,《東洋史研究》35卷3号,1967年,收于氏著《六朝精神史研究》(同朋舍,1984年)。
[2] 公孙弘功令中郡国选送的儒学者不包含在博士弟子员五十人定员之内。关于这一点,平井正士在《公孫弘上奏の功令について》(《杏林大学医学部教養課程研究紀要報告》1,1974年)和《漢代の学校制度考察上の二三問題》(《杏林大学医学部教養課程研究紀要報告》4,1977年)二文中论述甚详。但是问题在于,随着博士弟子员数从百人逐渐增加至二百人、千人的过程中,可能包含了郡国选送的入学者。平井氏持此看法。关于这一点,与东汉太学的定员问题,都应该成为今后汉代太学制度探讨的问题。

又,近年关于博士弟子制度的细致研究有西川利文《漢代博士弟子制度について——公孫弘の上奏文解釈を中心として——》(《鷹陵史学》16号,1990年)和《漢代博士弟子制度の展開》(《鷹陵史学》17号,1991年)。

下来的问题是,始自王莽的政策,是否从东汉初一直延续到了本初元年。《宗均传》(列传三一)中记载:

> 父伯,建武初为五官中郎将。均以父任为郎,时年十五,好经书,每休沐日,辄受业博士。

宗均在太学受业,然而他的身份不属于前揭条件(1)和(2)。可见平帝时期的诏令在东汉依然奏效,本初元年的诏令恐怕是出于奖励的目的。① 因此,在太学入学资格中还可添加一条:(3)六百石以上官吏子弟。由此可见,前述东汉末太学生达三万余人,除了满足(1)(2)者,很大程度上源于拥有(3)这条资格的太学生大量增加。

由上可知,太学由博士、博士弟子以及拥有(2)(3)身份而允许入学的太学生三类人员构成。而太学入学资格作如上理解的话,《后汉书》中"少游太学""诣太学受业"等记载的诸人的入学资格就能得到更详细的解释。例如杨终(列传三八)、陈寔(列传五二)、仇览(列传六六)显然是以(2)资格入学,而由杜密补为郡职,此后受业太学的郑玄(列传五七《杜密传》)也因资格(2),即由北海相杜密推荐入太学。(3)之例如李固,从列传五三《李固传》注引谢承《后汉书》可见,他能够多次出入太学,无非因为其父李郃的三公地位。又鲁恭、鲁丕兄弟得入太学,也多半是因其亡父生前为武陵太守。由于太学入学资格分三类,自然也会出现再度、三度在籍太学的情况(列传七一《范式传》)。

至少从太学入学资格来看,东汉以后无条件允许六百石以上官吏子弟入学,给官界带来了不小的影响。太学生身份有利于补任中都官和辟召公府,是官僚之家日益固化的一大原因。

其次讨论郡国学。据称,武帝时期在全郡国设立了郡国学(称呼多样,如学官、文学、畔宫等),但无法确知该政策是否及时普及。严耕望指出,明

---

① 《质帝纪》本初元年四月条称:"令郡国举明经,年五十以上、七十以下诣太学。自大将军至六百石,皆遣子受业,岁满课试,以高第五人补郎中,次五人太子舍人。"这是应翟酺上言,顺帝修复太学以后,梁太后充实太学的政策。

确显示西汉时期已经存在郡国学的地区有蜀、颍川、扬州诸郡；他又从平帝时期王莽的奏言推测出西汉末基本所有郡国均设立了学官。但是，前面已经举出任延在武威郡设立郡学，① 可见特别是边郡地区还存在未立郡学的情况。即便如此，因汉武帝诏令设立的郡国学也应不在少数。《汉书》中记载的郡国学长官"郡文学"相关郡国和人物（以下数字为《汉书》卷数）即有九江梅福（67）、勃海隽不疑（71）、京兆韩延寿（76）、泰山王章（76）、魏盖宽饶（77）、琅邪诸葛丰（77）、右扶风郑崇（77）、平原匡衡（81）、河内张禹（81）、汝南翟公（84）等。又，从王尊师事郡文学（77）可知，涿郡也有郡国学（又参考列传四二《崔骃传》）。此外还可加入前述蜀郡、颍川、扬州诸郡。因王莽政策而设置的郡国学更多。《后汉书》中貌似有郡国学的郡国有（以下数字为《后汉书》卷数）丹阳（11《李忠传》）、南阳（19《鲍德传》）、赵国（15《鲁丕传》）、广汉（20 上《杨厚传》）、武陵（38《应奉传》）、颍川（52《陈寔传》）、陈国（57《魏朗传》）、陈留（58《郭泰传附左原传》）、常山（69下《伏恭传》）、京兆（70 上《杜笃传》）、蜀（72 上《杨由传》）等。此外还有任延的武威郡、张霸的会稽郡（《华阳国志》卷一〇上《蜀郡士女志》）。如"郡学久废"（列传一九《鲍德传》），这些郡国学本有盛衰，可能还有西汉时期设立而逐渐衰败，在东汉时已经废学，或如武威、武陵郡等西汉时无而东汉时才设立郡国学的情况。特别是到了东汉，如下文所述，私学盛行，以致有些地区郡国学比重自然降低。总之，很难判定所有郡国均设置学官，且充分运作，但是平帝时期王莽的地方教育制度整备措施在东汉以后也得以维持，郡国学数目也确实有所增加。

　　严耕望指出，郡国学的构成包括：文学主事掾（相当于校长）、文学掾（教员，每经各置掾，如分《易》掾、《尚书》掾等科）、弟子、诸生。严耕望未指出的"郡文学博士"（列传一二《马武传》）、郡学生（列传五八《郭泰传》）、"诸郡生徒"（列传五七《党锢列传序》）等语，则在《后汉书》中有所见。后二者相当于严耕望所列的诸生，"郡文学博士"则可能是文学掾的别称。又，武威汉简中有写着"文学弟子"的简牍，陈梦家对此作过介绍和

---

① 任延以外之例参见本节前文脚注。

详细考证。① 各地区郡国学的称呼可能稍不同,但结构基本上应该与太学的结构相对应,后者即祭酒—博士—博士弟子—太学生。不过,我们无法确定弟子与诸生(郡学生、诸郡生徒)是否有资格上的区别。

郡国学的规模、学生人数可以从《华阳国志》卷一〇上《蜀郡士女志》的记载中推测一二:

> 立文学,学徒以千数,风教大行,道路但闻诵声。

郡国学作为会稽太守张霸的治绩被记载。又《三国志》卷二九《魏书·方技传·管辂传》注引《辂别传》称:

> 父为琅邪即丘长。(辂)时年十五,来至官舍读书。始读《诗》《论语》及《易》本,便开渊布笔,辞义斐然。于时黉上有远方及国内诸生四百余人,皆服其才也。

可见琅邪国学中有诸生四百余人。这里需要注意的是,魏初郡国还接收非本郡国籍贯的入学者。那么,汉代是否也如此呢?列传五七《魏朗传》载:

> 魏朗字少英,会稽上虞人也。少为县吏。兄为乡人所杀,朗白日操刃报仇于县中,遂亡命到陈国。从博士郤仲信学《春秋图纬》,又诣太学受《五经》。

从行文来看,这里的博士郤仲信只能是陈国国学的教员。如此,则说明至少在东汉时期,不问郡国学入学者的本籍,即郡国学与太学、私学相同,也接收来自全国各地的学生。② 这是考察东汉社会流动程度、各地域间人员

---

① 参看《汉简缀述》(中华书局,1980年,第286页)。任延创设武威郡学与该简("河平□年四月四日,诸文学弟子出谷五千余斛")的关系还不明确。
② 与魏朗情况类似的还有山阳郡高平县出身的刘表,后者为了师从同县出身的南阳(转下页)

交流问题时，必须考虑的要素。

最后在参考前揭余书麟研究的基础上，概述私学的情况。毋庸讳言，私学涵盖了各阶段，不仅包括前述对学童实施初等教育的书馆、书舍等，也包括专门传授经学的设施。这里关注的是完成初等教育以后，以诸生为对象的专业教授经学的私学。当然私学本不限于教授经学，也有教授诸子之学、方术、医术等的学校，①但这些属于极少数，主流依然是经学教授。

私学的教师通一经或是数经，多在出身地（当然也有因某些原因而在外地客授的情况）集合百人左右或数百人亲自讲授本业，即如"教授常数百人"等记载所示。当然也有生徒极少的情况。虽然也有诸生数千乃至数万的私学，这种情况或包括了门生、门徒的合计人数，②或未实际受教，而只是仰慕教师声名而列籍门人名簿的"著录弟子"。但是，若比较《汉书》《后汉书》中的私学记载，就可以发现东汉私学门生众多令人瞠目结舌，可见东汉诸生游学盛行。特别是中央大官、地方官在职期间教授生徒的情况，在东汉非常显著（地方官教授的实例参见前页脚注）。若将这些也归为私学，则东汉诸生数量将达到相当的规模。

诸生来自全国各地，拜师时除了交纳束脩之礼，有时也需要已经入门者的介绍。③但即便如此也未必能够入门，也有可能遭到拒绝（列传五七《李膺传》）。私学中有类似塾师的"都讲"，④这可能是代师讲学的高才弟

（接上页）太守王畅，特意奔赴南阳。（列传四六《王畅传》）但是，没有证据表明刘表进入了郡国学。不过，东汉时期地方官倒是经常在郡县学校讲授。此类例子见于列传六二《寇恂传》、列传一五《刘宽传》、列传六九下《伏恭传》等。又例如，列传一五《鲁丕传》称："拜赵相。门生就学者常百余人，……赵王商尝欲避疾，便时移住学官，不止不听。"鲁丕在赵国国学教授，与汝南太守欧阳歙"在郡教授数百人"（列传六九下《欧阳歙传》）相同，南阳太守王畅也很可能在南阳郡学教授。

① 此类私学在列传二〇上下、列传七二上下《文苑列传》中多见。
② 例如，列传二二《樊鯈传》称："初，鯈删定《公羊严氏春秋》章句，世号'樊侯学'，教授门徒前后三千余人。"
③ 列传三五《郑玄传》云："又从东郡张恭祖受《周官》《礼记》《左氏春秋》《韩诗》《古文尚书》。以山东无足问者，乃西入关，因涿郡卢植，事扶风马融。"列传五四《卢植传》谓："少与郑玄俱事马融。"但卢植为马融高弟。可能郑玄是经由卢植介绍入门。
④ 列传一六《侯霸传》称："笃志好学，师事九江太守房元，治《谷梁春秋》，为元都讲。"又列传一七《郭丹传》云："后从师长安，买符入函谷关，乃慨然叹曰：'丹不乘使者车，终不出关。'既至京师，常为都讲，诸儒咸敬重之。"都讲为高业者，尤其亲近于老师。如列传二七《桓荣传》曰："（桓）荣卒……除兄子二人补四百石，都讲生八人补二百石。"列传四四《杨震传》曰："（杨）震少好学，受欧阳《尚书》于太常桓郁……常客居于湖，不答州郡礼命数十年，众人（转下页）

子之称。诸生因受业时间长短和学力高低而存在直接受业和非直接受业者,后者由直接受学于老师的"高业弟子"间接传授师说。此类之例者如西汉的董仲舒、东汉的马融学团等(《汉书》卷五六《董仲舒传》、列传二五《郑玄传》)。余书麟认为这种方式类似于现今的"教生制",与"呵难"之法共同成为汉代私学教授方法的特征。由上可以推测,私学也与太学、郡国学相同,由师—弟子—门生构成。

汉代文献中常见"弟子"一语,或显示的是如太学博士弟子、郡国学文学弟子那样具有制度定规性的身份,或如"(吴)章为当世名儒,教授尤盛,弟子千余人"(《汉书》卷六七《云敞传》),这里的弟子与门生同义,泛指受学者。太学、郡国学中均有称弟子者,私学中也有"高业弟子"这样的学生存在,所以三种教育机构中均存在师—弟子——般诸生的序列,可能受业之法、与老师的关系互有差别。特别是在私学中,如前所述的"高业弟子"向一般诸生传授师说,正如郑玄在学三年而未能谋见老师马融一面(列传二五《郑玄传》),弟子与门生间又明显区别。① 不过,除却郡国学情况不详,从太学中因(2)(3)资格入学者"得受业如弟子"来看,博士弟子与其他太学生之间应无差别。但是这里存有疑问的是,考虑到实际教学的情况,仅凭东汉十四博士能否充分教授数千乃至上万名学生。因质帝本初元年梁太后之诏,太学学生激增至三万余人,以致"然章句渐疏,而多以浮华相尚,儒者之风盖衰矣"(列传六九上《儒林传序》)。这一现象的出现,也归因于当时紧迫的政治状况,但主要还是由于学生大量涌入。当时受讲人数的适当规模,至多如"(马)融门徒四百余人,升堂进者五十余生"(列传二五《郑玄传》)。② 而太学在设立伊始也是弟子员五十人,加上郡国选入学者也不至人数太多,七名博士应该能够满足充分指导学生的需求。但是元

(接上页)谓之晚暮,而震志愈笃。后有冠雀衔三鳣鱼,飞集讲堂前,都讲取鱼进曰:'蛇鳣者,卿大夫服之象也。数三者,法三台也。先生自此升矣。'"
① 《汉书》卷六七《朱云传》曰:"其教授,择诸生,然后为弟子。"又列传二六《贾逵传》曰:"八年,乃诏诸儒各选高才生,受《左氏》《谷梁春秋》《古文尚书》《毛诗》,由是四经遂行于世。皆拜逵所选弟子及门生为千乘王国郎,朝夕受业黄门署。"关于这一点在镰田重雄论文中已经论述。
② 列传三八《翟酺传》记载:"光武初兴,憋其荒废,起太学博士舍、内外讲堂,诸生横巷,为海内所集。"可知东汉初太学有博士官舍、内外讲堂。关于讲堂规模,《光武帝纪上》建武五年十月条云:"初起太学。"注引陆机《洛阳记》称:"讲堂长十丈,广三丈。"虽然不知是内外哪个讲堂,但可从此记述大致想象讲堂的规模。

帝以后，弟子员数曾至千人，尽管不知是否满员，假设十二博士指导千人，则每名博士需要指导近百人弟子。再加上郡国选入学者，我很怀疑全员能否直接得到博士的指导。关于这个问题，目前尚止于推测，太学中博士与博士弟子为主，其他入学者为从，故而以博士弟子受业优先。诚如是，博士弟子以外者如何受业呢？一种方法是如《汉书》卷八四《翟方进传》所谓"大都授"。颜师古注曰："都授，谓总集诸生大讲授也。"可以理解为上大课。这种方式似乎也行用于马融的学团，郑玄借此机会向马融提出诸疑问后辞去（列传二五《郑玄传》）。总之，虽无法确证太学、郡国学中弟子与一般诸生是否有区别，但是可以肯定，私学中二者存在差别。①

3. 诸生的学业生活

无需赘述，诸生的学习内容是经学之基五经。除了学习五经外，还安排了礼乐操演科目，这对诸生而言是颇为吃重的课程。

诸生首先需要讽诵基本经典，"诵"正是汉代学习的基本。在纸张尚未普及、以简牍书写的汉代，并非如后世那样容易看到文本。暗记文本是学习的最佳方式，对希望日常言行、政治理念符合圣人之教的汉代人而言实属当然之务，甚至如佛教僧侣记诵佛典那般具有宗教意义。② 从汉画像砖描绘的授业情景来看，③学生手持之物貌似木简，可能是为记录师说的要点或疑问。但是基础内容均需暗记，参之王充等人的情况，初级教育阶段中《孝经》《论语》等内容的学习本就以记诵为主。对于诸生而言，记诵

---

① 列传六九上《儒林列传序》注引《汉官仪》曰："春三月，秋九月，习乡射礼，礼生皆使太学学生。"又同卷《刘昆传》云："王莽世，教授弟子恒五百余人。每春秋飨射，常备列典仪，以素木瓠叶为俎豆，桑弧蒿矢，以射'菟首'。每有行礼，县宰辄率吏属而观之。"又列传二七《桓荣传》中，光武帝行幸太学时，令太学诸生"雅吹击磬"。《汉书》卷八八《王式传》记载，王式门生聚会时，也"歌吹"。

② 汉代"诵"这种学习方式对教育的意义，是理解古代人教育观时需要多多考虑的问题。"诵"应该是根据句读，有一定的节奏，对此各个老师的方式不同。《汉书》卷六四上《朱买臣传》中，妻子嫌弃朱买臣"颂书"时"歌呕道中"。但是"诵经"可能是超越了经书知识的理解，而引导诸生进入经书的世界。与此相关联，关于"诵"，需要注意的一点是，东汉末至六朝时期，可以看到不少例子，无论儒家、道家，"诵经"都具有宗教性和魔力。关于这一点，参见斯坦因《纪元二世纪的政治＝宗教的道教运动について》（《道教研究》第 2 册，昭森社，1967 年）、吉川忠夫《六朝时代における〈孝经〉の受容》（《古代文化》19 卷 4 号，1967 年，收于氏著《六朝精神史研究》）等。

③ 重庆市博物馆编《四川汉画像砖选集》（文物出版社，1957 年）所载《讲学画像砖》。关于这些的说明见刘志远《四川汉代画像砖反映的社会生活》（《文物》1975 年第 4 期）。

是日常基础性学习。《后汉书》中诸如"(桓)荣初遭仓卒,与族人桓元卿同饥厄,而荣讲诵不息"(列传二七《桓荣传》)、"时济北戴宏父为县丞,宏年十六,从在丞舍。(吴)祐每行园,常闻讽诵之音"(列传五四《吴祐传》)、"(王)允少好大节,有志于立功,常习诵经传,朝夕试驰射"(列传五六《王允传》)等记载不胜枚举。即使具有为师资格的人也以诵经书为常事,而讽诵的经书也非随意选取,似乎有一定暗记顺序。《孝经》《论语》自不待言,五经中一般以《诗》为首,如前所述,冯衍、班固九岁便已能暗诵《诗》,或因为《诗》于五经中最适记诵。其次多为《书》,次而《春秋》,《易》《礼》则多为高阶修习对象。

除了尽力讽诵,还需学习"章句"。章句之学即根据师法、家法严密教授,诸生不可随意解释。[①] 东汉以后出现了不尚章句之学之人,也有人批判这一风潮,慨然上奏。[②] 但是章句之学依然是汉代儒学教育的核心。若能通章句,便可作为一经之专家来教授诸生。通数经乃至五经皆通,或通今古文者,被誉为通儒、大儒,如众所知,此类儒者如贾逵、马融、郑玄等,在东汉大量出现,与西汉专通一经之风大相径庭。

通章句以后,还有更进一步的经术学习在等待诸生,那就是根据各经本义解决政治问题的知识实践能力。这就是夏侯胜指明的诸生最终学习目标——"士病不明经术,经术苟明,其取青紫如俯拾地芥耳。学经不明,不如归耕"(《汉书》卷七五《夏侯胜传》)。汉代官僚上奏中盛行引用五经文句作为立论依据即是出于经术。[③]

如上,诸生的终极目标是修得经术,以此成为官僚,参与政治世界。自不待言,这种学力与选举(即任官)相关联。诸生在各个阶段都需学力测试。前揭注释中,太史测试学童"讽书九千字以上",小史任用也需相同测试。以上为诸生以前阶段的测试,升为诸生以后,首先面临的是太学博士弟子选拔中的"诵说"(《汉书》卷八八《王式传》)。这里的"诵说"考试,指

[①] 关于师法、家法,狩野直喜《两汉学术考》(筑摩书房,1964年)第104—105页指出,两者很难明确区分。
[②] 参见列传三四《徐防传》。
[③] 关于经术,参见鎌田重雄《漢代の儒術と経術》,《日本大学文学部研究年报》,1951年,收入氏著《秦漢政治制度の研究》(日本学术振兴会,1962年)。

的应该是测试规定量的暗诵和章句解释。《说文》曰:"说,释也。"太学入学者一年以后射策,考察能否通一经以上[但东汉桓帝永寿二年(156)以后改为入学两年后试二经],根据其成绩高低,"秀才异等"的特选者外,高第者补郎中,通一经以上者补文学掌故。怠于学业、能力低下等不通一经者退学。①

郡国学之诸生也需要经历各种考试。《汉书》卷八六《何武传》记载:

> 武为刺史。……行部必先即学官见诸生,试其诵论,问以得失,然后入传舍。

刺史何武亲试郡国学的诸生。"诵论"应该与前揭"诵说"相同,在此基础上何武还考察了"得失"政见。何武的行为,一方面是通过测试诸生学力来发现异才,同时也以刺史身份检验郡国学的教育是否完备。郡国长官测试郡国学诸生,辟用学业优秀者为掾史应属日常。② 这里的测试,应该也与前例类似,考核暗诵和经文释义。进入东汉以后,可以说郡县掾史基本都由诸生出身者充任。从《后汉书》诸列传可知,不仅郡国学诸生,还包括太学毕业回归乡里者、私学毕业的大量诸生,也通过此类策试而入职郡县

---

① 关于太学的毕业考试和任官的详细情况,参见平井正士《漢代の学校制度考察上の二三問題》。关于东汉博士弟子的课试情况及其改革方案可见前揭脚注《徐防传》。这里就汉代太学制度的一些细节问题作若干考证:
    A. 虽然太常直选博士弟子年龄在十八岁以上,但是也有在此前入学的例子(参见表3.1"诸生游学年龄表")。或许是郡国选送、六百石以上官吏子弟没有入学年龄限制?
    B. 太学生诸经皆通的情况下,是拜一博士专攻一经,还是拜多位博士兼习数经?若将东汉桓帝永寿二年诏书理解为以五经皆习,实际上西汉时代也有一些可能是在太学兼学数经的例子(列传一五《卓茂传》、列传六六《任延传》)。可能在学有余力的情况下,允许兼学数经,但无法确认是否必须。
    C. 关于在学时长。西汉至东汉一直是一年,桓帝以后最低二年,也有在学时间更长的例子(列传二六《贾逵传》),那么是否存在明确的学习年限?这里止于推测,在十八岁以前入学者,可能允许在学校待到博士弟子基本毕业年龄的十九岁。
    D. 太学毕业后,不补任中都官而回归乡里的人不在少数(仇览、申屠刚、郑玄等)。这些人都是因为没有通过岁试么?但是仇览这些人不太可能未通过考试,那么他们便可能是中途退学,或者自动没有接受岁试。西汉自不待言,或许公孙弘功令"一岁皆辄课"的规定在东汉没有严格,可能只对太学毕业后有受试意愿的人实施岁试。
② 除了西汉文翁和东汉任延,再举一例,列传一一《李忠传》云:"迁丹阳太守……忠以丹阳越俗不好学,嫁娶礼仪,衰于中国,乃为起学校,习礼容,春秋乡饮,选用明经。"

府廷。

　　这些成为郡县吏的诸生,下一步晋升的希望,便是被推举为东汉选举主流的孝廉。永田英正指出,东汉中期以后,公府掾属乃至天子,直接辟召(征召)取代孝廉选举,成为更有利的晋升途径,但对于普通诸生而言,自郡县吏举孝廉为郎中的仕途依然重要。① 孝廉本为孝悌廉洁之谓,但举孝廉很少仅凭道德,作为诸生,几乎都是多少修习过经学的人。至少在东汉中期以后情况是为这样。顺帝时期,左雄尝试改革选举制度,将孝廉察举人选限定在四十岁以上,且要求"儒者试经学,文吏试章奏"(列传三四《胡广传》)。可见,孝廉选举时,除文吏在外,其他人考课章句再正常不过。当然这种措施会遭到重视德行者的反对。这也说明了郡县选举的孝廉基本出自诸生,而不仅是有德行之人。

　　以上,诸生不仅在各个阶段接受记诵和章句的考核,如前引《何武传》之例,还会被策问政治得失。为了回答这些问题,需要具备经术,有才能者在对策、上奏中能够显示这些学力。汉代,特别是东汉时期,以学力(记诵之量与质、章句解释的严密性、经术的修习程度)程度决定相应官位(上至三公,下至郡县小吏)的认知占支配地位。

　　接下来要论及诸生的日常生活。诸生中也有在学习期间与妻子、母亲共同生活者(《汉书》卷七六《王章传》、同书卷八四《翟方进传》、列传一五《鲁恭传》、列传七一《范式传》),也有离别家人、妻子独居者。太学诸生原则上寄宿。② 东汉顺帝时期,太学新建了二百四十间房、一千八百五十间室(列传六九上《儒林传序》)。宿舍内的交际关系复杂,有如孔僖、崔骃的房内对话被嫉妒的邻居告密的情况(列传六九上《孔僖传》)。但是,太学生活中获得的友情也极其牢固,如送学业中病殁同学返乡(列传四三《申屠蟠传》),互称"死友"的亲密关系(列传七一《范式传》)等。不难想象,在太学中建立的这些关系,在此后他们的经历中将发挥一定的影响。而来

---

① 永田英正:《漢代の選舉と官僚階級》。
② 原则上,如前引列传三一《宗均传》所说,郎官在休沐日到太学。由此可以推测,父亲为中都官,家住京师的太学诸生可能走读。但是,父亲是三公的李固,每次至太学,都会偷偷进入公府拜望父母,而不让同学诸生知道他是三公之子。(列传五三《李固传》注引谢承《后汉书》)从这一条来看,李固可能就住在太学宿舍。

自全国各地的诸生,通过太学这个修习儒学的场所形成的相互关系,从整体上对东汉全国性知识阶层的形成及横向联络,发挥了不小的作用。这种作用不仅在太学,郡国学、私学应该也情况相同。

私学诸生,似乎既有在师家附近购宅者(列传二六《张霸传》),也有直接寄住者。诸生中也有为师家杂使者,《太平御览》卷八三八引《东观汉记》中,便有司空宋弘令诸生将俸禄所得之盐市换为钱的记载。东汉的贵戚、大官,乃至宦官之家,常蓄有大量宾客或门生,[①]这些宾客或门生或直接从老师那里获得衣食。这也是诸生的一种形态。但是,一般情况下诸生需要生活自给。粮资丰赡者自当别论,匮乏者则需要通过佣作(列传七二下《公沙穆传》)、赁春(列传五四《吴佑传》)、卖书(列传七〇下《刘梁传》)、诸生佣(列传五八《庚乘传》)、赁书(《太平御览》卷四八五引《李郃别传》)等工作赚取生活费。从列传二六《张楷传》可以看出,甚至在私学门前出现了买卖诸生生活必需品的市场。张楷此人先于弘农山中,后在华阴山南隐居教授,东汉时期于大泽、山中修建"精舍"授徒,教授之人很多。这可能纯粹是出于钻研学问而远离世俗的必要,但在如此环境中肯定能感受到类似欧洲修道院或后世佛教寺院的宗教氛围(参考前文脚注所揭论文)。这种倾向应该出现在东汉时期,与汉代作为官僚参政的儒学修习最终目标不同,或许是精神世界欲从政治世界独立出来的东汉时代动向的一环。这些学团与汉代普通的私学存在方式不同,就像"后坐事免,步归乡里,潜居山泽,结草为庐,独与诸生织席自给"(列传四一《李恂传》)那样,与马融学团形成对比,师傅、弟子共同营造自给的生活。[②]

进入东汉以后,师生关系变得极其紧密。例如王莽时期,吴章因罪腰斩,其弟子也被禁锢。弟子们恐因此有碍仕进,纷纷改换门庭,唯有云敞一人为师收尸下葬(《汉书》卷六七《云敞传》)。同样的例子还见于《后汉书》列传二一《廉范传》。还有人在师傅去世以后从远方来奔葬(列传二七

---

① 此类例子参见镰田重雄《漢代の門生・故吏》。
② 师徒在两汉之交和东汉末混乱时期避难山中的情况(列传一七《承宫传》,列传二七《桓荣传》)且不论,平时也有师徒共同耕作自给自足的例子,如杨震的学团(列传四四《杨震传》注引《续汉书》)。另外,从"因自免归家,不复仕,躬灌园蔬,以经书教授"的记述也可一窥一二(列传五四《吴祐传》)。

《桓荣传》),又有服心丧三年者(列传七二上《李郃传》)、不惜弃官为师服丧者(列传五四《延笃传》、列传五七《孔昱传》),乃至触犯禁令也要守护师傅尸体者(列传五三《李固传》)。这些事例在《后汉书》中很多。对于这种师生关系的讨论已见前引镰田重雄论文《门生之士风》一章。赵翼也指出,东汉时期包括师生关系在内的门生故吏关系中,可见崇尚气节之风的存在(《廿二史札记》卷五"东汉尚名节"条)。这些研究自不容置喙,这里想要考察的是,产生上述诸生对待师傅的态度的心性为何的问题。这也牵涉到师生关系与汉代社会关系之间的关联。

　　这里不禁想起宇都宫清吉的论断。他在《论〈管子·弟子职〉》一文中,译注了《弟子职篇》,分析指出:"在学团内的先生、弟子、少者乃至孝悌等显示家族内部关系的词汇,进入学团,说明了学团内的生活秩序完全照搬了家族生活的秩序。"宇都宫将这种家族生活式秩序概化为"家族制"或"家族制式"的秩序,"如此,《弟子职篇》中充满了礼制性学规,而一般作为儒家学团学生心得的是类似《尊师篇》那样的内容的话,就可以发现儒家学团的秩序和构造,正可以定义为'家族制式'的秩序"。宇都宫强调了学团内部的自发关系,指出:"在指出儒家学团具有'家族制式'的秩序的时候,其秩序绝不是教师直接控制学生,强制其进行侍奉。相反,这里一点也没有提及教师的立场、权力等,而是期待学生在求达儒学真谛的道路上,受到'学'的内在家族制道德观的感召,自发地遵从学团的'家族制式'的秩序,而事实上秩序也确实得以维持。"[1]宇都宫的"家族制"概念和与其相对的"首领制"概念共同构成了他认为的古代社会成立的秩序原理。虽然这组概念令他的中国古代社会论染上别样色彩,但从其思路来看,可以说汉代的师生关系是拟制父子的家族制式关系。如此则可以理解前述诸生遵从《吕氏春秋·尊师篇》"生则谨养,谨养之道,养心为贵;死则敬祭,敬祭之术,时节为务,此所以尊师也"的教诫,从而对老师的丧葬有所行动。那么,此教诫、规范(礼)为何能够驱使诸生的行动呢?宇都宫对此问题的回答,见于前引其说的最后一部分,即家族制的道德规范内在于儒学之中,学

---

[1] 宇都宫清吉:《論〈管子·弟子職〉》,《名古屋大学文学部研究論集》29 册[史学 10],1962 年,收于氏著《中国古代中世史研究》(創文社,1977 年)。

习儒学即修习这种规范(礼),由此可以推知学生对教师的行为即是对儒学的实践。

确实如此,但是与子对父行孝的实践相同,学生对老师的守礼,不言而喻是以对老师培养学生而形成的恩义感为前提的。① 这种恩情才使得诸生接受并遵守规范,学成以后依然作为门生贯彻对老师的礼节,并且人才辈出。因诸生游学盛行而引起的这种师生关系的扩大、叠层,与全国范围内扩展开的诸生间交友关系结合在一起,超越了家族生活、乡里社会的空间,在整个东汉社会扩张、浸透了家族制式的社会关系。

汉代师生间存在家族制式的关系,但是诸生也背负着承担权力主导的君臣关系世界的宿命。甚至,君臣关系的世界才是诸生努力的方向。汉代儒学中,不仅包含了对待父、师的规范,也包含了整理君臣关系世界的说教,这也是诸生对"学"的实践,因此可以从这一点理解前述吴章弟子们的选择。但是,正如皇帝自身也践行弟子之仪那样(列传三五《张酺传》),也必须遵守对师傅的礼仪实践。前人已经指出,汉代特别是东汉士人试图遵从经书中的所有礼制,②不惜违反禁令也要为师尽礼,这行为正反映出礼之实践,存在与君臣世界中的规范相对立的一面。不惜与君臣世界规范背道而驰也要践行对师之礼的风潮,自东汉中期以后逐渐显著。由此可以解释为君臣关系世界的绝对性在东汉中期开始相对化,也可以说这一现象亦与东汉弃官不就、隐逸之风的倾向一致。③ 至于这种倾向对魏晋以后的社会关系产生了何种影响当另外考察。

第二节 儒学教育的普及

以上讨论了诸生修学的相关问题。本节将考察西汉中期以后至东汉

---

① 拙稿《東漢名節考》,《古代文化》42卷3号,1990年。
② 宫崎市定:《漢末風俗》,《日本諸学振委員会研究報告》特辑第四篇历史学,1942年,收于氏著《アジア史研究 第二》(东洋史研究会,1963年)。
③ 关于东汉的隐逸、弃官风潮的论考,有松本雅明《後漢の逃避思想》(《東方学報》东京12册3,1941年,收于氏著《中国古代における自然思想の展開》,松本雅明博士还历纪念出版会,1973年)、铃木启造《後漢における就官の拒絶と棄官について——"徵召、辟召"を中心として——》(《中国古代史研究》2,吉川弘文館,1965年)等。

时期为何诸生游学盛行的问题。

关于这个问题,最先浮现在脑海的是武帝的独尊儒术政策。此政策一出,欲在官界获得一官半职者,上至中央,下及地方,无不需要一些儒学修养傍身。《汉书》卷七三《韦贤传》中记载的邹鲁之谚"遗子黄金满籝,不如一经",以及前述夏侯胜所谓"经术苟明,其取青紫如俯拾地芥耳"等训导,无不透露出这种状况。东汉大儒桓荣出任少傅,向诸生展示御赐车马绶印,激励他们"今日所蒙,稽古之力也,可不勉哉"(列传二七《桓荣传》)。如此风潮激发了自恃其才者的意欲,成为诸生修得儒学则富贵人生指日可待。集家族与同族期待于一身的年轻学子负笈游学,于太学、郡国学、私学济济一堂。班固在《汉书·儒林传》赞中感慨:"盖禄利之路然也。"既是对以上疑问的一般性思考,也是历来很多人都会给出的答案。

但是吕思勉对以上回答的反对意见也值得重视。吕思勉开宗明义"抑谓汉儒乡学皆为利禄,亦近厚诬",接着举出前引夏侯胜、桓荣等例,言:"此二事最为尚论者所鄙夷,然究出耽慕荣宠之情,抑系勉人向学之意,尚难定论。"他又举出一些不图利禄、有志于"为己"之学的例子,指出:"汉世社会,好学之风实极盛,虽有若干志利禄之人,要不敌不为利禄者之众也。"(《秦汉史》下册,第729—730页)

诚然,吕氏所言的那种完全无意利禄、专心学问之人很多。但是也不能完全用"利禄"或"为己"非此即彼的方式来区分当时学者的志向。而且心向"利禄"之人虽有一些,但数量不敌"为己"之人的说法也有些奇怪。总之,汉代有志从政者若想发挥才干充实人生,就首先需要习得儒学。即使不在政治世界建功立业,儒学也是多数汉代人视为充实人生的必备要素。无可否认,在汉代,人们认为儒学具备最合理的世界观、人生观,无疑是指导精神修养、社会实践的知识体系。通过修习儒学而获得现实利益的情况本来就很多,干禄有助于燃起向学之心,而结果上也具有助长专心向学之风的一面。

那么,汉代诸生游学盛行就不能完全归结为以上提到的社会意识,我们还需要具体检讨诸生的学习条件与社会出身。

诸生游学的主要目的是从政,即做官。从这一点出发,就有不少从一开始就不能成为诸生的人,除了商人之家、巫者子弟,①还有家庭贫困者。《汉书·景帝纪》后二年条就提出了财产四金以上的任官资格。② 没有明确证据表明武帝元光元年(前134)孝廉制度发布后,这一诏令是否还有效。或许在孝廉制度成立后废除了任官的财产限制。目前也不太明确东汉孝廉及其他被选举者是否需要具备一定财力。③ 这点讨论留待后文,假如景帝时的诏令依然有效,那么能成为诸生的就是官吏子弟、具有一定财力的豪族、小农家庭者,小农家庭子弟应该也不少。当然这并不是说其他人无法成为诸生,也有不少人像承宫那样,一个为人牧豚者后来成为诸生,毕业后"归家教授",其后拜为博士(列传一七《承宫传》)。从这些例子来看,财富多寡并非妨碍成为诸生、官吏的要素。

除了上述的社会身份、家产之外,游学还需要以下条件。诸生在十五岁左右离家远游,为了能够成行,他们还必须要能从家庭生产劳动中解放出来。不具备这一条件者,如"第五访字仲谋,京兆长陵人。司空伦之族孙也。少孤贫,常佣耕以养兄嫂。有闲暇,则以学文"(列传六六《第五访传》),就需要首先谋生,闲暇时才能学习,无法像一般诸生那样游学并专心学问。当然,官吏子弟不会遇到这种困境。能从家内生产劳动中解放出来的人,除了官吏子弟,多半是豪族之家。这些富余之家自不待言,即使贫困如第五访者,考虑到光明的将来,背负同族的希望,而得到他人全力支援的也不在少数。④ 其中时代较早的例子,如陈平家中不过三十亩地,靠着长兄承担家业,有才干的弟弟才能脱离家事去游学。(《汉书》卷四〇《陈平传》)

不过,虽说诸生从生产劳动中解放出来,也不意味着他们的学业生活

---

① 列传七一《王烈传》记载:"太守公孙度接以昆弟之礼,访酬政事。欲以为长史,烈乃为商贾自秽,得免。"这是商贾不可任官的一个实例。恐怕商贾之子也不可任官。又,列传七三《高凤传》中"凤年老,执志不倦,名声著闻。太守连召请,恐不得免,自言本巫家,不应为吏,又诈与寡嫂讼田,遂不仕",可见巫家也不可出仕。
② 《汉书》卷五《景帝纪》后二年五月条:"今訾算十以上乃得官,廉士算不必众。有市籍不得官,无訾又不得官,朕甚愍之。訾算四得官,亡令廉士久失职,贪夫长利。"
③ 邢义田在《东汉孝廉的身份背景》(《秦汉史论稿》,东大图书公司,1987年)中认为东汉时期景帝的四万钱资产诏令作为"故事"依然生效。
④ 列传一二《朱祐传》称"少孤,归外家复阳刘氏。往来春陵,世祖与伯升皆亲爱之",可见朱祐得到母亲刘氏一族的援助而得以游学。同族援助之例又见于《三国志》卷三二《蜀书·先主传》。

完全没有经济压力。如本章第一节所述,即使幸运地得到游学机会,也有不少学生因缺乏生活费而半工半学,从事佣作等活动。当时的学费具体需要几何已不得而知,但是从汉末的例子来看,仇览得到县令王涣一个月的月俸资助而诣太学(列传六六《仇览传》)。县令的月俸中,俸钱有四千五百钱。① 又,郭泰因家贫而从姐夫家借了五千钱,遂得以从太原到成皋屈伯彦处学习《春秋》。(列传五八《郭泰传》、《太平御览》卷四八五引《郭林宗别传》)本传称他"学三年业毕",以五千钱生活三年应该相当拮据,别传称他"并日而食,衣不蔽形。常以盖幅自障出入,入则户前,出则掩后",恐怕郭泰也如前述各人一样不得不为了赚取生活费而打工。汉代一个月的标准劳资是三百钱,由此推算五千钱差不多是贫困学生一年的标准生活费用。与郭泰这般贫穷诸生形成对照的是,也有从家族源源不断获得资助的学生。② 更有甚者,从广汉郡至洛阳游学时,从身任州从事的父亲处获得金十斤的资助。(列传七一《王纯传》)按照汉代的标准,金十斤可换算为十万钱,几乎相当于汉代中产之家的钱财。

如上所见,诸生多出自官吏、豪族之家,至少在条件上更有利于游学。稍稍翻检《后汉书》,明确是诸生的二百多人,其出身约三分之二出自"世世衣冠""吏二千石""世为著姓""家富给"等官僚、豪族之家,官僚之家尤多。剩余三分之一的诸生中大半出身不明,这些人或也多是如上出身。不过这种结果似乎并不出人意料。正如本书反复提到的,东汉是豪族在政治和社会中势力增长的时代,也是豪族不断进入官界从而逐渐门阀化的时期。父祖政治社会地位高的人更容易被立传,结果就是官僚、豪族出身者多出现于史书。然而一时多达万人的诸生群体,却不限于官僚、豪族,在当时人口结构中占压倒性多数的小农阶层,或许才是输出诸生的社会基础。

如《汉书》卷七八《萧望之传》曰:

(萧望之)东海兰陵人也,徙杜陵。家世以田为业,至望之,好学,

---

① 宇都宫清吉:《統漢志百官受奉例考》,《漢代社会経済史研究》,弘文堂,1955年。
② 《太平御览》卷五一五引《东观汉记》曰:"孔奋笃于骨肉,弟奇在洛阳为诸生,分禄供给其粮用,四时送衣,下至脂烛。每有所食甘美,辄分减以遗奇。"

治《齐诗》,事同县后仓且十年。以令诣太常受业。

同书卷八一《匡衡传》曰:

（匡衡）东海承人也。父世农夫,至衡好学,家贫,庸作以供资用。

又,同书卷八四《翟方进传》:

（翟方进）汝南上蔡人也。家世微贱,至方进父翟公,好学,为郡文学。

又,同书卷八七上《杨雄传上》:

（杨雄）蜀郡成都人也。……世世以农桑为业。……雄少而好学,不为章句,训诂通而已。

以上皆是西汉中后期著名官僚、学者出身的记述。值得注意的是,以上四例均为代代农夫而在某一时期出现好学诸生,从而转身成为官僚学者之家的例子。以上四家应该都是当时随处可见的普通小农之家。① 由此不难推测,西汉中后期与这些人同为小农之家的诸生应当出现了很多。

不过,西汉中后期至东汉前期,还没有出现此后时期官僚学者之家的固化、门阀化,出自小农之家的诸生很多。但是到了东汉以后,如前述《后汉书》中立传者那般,诸生逐渐整体上出自官僚、豪族子弟。即便如此,《后汉书》中还是有以下四例的情况。列传七〇下《高彪传》称:

高彪字义方,吴郡无锡人也。家本单寒,至彪为诸生,游太学。

---

① 四家之中,萧望之出自西汉迁徙之家,或与本文说法有出入。

高彪是桓灵时期的人。本传称他"家本单寒",说明他的家庭在乡里势单力薄且不富裕,当是极其普通甚至中等以下的自耕农。高彪成为诸生的背景中可能有他家变得富裕的因素。又列传七三《高凤传》称:

> 高凤字文通,南阳叶人也。少为书生,家以农亩为业,而专精诵读,昼夜不息。妻尝之田,曝麦于庭,令凤护鸡。时天暴雨,而凤持竿诵经,不觉潦水流麦。妻还怪问,凤方悟之。其后遂为名儒,乃教授业于西唐山中。

高凤在章帝建初年间被推举为直言,当是东汉前期人。他家属于妻子亲自耕田劳作的阶层,出身这种阶层的高凤依然成为名儒。又,列传七四《河南乐羊子妻传》描述了乐羊子妻的形象,她在丈夫游学的七年间,与婆婆一同留守,困苦生活,却依然对丈夫学业有成抱着强烈期待。这种家庭绝非官僚或豪族。

如上所见,与西汉相同,东汉也存在很多出身小农阶层的诸生。可以说,汉代诸生游学盛行的景象中,官僚、豪族自不待言,小农阶层也是重要来源。进言之,从西汉中后期开始,因为上家下户制和大土地所有的发展,不可否认小农阶层开始没落,但是另一方面,汲汲蓄力,开始拥有余力产出诸生的小农阶层也普遍存在。换言之,汉代社会整体的富裕化,支撑了诸生游学的盛行。

以上从诸生出身阶层角度考察了儒学教育的普及情况。这里再补充一些诸生结业后的发展情况。

通览《后汉书》,诸生结业后的去向,大体可以分为四类:(一)通过太学毕业考试或孝廉、辟召补任中央官僚;(二)成为郡县吏;(三)乡里或他处教授(隐逸、处士包含在内);(四)从事农业或其他劳动。

以上分类主要根据《后汉书》所载诸生生涯结束不久的去向,其中最多的是(二)。只是被立传的大部分人的经历,并不止步于此。第(二)类,以及(三)中除一生不仕的处士之外的人,大部分最终还是通过举孝廉、应辟召等方式,最终进入中央官界。令人感兴趣的是,除了这些被立传的人物外，一般诸生有何去向。因为缺乏史料记载而难以明确，若非从事农业或其他劳动，则只能是成为郡县吏。至于当时郡县吏员群体人数，《续汉书·百官志》注引《汉官》称"河南尹员吏九百二十七人"。不过河南尹本就在诸郡中地位特殊。据称，东汉初会稽郡吏员至少五百人（列传七一《陆续传》）。若各郡国平均约五百吏员的话，与郡数相乘，整体上达到的数目相当可观。在此基础上还有县廷之吏。而且东汉官僚主流是儒生，出身儒生的守、令，自然倾向于任用诸生出身的掾史。① 那么，普通诸生应当大部分作为郡县掾史，在其各自出身地开始新生活。当然，这些人中也有如（二）（三）立传者那样，通过孝廉选举、辟召进入中央，顺利步入仕途。但是，察孝廉、辟召极其困难，除非才能杰出或极其幸运者，大多数都是在郡县府廷度过一生吧。

那么，西汉中后期以来，诸生在全国范围内的郡县府廷承担着地方政治，这对汉代社会的发展产生了何种影响呢？这又会带来儒学、儒教如何具体渗透地方社会，以及地方社会知识阶层形成等新问题。这些留待下节考察。

第三节　知识阶层的形成

前节已述，汉代儒学教育的普及过程中，我们可以看到诸如景帝时期蜀郡太守文翁创始地方学校等，在制度方面，说到底还是要以武帝建立太学，开创博士弟子制度和郡国选送太学生制度，以及受文翁影响设置郡国学官作为起点。此后，太学学生定员增加。王莽执政时期，开始允许六百石以上官僚子弟入学，整备学、校、庠、序等教育体系，至此可以说汉代的教育制度基本完成。在这个过程中，同样始于武帝的孝廉制度、贤良方正诸科，致使儒生经选拔入仕的情况不断增多。如班固《汉书·儒林传》中指出的，这成为武帝以后诸生游学盛行的原因。另一方面，王莽时期地方社

---

① 《论衡·程材篇》曰："东海相宗叔犀，广召幽隐，春秋会飨，设置三科，以第补吏。一府员吏，儒生什九。陈留太守陈子瑀，开广儒路，列曹掾史，皆能教授。簿书之吏，什置一二。"宗叔犀即宗均。

会中教育制度的完善,也无疑促进了诸生的游学。诸家一致认为,如上诸要素带来了东汉儒学的兴隆、儒学研究的发展,具有儒学素养的儒雅之士的增加,以及诸生游学的盛行。在西汉时期尚不显著的知识阶层在东汉形成,正是得益于以上背景。

来自全国各地的诸生,通过太学、郡国学、私学等儒学学习场所形成交友关系,这又对各地区和个人层面知识阶层之间联系的形成发挥了重要作用。另一方面,特别是东汉中期以后,师徒间人身关系强化,弟子对老师的奉献态度更加显著。清流先驱李固死亡时,散布在全国各地的学生采取行动,令对老师肝脑涂地式的忠诚达到顶点。在关注这一现象时,可以发现,从类似于师生主从关系的人际关系中,发展出了儒学修习者之间的重层关系,即知识阶层的纵向关系结构,在进入东汉之后越来越明显。史书中多将这些弟子称为门生。所谓汉时代人际关系的特征,就是门生故吏关系。于是,下文便以东汉时期累为帝师而声名卓著的桓氏及其门生为例,考察包括门生在内的诸生阶层的厚积、诸生出身地域的扩大,以及知识阶层重层关系的构造。

东汉桓氏的隆盛始自桓荣。西汉末年,桓荣出生于沛郡龙亢县,自幼在长安博士九江朱普门下受《欧阳尚书》。王莽即位,桓荣返回乡里。听闻朱普去世,桓荣赶赴九江,于是留在当地聚徒数百人教授。王莽败亡后,他曾一度率弟子避难山谷,其后又在江淮间客授。建武十九年(43),他以花甲高龄受辟大司徒府,教授皇太子(明帝),后又历任博士、太子太傅、太常,成为深受光武帝、明帝信赖的大儒。(列传二七《桓荣传》)从其经历来看,桓荣应该门生众多。从《桓荣传》及其他记载观之,其门生有九江胡宪(太子侍讲,《桓荣传》)、鲍俊(《桓荣传》)、颍川定陵丁鸿(司徒,列传二七本传)、赵国襄国张禹(太尉,《东观汉记》卷一一)、汝南细阳张酺(司徒,列传三五本传)等。《丁鸿传》注引华峤《后汉书》称"荣弟子,丁鸿学最高",本传也描述"鸿年十三,从桓荣受《欧阳尚书》。三年而明章句,善论难,为都讲"。都讲是代师指导学生的高业弟子,《桓荣传》称"都讲生八人,补二百石"。桓荣门生中得知姓名者仅如上六人,其他无名者当不下数百人。

桓氏也不止桓荣一人拥有门生。桓氏以《尚书》为家学,自桓荣始,子孙郁、焉、典,累为帝师。从桓郁以后的桓氏门生来看,郁"门徒常数百人",其中三公杨震、朱宠最有名。桓焉亦"弟子传业者数百人",黄琼、杨赐最显贵。桓典也在颍川教授"门徒数百人"。可见仅桓氏一门学者之家的门生便数量惊人。还需注意,桓氏累代门生中的高业弟子亦门生众多。例如,桓荣高足丁鸿在故乡"开门教授",张酺也"聚徒以百数",任东郡太守时也教授门生。桓郁弟子朱宠的门生中有敦煌酒泉出身的俊才(列传五五《张奂传》),桓焉弟子黄琼是江夏安陆人,以处士扬名,后为太尉,其门下也应该学生众多。可见桓氏再传子弟也在中央、地方广泛分布。

这些桓氏弟子门生中特别值得注意的是弘农杨氏,可以确知的是桓郁与杨赐为师生关系。弘农杨氏与汝南袁氏并为世代三公之家,始于杨震。杨震父亲杨宝在西汉末学《欧阳尚书》,隐居教授。杨震少从太常桓郁受《欧阳尚书》,被同学称为"关西孔子杨伯起"。五十余岁不应州郡请召,客居京兆湖县教授弟子。后来进入中央政界,官至太尉,因宦官诬告自杀。从杨震的经历来看,几十年来教授的门生应该很多。杨震之子杨秉也"少传父业,兼明《京氏易》。博通书传,常隐居教授"。我们无法确认杨秉是否师从桓氏,不过杨秉子杨赐从桓焉受业,"教授门徒"。又,《隶释》卷一二《太尉杨震碑》碑阴列记了以汝南陈炽为首的近二百个姓名,这些都是杨震之孙沛相杨统的门生。这些学生的籍贯以兖、豫为中心广泛分布。

如上以桓氏一门为例,探讨了东汉诸生群体的扩大情况。上述桓氏弟子最终位至大官。但是,还有很多未能青史留名的桓氏弟子、再传弟子,在其家乡度过一生。那么,接下来考察包括这些人在内的地方社会的诸生和知识阶层。

东汉时期盛行门生故吏为其老师、故主立碑,前述《杨震碑》即是一例。《隶释》中记载了大量门生姓名的汉碑,如《泰山都尉孔宙碑(阴)》《谒者景君碑》《高阳令杨著碑(阴)》等。这些碑阴中列名的门生都是些什么人呢?

桓荣弟子张酺任东郡太守时,正值章帝东巡此地,"引酺及门生并郡县掾史并会庭中",令张酺讲《尚书》。(列传三五《张酺传》)这个时代,地方官在任所教授生徒与中央官拥有门生一样普遍。例如，鲁丕为赵相时，"门生就学者常百余人"（列传一五《鲁丕传》）；欧阳歙为汝南太守时，"在郡教授数百人"（列传六九上《欧阳歙传》）。这些地方官的门生应该大多来自周边地区。《泰山都尉孔宙碑》碑阴中的门生基本限于孔宙赴任的都昌县、元城县、泰山郡周边地区即是明证。不过，也有如列传三三《乐恢传》中"恢长好经学，事博士焦永。永为河东太守，恢随之官，闭庐精诵，不交人物"这样，跟随老师，一直接受指导的门生。还有慕地方官之名而来的例子。列传四六《王畅传》中就记载了刘表特意从山阳跑到南阳，为了跟同郡的南阳太守王畅学习。如上所见，张酺门生的构成，既有他在京师时教授的皇太子（章帝），也有任侍中、虎贲中郎将时指导的弟子，还有慕名而来东阳学习的弟子，以及任太守以后东郡周边的门生。假如这种形态具有普遍性，那么聚集在地方官门下的门生应该来自各地，门生也可以通过交际，联络全国的知识阶层。

地方官除了在任地教授门生，还致力于提高承担地方统治的掾史人群的知识水平。南阳太守刘宽就"每行县止息亭传，辄引学官祭酒及处士、诸生执经对讲"（列传一五《刘宽传》）。这里的处士留待后述，"学官祭酒"和"诸生"指的是县校的教师和学生。刘宽应该是在南阳郡郡学讲授，不消说诸生的大部分都将会成为郡县的掾史。如此致力于教育地方社会士人的还有前面提到的任延。任延十二岁在长安太学读书，被称为"任圣童"，《诗》《易》《春秋》皆善。他应该也像刘宽那样在郡学教授，从而提高了学问落后的武威郡的知识水平。就像这样，东汉以后，由于任延之类地方官的教育振兴政策，地方的教育环境得以完善，教育水平也得到提高。这与私学盛行一起，成为推动全国性知识阶层形成的力量。①

最后简要谈谈参与刘宽讲授的处士。②《隶释》卷五《酸枣令刘熊碑》碑阴所列姓名中，除了兖州、陈留郡、酸枣县的在职本地官员外，还有被称

---

① 将地方官学视作支配地方社会的一环，从这个观点来讨论的有远藤佑子《漢代における地方官学の政治的機能》（《立命館史学》14，1993 年）。
② 关于处士的讨论，参见鎌田重雄《後漢の処士》（《秦漢政治制度の研究》，日本学术振兴会，1962 年）、都筑晶子《後漢後半期の処士に関する一考察》（《琉球大学法文学部紀要》26 号，1983 年）等。

为"处士""好学"的人。"好学"可能指的是在学诸生。"处士"一称也见于其他碑阴,说明这类人在东汉常见,其中代表人物的列传见于《后汉书》(列传四三),唐代李贤注谓"有道艺在家者"(《刘宽传》注)。那么,我们就来看看处士与中央大官的门生的联系,以及处士在地方社会中的地位和作用。列传二六《贾逵传》介绍了受贾逵推荐、接受和帝征召的处士——东莱司马均和陈国汝郁。两人应该是贾逵的门生,学成回归乡里,是乡里社会的中心人物。例如,司马均"字少宾,安贫好学,隐居教授,不应辟命。信诚行乎州里,乡人有所计争,辄令祝少宾,不直者终无敢言"。由汝郁在任鲁相的治迹,可见他的情况也差不多。① 尽管从东汉前期这两位处士的事迹无法直接推测他们与当地知识阶层的关系,但列传四一《桥玄传》的以下记载却信息丰富:

(桥)为汉阳太守。……郡人上邽姜岐,守道隐居,名闻西州。玄召以为吏,称疾不就。玄怒,敕督邮尹益逼致之,曰:"岐若不至,趣嫁其母。"益固争不能得,遽晓譬岐。岐坚卧不起。郡内士大夫亦竞往谏,玄乃止。时颇以为讥。②

从桓帝时期发生的这一事件可以发现,汉阳郡这一西北边陲地方社会中已经形成了知识阶层的横向联系,包括处士在内的士大夫形成了抵抗地方官横暴、强权支配的集团。这种由士大夫组成的地方团体应该在当时全国各地都逐渐成立。显然地方社会知识阶层的形成,反映了地方社会成熟的程度。

各地知识阶层形成的实态将在第五章详述。接下来将探讨本章考察的这些儒学修习者们如何进入中央官界并在政界发挥主导作用的过程。

---

① 列传二六《贾逵传》曰:"郁字叔异,性仁孝,及亲殁,遂隐处山泽。后累迁为鲁相,以德教化,百姓称之,流人归者八九千户。"
② 将郡县白职称为"县中士大夫"的碑文,见于《隶释》卷十《逄盛碑》。所引史料《桥玄传》中的汉阳郡督邮尹益,不消说也属于士大夫。

第四章　贵戚政治的展开与儒家官僚

引　言

贵戚政治萌芽于东汉前期尾声，降至中期、后期，邓氏、阎氏、梁氏贵戚专权次第登场，与之相关的宦官势力也逐渐坐大；同时，拥有儒家教养的士人也活跃起来，开展各种政治活动。于是，贵戚、宦官、儒家官僚的三足鼎立与互相抗争，成为东汉中后期政治史上日益鲜明的势力配置图式。狩野直祯以安、顺时期进入中央朝廷的"具有地方豪族背景的士人"为焦点，通过考察他们与贵戚、宦官的抗争，以及具体的人际关系与政治斗争，探究他们"反外戚＝礼教派"集团在官场势力益固的过程，并认为东汉末期清流势力的原型，即可追溯至顺帝时期的"礼教派"。① 不过，狩野先生的观点也不是没有可商之处。为阐明本章课题，以下便对狩野的讨论提出几点疑问。

第一，狩野认为，"从东汉顺帝时期开始，具有地方豪族背景的士人群体——后世所谓清流派的雏形——进入了中央政界"（狩野论文 C）。然而，"拥有地方豪族背景的士人"进入中央政坛，这类情况并不限于顺帝以降时期。当然，如果考虑到狩野所谓地方豪族的"地方"，指的是在东汉前

---

① 与本章相关的狩野直祯论文如下：A.《後漢時代地方豪族の政治生活——犍為張氏の場合——》,《史泉》22 号，1961 年；B.《後漢中期の政治と社会——順帝の即位をめぐって——》,《東洋史研究》23 卷 3 号，1964 年；C.《李固と清流派の進出》,载《田村博士頌寿東洋史論叢》，1968 年。以上论文均收入狩野直祯《後漢政治史の研究》，同朋舍，1993 年。本章下文引用狩野先生论文，仅标示英文序号。

期中央政界占据优势的南阳、颍川、汝南与三辅等以外的地域,①那么这一疑问便可解开。但是,来自这些优势地区以外的"地方"豪族官僚,在顺帝以前虽不能说人数众多,但毕竟也有存在,所以疑问仍未能完全解决。狩野的意图或许是想指出,"地方"豪族出身者在东汉初年至安帝一朝,尚未在政治中发挥核心作用,而与之相比,顺帝时期以降,这一类士人身居要职且活跃于政治中枢的情况较多。若是如此解释,倒也是事实。② 但"地方"豪族出身者进入中央担任要职从而领导政界,能让此事得以实现的中央政界,其总体状况又如何呢? 换言之,"地方"豪族出身者进入中央政界的条件是什么呢? 这是一个问题。

第二,狩野先生认定"礼教派"就等同于反外戚的群体。而在另外的场合,他认为"礼教派"是具有儒家教养的人,所以也可以之为儒家官僚。然则,儒家官僚就是外戚的敌对者。但实际上并不是这么简单,如下文所述,现实中外戚与儒家官僚也有合作。问题是,为何外戚与儒家官僚从一开始的协作,至桓帝时期会发展成越发明显的彼此对立。"反外戚"并不意味着反对外戚封侯或身居高官,更准确的理解是反对外戚专权,因为儒家官僚在原理上不能从儒家亲亲主义的立场否定外戚获得优待。这一点,与川胜义雄揭示的六朝贵族的渊源——儒家官僚集团即清流在东汉中期以后如何成为中央政界的主要势力这一问题相关。从这一方面来看,我们也必须捕捉东汉中后期政治史中儒家官僚的动向。

以上,从对狩野先生一系列研究的疑问着手,我们要解决的课题也浮出水面。下文拟就这些问题,以和帝崩后十六年间长期持续的贵戚邓氏专权与儒家官僚的关系,以及顺、桓时期贵戚、宦官、儒家官僚三者关系为中心进行考察。

---

① 若大致调查一下和帝朝以前三公、九卿、郡国守相的就任者,除文中提及地区外,来自陈留、河南、沛、会稽的人数较多。关于东汉前期三辅及其他地域士人的情况,参看第二章第二节。
② 例如,据永田英正《後漢の三公にみられる起家と出自について》(《东洋史研究》24 卷 3 号,1965 年)的"三公出身郡国表",亦大致可见这一倾向。

第一节　邓氏政权的结构

一、邓氏专权的形成

元兴元年（105）十二月，年仅二十七岁的和帝驾崩。即日立皇子刘隆为皇太子，当夜即皇帝位，是为殇帝，尊和帝邓皇后为皇太后，太后临朝称制。翌年，延平元年正月，太尉张禹为太傅，司徒徐防为太尉，参录尚书事。同年四月，邓太后之兄、虎贲中郎将邓骘为车骑将军，邓氏专权体制由此开端。是年八月，年仅两岁的殇帝夭亡，邓太后又与邓骘定策禁中，迎立章帝之孙、清河王庆之子刘祜入继大统，①是为安帝。安帝时年十三，太后仍旧临朝称制。至建光元年（121）三月，太后与邓骘相继崩殂，算来邓氏专权的局面前后维持了大约十六年时间。下文便以邓氏一族为中心，概览邓氏专权形成过程中的各种情况。

邓氏乃南阳新野豪族，从为东汉创业立下汗马功劳的邓禹开始，邓氏一族显名天下。南阳新野邓氏的著名人物邓晨，娶光武帝姊刘元为妻，早年即为光武元从，但不知何故，邓晨子孙不蕃。邓禹当与邓晨同族，有十三子，其中第六子邓训征讨羌胡，因慰抚各部有功，羌胡家家为他立祠。邓训于和帝永元四年（92）去世，也就在这一年，和帝利用宦官郑众铲除了窦宪集团，开始亲政。永元七年（95），邓训之女邓绥被选入宫，翌年冬立为贵人，邓氏自此开始显荣。据邓训长子邓骘的传记（列传六）云：

>　　及女弟为贵人，骘兄弟皆除郎中。及贵人立，是为和熹皇后。骘三迁虎贲中郎将，京、悝、弘、阊皆黄门侍郎。

邓氏立后之事，与以下事件密切相关。永元十四年（102），和帝废黜了第一任皇后阴氏，同年立邓贵人为皇后。废后理由说是阴后妒忌邓氏受宠，

---

① 原著写作"刘祐"，字误，今据1965年版中华书局点校本《后汉书》订正，后译文径改。——译者注

遂以巫蛊诅之,事发被废。其实阴氏与邓氏俱为南阳新野豪族,两家通婚,且关系亲密,①邓氏不至于为了排除阴氏在宫中的势力而构设这一事件,阴氏的怨望恐怕还是缘于和帝移爱邓贵人而起。从这个意义上讲,成就了邓氏显荣的皇后册立一事完全出于偶然。

和帝崩后,皇太后临朝称制,拜邓骘为车骑将军、开府仪同三司。其他兄弟也一并显贵,弟邓悝继骘之职,为虎贲中郎将。邓京已卒,弘、阊皆为侍中。安帝即位,邓骘仍居原职,悝迁城门校尉,弘迁虎贲中郎将。除此之外,虽任官时间不明,但可以知道,邓骘之子凤为侍中,骘从弟豹为河南尹,康为越骑校尉,遵为度辽将军,畅为将作大匠。又,尚书邓访亦见于《邓骘传》,此人出自邓氏一族的可能性也非常大。由是可见,邓氏充斥于宿卫、宫城、京师禁卫诸职,皇帝近侧的"内朝"几乎全由邓氏一族支配。于是,在邓太后临朝称制的背景下,建立起长达十六年的邓氏专权体制。

值得一提的是,邓氏专权的形成,与东汉后族贵戚郭氏、阴氏、马氏、窦氏、梁氏各家在中央政界的势力消长亦关联颇深。对邓氏而言幸运的是,因邓氏立后,被废后的阴氏遂势力溃退。而窦氏也在和帝永元四年(92)遭受打击,几乎族灭。郭氏虽然出了光武帝的第一任皇后,但自从被阴氏取代后也便一蹶不振,后因参与支持窦宪集团而彻底式微。剩下的马氏、梁氏情况又如何呢?马氏在章帝建初八年(83)被诛灭之后,马援一系就已失势。当时称名于世的仅有来自马援旁支的马融。梁氏则随着和帝时窦氏暗杀梁贵人(和帝生母)事件曝光,逐渐在政界恢复了势力,但立足未稳,直至顺帝时期方确立决定性地位。可见,当时还不存在能与邓氏相抗衡的贵戚势力,②这对邓氏专权来说正是大好时机。

进一步看,邓氏之所以能较其他贵戚执政时间更长,在于这一家族与章帝时期的马氏、和帝时期的窦氏不同,较少凭借贵戚地位穷奢极欲,成员飞扬跋扈的行为也不多。邓氏这种淳朴的家风,可能从邓骘祖父邓禹以来便一以贯。列传六《邓禹传》曰:"天下既定,常欲远名势。有子十三人,各使守一艺。修整闺门,教养子孙,皆可以为后世法。资用国邑,不修产

---

① 据《皇后纪上》,光武帝皇后阴丽华之母即邓氏,和帝邓皇后之母又是光武帝阴皇后从弟之女。
② 原文"邓氏"误作"窦氏",今据文意改。——译者注

利。"同卷《邓训传》亦称:"训虽宽中容众,而于闺门甚严,兄弟莫不敬惮,诸子进见,未尝赐席接以温色。"传至邓骘一代,和帝初年窦氏败亡的殷鉴不远,故能保持"深戒窦氏,检敕宗族,阖门静居"(《邓骘传》)的态度。邓骘之子邓凤曾致书尚书郎张龛,向其请托将校书郎马融升迁至尚书台为郎,又收受中郎将任尚赠马,后任尚因断盗军粮,槛车征诣廷尉。邓凤恐事泄露,先行向邓骘自首。邓骘当即髡妻与凤以谢,由是"天下称之"(《邓骘传》)。这样一种对邓氏贵戚一族的谨慎关照,不仅使得邓氏在遭受排斥之际,引发了"众庶多为骘称枉"(《邓骘传》)的同情;而且,这也是邓氏不同于窦氏,在皇太后去世而与皇帝的血缘关系终结以前,一直政权在握的一大原因。

以上围绕邓氏专权的形成与长期维持,讨论了中央政界的局势,以及邓氏一门的特征。然而,仅凭这样的条件,邓氏并不能抑制众人对其执政时间之长的非议,也无法强压对其执政不正当性的责难,因为即使安帝已经成年,皇太后也仍旧临朝称制,这是不合常规的事态。事实上,邓氏一族中的邓康,就恳请太后归政于刘氏,(《邓禹传》)而官僚中也有人因奏请安帝亲政,而被邓太后清除。(列传四七《杜根传》)纵然如此,在饱受非难的同时,邓氏专权一直维持到邓太后去世。若是如此,那么当时的政界是否存在着支持邓氏专权的力量,邓氏专权的基础又是什么?我们推想,前揭为邓氏称枉的"众庶",以及引导"众庶"舆论的人,应即邓氏的支持者。下文要阐明这一问题之前,首先拟考察的是邓氏执政时期的帝国面临着什么样的政治课题,而为了解决这些课题,邓氏采取了什么样的政策。

二、邓氏政治

《邓骘传》中有一段关于邓氏政治的概括:

> 骘等崇节俭,罢力役,推进天下贤士何熙、祋讽、羊浸、李郃、陶敦等列于朝廷,辟杨震、朱宠、陈禅置之幕府,故天下复安。

邓氏政治是否令"天下复安"尚待检讨,但从"骘等"——以邓太后与邓骘为中心的邓氏一门的统治来看，可以看到节俭、罢力役、推进贤才这三大特色。

第一，关于节俭政策，永初四年（110）正月丙午，"诏减百官及州郡县奉各有差"。太后又身先垂范，日用俭朴，并减裁宫中冗官，敕止珍宝巧物的制作使用，宫中开销大幅缩减。（《皇后·邓皇后传》）邓氏一族亦谨遵太后节俭方针。邓骘固辞侯爵，骘弟弘卒，丧事从俭，有司奏请举行隆重的葬礼，太后不许。（列传六《邓骘传》）为何要施行节俭政策呢？无非是因为当时的国家财政已深陷危机之中。

邓氏执政之初，首先发生的大事件就是羌人叛乱。东汉时期羌人的活动，[①]从光武帝中元二年（57）的烧当羌叛乱开始，至灵帝建宁二年（169）平定东西羌叛乱为止，贯彻整个东汉时代。其中，安帝永初元年（107）持续至元初五年（118）的先零羌叛乱，与邓氏专权时期（106—121）基本重合。先零羌叛乱的地域性扩张规模日甚，汉朝也拼命防战，虽勉强平定，但代价十分惨痛，《西羌传》（列传七七）称，军旅之费"二百四十余亿，府帑空竭"。不仅是羌乱，同样令朝廷财政窘迫的，还有和帝时期以来水、旱、蝗灾频发，导致租税收入减少，而朝廷对流民、饥民、贫民的赈贷开销却大幅增长。多田狷介先生已对灾害的发生情况有过整理，[②]他研究指出，包括应灾减租在内的赈贷诏令，在和帝以降的各篇本纪中频频可见。若将发生件数按帝纪分类，则和帝时期（十八年间）二十五件、安帝时期（二十年间）二十五件（其中邓氏执政时期二十二件、安帝亲政时期三件）、顺帝时期（二十年间）十七件、桓帝时期（二十二年间）十件、灵帝时期（二十二年间）四件。相比于安帝时期，顺帝朝以后次数有所下降，这可能与气候变化也有关系，但也可以认为，和帝朝以后赈贷政策导致政府财政日渐穷困，[③]赈恤机能也随之下降。至于前文提到的"罢力役"，最直接地实现此事的，就是围绕对羌战争的政策选择。

---

① 关于东汉时期羌族的活动，佐藤长《チベット歴史地理研究》（岩波书店，1978年）第四章《漢代における羌族の活動》有详细讨论。本章有关羌族的记述均以此为据。
② 多田狷介：《黄巾の乱前史》，《东洋史研究》26卷4号，1968年。
③ 顺帝末年（永和六年、汉安二年），朝廷向王国、侯国借租一年，这种事此前未曾见到。到了桓帝朝，除了借租以外，还实行百官减俸（延熹四年）和征收亩钱（延熹八年）。

永初元年(107)夏,先零羌叛乱爆发,朝廷以车骑将军邓骘总领全军,率五营及三河、三辅、汝南、南阳、颍川、太原、上党诸郡兵合五万人前往平叛。翌年春,邓骘驻屯汉阳,叛羌中的钟羌一部先发击败邓骘。冬十月,邓骘遣征西将军任尚、从事中郎司马钧,与羌人战于平襄,尚军大败。羌人乘胜气焰更旺,滇零在北地郡自称天子,纠合其他诸羌,攻犯赵魏之地,还侵入益州,杀汉中太守董炳,寇掠三辅,甚至断绝陇道,而朝廷却无力制止,转运艰难至极。邓太后遂采纳庞参的上书建议,于永初二年十一月,诏邓骘班师还朝,升拜大将军,命任尚停驻陇西防备羌寇。庞参的上书内容如下:

> 方今西州流民扰动,而征发不绝,水潦不休,地力不复。重之以大军,疲之以远戍,农功消于转运,资财竭于征发。田畴不得垦辟,禾稼不得收入,搏手困穷,无望来秋。百姓力屈,不复堪命。臣愚以为万里运粮,远就羌戎,不若总兵养众,以待其疲。车骑将军骘宜且振旅,留征西校尉任尚使督凉州士民,转居三辅。休徭役以助其时,止烦赋以益其财,令男得耕种,女得织纴,然后畜精锐,乘懈沮,出其不意,攻其不备,则边人之仇报,奔北之耻雪矣。(列传四一《庞参传》)

意思是说,除了因水灾等造成的农业荒废之外,还要缓解因转运西州而带来的农民疲弊,需要等待民力恢复之后再反击叛羌。然而,到了永初四年,羌人的侵寇愈演愈烈,而汉军却屡战屡败。是年,庞参再次向邓骘建言:

> 比年羌寇特困陇右,供徭赋役为损日滋,官负人责数十亿万。……参前数言宜弃西域,乃为西州士大夫所笑。今苟贪不毛之地,营恤不使之民,暴军伊吾之野,以虑三族之外,果破凉州,祸乱至今。夫拓境不宁,无益于强;多田不耕,何救饥敝!故善为国者,务怀其人,不求外利;务富其民,不贪广土。三辅山原旷远,民庶稀疏,故县丘城,可居者多。今宜徙边郡不能自存者,入居诸陵,田戍故县。孤城绝郡,以权徙之;转运远费,聚而近之;徭役烦数,休而息之。此善之善者也。(《庞参传》)

对于庞参的提议,"骘及公卿以国用不足,欲从参议",但最终因"众多不同,乃止",废止了放弃凉州的策略。此事原委可从《虞诩传》(列传四八)探明。从中可知,邓骘提议放弃凉州,在北方集中力量防御当时入寇的鲜卑、乌桓,得到众人赞同,遂决定放弃凉州。不过,太尉张禹故吏、时任郎中的虞诩,却劝说张禹凉州不可弃,①一旦放弃凉州,则三辅即为边塞,先帝诸陵将会遭夷狄蹂躏;而且,习武壮勇的凉州豪强,恐怕也会因为凉州为汉所弃而萌生异志。张禹接受了虞诩的观点,再次召集四府,阻止放弃凉州的决定。据《虞诩传》,因为此事,邓骘对虞诩多有怨愤。

原本邓骘打算采取放弃凉州的策略,正如庞参的建议所说,是为了缓解国库穷困,休养充实民力,然后再平定羌乱。由这样一种率先解决内政问题的政治立场而来的外交问题上的消极态度,在数年后放弃西域的议论中也表现了出来。《班勇传》(列传三七)可见其详:放弃西域的起因,是元初六年(119),②鄯善王受到领有漠北的北单于与车师后部压境,向敦煌太守曹宗请求救援。曹宗向朝廷请兵五千击讨北匈奴,欲重新夺回西域。当时,北匈奴已攻没屯兵伊吾的长史索班,进而击走已经降汉的车师前王。邓太后随即召集百官展开朝堂会议。是时,明、章时期活跃于西域的班超之子班勇,被召诣朝堂发表意见。对于曹宗出兵五千的奏请,班勇议称"今府藏未充,师无后继",认为朝廷不可准许。他同时提出,现今可以恢复敦煌郡曾有过的营兵三百人编制,复置护西域副校尉居于敦煌;又宜遣西域长史率五百人屯扎楼兰之西,向西域诸国昭示汉家招抚远人之德。不料,对班勇之议反对者甚众。长乐卫尉镡显、廷尉綦母参、司隶校尉崔据、太尉(马英)属毛轸及尚书,纷纷以"费难供"为由向班勇发难。此前朝中"公卿多以为宜闭玉门关,遂弃西域"(《班勇传》)的论调,今又发力重弹。前述庞参放弃凉州之议亦是沿袭这一论调而来。此次争论中不见邓骘其名,但

---

① 列传四八《虞诩传》载,虞诩是对太尉李修进行劝说,但袁宏《后汉纪》卷一六记载,虞诩说服的对象则是太尉张禹。笔者以《后汉纪》为是。因为根据《安帝纪》,张禹任太尉是在永初元年九月至永初五年正月,李修是其后任者。放弃凉州的论议发生在永初四年,故此时李修尚未任太尉。又,虞诩本传称"辟太尉府,拜郎中"。论议阶段,诩正为郎中,由此来看,他作为永初元年以来就已是太尉的张禹故吏,劝说张禹合情合理。另,《资治通鉴》亦认为是太尉张禹。
② 列传七八《西域传》认为是元初六年,但《资治通鉴》系之于永宁元年(120)。

从采纳庞参意见来看,邓骘应该也支持放弃西域。与武帝时期臻于顶峰的西汉相比,从东汉王朝对异族政策的消极态度中,也可窥见帝国式微之一端。邓太氏最终听从了班勇之议,复置敦煌郡营兵三百人,置西域副校尉居敦煌,从而羁縻西域。之所以作出这一决定,是因为太后知道班勇深谙西域诸事,且班氏的提议十分明确,即使照此纳用也不会造成多大的国家损失,特别是财政负担。

综上所述,虽然并没有按照邓氏的方针放弃凉州、西域,但从"节俭""罢力役"与异族政策中可见邓太后及邓骘的基本态度,即以纾解财政困难、休养疲弊的民力为当务之急,换言之,首先考虑解决内政问题。① 邓氏的这些政治方针,深受身边士人的影响,而这些士人,正因邓氏政治三大特色之一的"推进天下贤士"而集结于邓氏周围。下文便拟回答"天下贤士"与邓氏关系的问题。

三、邓氏与儒家官僚

前引《邓骘传》的一段文字提到,何熙(陈国阳夏)、役讽(?)、羊浸(泰山平阳)、陶敦(河南京)、杨震(弘农华阴)、朱宠(京兆杜陵)、陈禅(巴郡安汉),这些人士构成了支持邓氏政治的官僚集团。此外,李郃与同居三公之位的邓氏支持者马英(泰山)、提出放弃凉州之策的庞参(河南绳氏)、太后长乐宫卫尉镡显(广汉雒)、太后智囊樊准(南阳湖阳),以及被邓骘所召辟的马融(扶风茂陵)、张皓(犍为武阳)、张衡(南阳西鄂)等,亦均属邓氏政治官僚集团,只有张衡一人没有应召。我们看一看这些邓氏派士人的籍贯即可注意到,出身益州者较多;从东汉初至和帝时期,南阳、颍川、汝南、沛、陈留、三辅与河南诸郡,输送了大量儒家官僚,但在上述名单里,我们没有看到出身南阳、三辅及河南以外的士人。还有一点值得注意,有两位委

---

① 永初初年,朝廷接受樊准献策,将被灾郡国的公田假予贫民(《安帝纪》永初元年三月条)。同时,以樊准、吕仓守光禄大夫,将二人分别派往冀州与兖州,督促当地二千石切实施行赈贷。(列传二二《樊准传》)这也能看出应是邓太后的方针。另外,前揭多田狷介《黄巾之乱前史》一文指出:"从樊准的上言亦可知,关东地区有大量农民破产,这也成为推进对羌战争的障碍。"

身邓氏的士人,来自东汉初年以来就不曾出过名士的泰山郡。① 这一点暂且留到以后进一步考察,此处先就诸位士人与邓氏的关系观之,他们可以分为两类:一类在和帝时期即已跻身中央官界,谋得一席之地,而进入邓氏专权时期后又受到邓氏重用,例如何熙、李郃、庞参、镡显、樊准等;② 另一类是邓骘从将军府掾属中辟召的故吏,杨震、朱宠、陈禅、张皓、马融等人就属于这种情况。后一类以将军府掾属的身份被邓骘推举,然后各自步入升迁之途。③

那么,这些士人与邓氏结合之后,在邓氏专权的政局中发挥了怎样的作用呢? 列传二九《刘恺传》曰:

> 时征西校尉任尚以奸利被征抵罪。尚曾副大将军邓骘,骘党护之,而太尉马英、司空李郃承望骘旨,不复先请,即独解尚臧锢,(司徒刘)恺不肯与议。后尚书案其事,二府并受谴咎,朝廷以此称之。

---

① 章帝末元和二年,巢堪(泰山南城)为太常,和帝永元十年为司空,但此人无传。
② 何熙的情况见于列传三七《梁慬传》,李郃、庞参、樊准在《后汉书》各有本传(列传七二上、四一、二二),镡显的经历可由《华阳国志》卷十《先贤士女部赞》得知。其他诸如陶敦、祋讽、羊浸,事迹不详,陶敦在顺帝即位不久为司空(《顺帝纪》)。祋讽则如后文所述,据列传五《来历传》、列传三六《陈忠传》推断,邓氏专权末期他为尚书令,邓氏败亡后为光禄勋,死于顺帝即位以前。另外,关于羊浸,据其孙羊续本传(列传二一)可知,"安帝时司隶校尉";他还曾就任河南尹,事见于《太平御览》卷二五二所引《李郃别传》。
③ 这里列举的五人中,只有马融没有顺利升迁。按列传五十《马融传》,永初二年以后他一直停留在校书郎中之职,元初二年又因上《广成颂》以讽谏,忤逆邓氏之意,翌年自劾归乡里,触怒邓太后,受到禁锢处分。关于其间情况及对马融本传记载准确性的质疑,请参看池田秀三《馬融私論》,《东方学报》京都第 52 册,1980 年。
　　以下仅推断其他四人的履历:
　　杨震(列传四四):仕州郡(和帝永元十六年,50 岁)—辟大将军府—举茂材—(四迁)—荆州刺史—东莱太守—太仆(元初四年)—太常(元初五年)—司徒(永宁元年)—太尉(延光二年)—延光三年卒。
　　朱宠(附列传六《邓骘传》):初辟邓骘府—(稍迁)—颍川太守—大司农—免官(建光元年)—大鸿胪—太尉(顺帝永建元年)。
　　陈禅(列传四一):郡功曹—州治中从事—辟车骑将军府—举茂材—汉中太守—左冯翊—谏议大夫—玄菟候城障尉(建光元年)—辽东太守—以故吏免官—车骑将军阎显府长吏—司隶校尉(顺帝即位时)—明年卒。
　　张皓(列传四六):仕州郡—辟大将军府—(五迁)—尚书仆射(时长八年)—彭城相—廷尉(永宁元年)—司空(顺帝即位时)—免官(永建四年)—廷尉(阳嘉元年)。
　　另外,关于张皓事迹,以及围绕他的人际关系,参看狩野论文 A。

上述事件可能发生在元初四年（117）之后的数年间。① 从此邓氏党羽出现于朝廷，明里暗中支持邓骘，而马英、李郃这类奉承邓氏意旨的高官，也时刻追随于邓氏左右。邓氏专权时期大致可分为永初年间（七年时间）、元初年间（包括永宁元年与建光元年在内共八年）两个阶段。专权前期，当时不仅要忙于应对羌人侵寇，和帝朝以来的元老高官也仍在朝中，从放弃凉州的提案未能实现来看，邓氏的权力尚未确立。但至元初年间，前述两种类型的邓氏派官僚中，第一类人已位在三公九卿，第二类人也已在履职地方后，回到中央朝廷，被委以要职，正是这个阶段，邓氏一党基本掌握了大权。当然，邓氏在前期永初年间就已为谋得权力而稳健地布局。关于这一点，我们需讨论对当时掌控权力至关重要的尚书一职。

尚书，原本是皇帝的秘书官，进入东汉以后重要性大增，序章对此已有说明。② 想要左右朝政者必然意图掌握尚书之职。当时总的来说，尚书一职为能者所当，在贵戚掌握权力的情况下，一族中很难找到胜任的人选，于是必然安排自己的党羽进入台阁，窦宪就曾让窦氏同党之一的张林任职尚书。（列传三六《陈宠传》）前文提到的与马英、李郃对立的刘恺，也将同一阵营的陈忠推举为尚书，（列传三六《陈忠传》）这是刘恺作为宗室成员反邓政治活动的一个环节。由是可推测，李郃、马英并受谴责，恐怕就是陈忠所为。那么，邓氏一方情况又如何呢？和帝死后，殇帝即位的延平元年（106），邓氏立即将十年来深得和帝亲重、勤务堪能的尚书令黄香改迁魏郡太守，（列传七〇《黄香传》）调任李郃为尚书令。永初六年（112）李郃迁太常之后，元初元年（114）左右，邓太后的智囊樊准又继任尚书令一职。接着，樊准于元初三年迁光禄勋，仍是邓氏一派的祋讽被推举接替尚书令。③

---

① 邓骘利用李郃、马英强行掩盖任尚的罪责，此举背景可能与前述邓骘之子侍中邓凤收受任尚赠马一事有关。
② 关于尚书，相关研究可参看鎌田重雄《漢代の尚書官——領尚書事と録尚書事を中心として——》，《东洋史研究》26卷4号，1968年。此外，关于东汉的皇帝权力与尚书之间的关系，山田胜芳《後漢の大司農と少府》（《史流》18号，1977年）一文有过探讨。
③ 列传七二上《李郃传》云："举孝廉，五迁尚书令，又拜太常。"《太平御览》卷二三二引《李郃别传》云："郃以郎谒者为上林苑令。"《华阳国志》卷十下则只记载："为尚书郎，徙左丞，稍迁至尚书仆射、尚书令。"并不确证延平元年李郃为尚书令。不过，考虑到从窦宪败亡至五迁期间，即到永初六年迁太常为止的这段时间，并未发现有他人就任尚书令，因此可以确定，（转下页）

由是观之，邓骘之所以"推进天下贤士"，不仅是因为统治者必须举贤这个一般性理念，而是通过提携当时富有名望的儒家官僚，辟召"地方"人士，从而巩固自身政权的根基。邓太后及邓骘不止抑制自家一门的显荣、不法与奢侈，还积极推进与儒家官僚阶层的合作，甚至"推进天下贤士"的政治意图，目标也是为邓氏专权谋求支持。在这一假设基础上考虑，邓氏的这种方针多是从窦氏专权的先例中吸取了经验教训。如第二章第二节所述，窦氏专权乃由三辅士人推举同为三辅出身的贵戚窦氏而成立，而汝南袁安所代表的其他南阳、颍川、汝南等地出身的儒家官僚，则与之势同水火。现实中肃清窦氏势力的是和帝与郑众等宦官，但还应算上站在和帝一侧的大部分儒家官僚。窦氏的势力主要依靠"内朝"，却未能掌控"外朝"的儒家官僚，这一点正是窦氏败亡的原因之一。曾为窦宪府所辟又"深戒窦氏"的邓骘，不仅身为外戚，而且将诸政治势力掌握于手，这也是从窦氏先例中吸取的教训，遂采取了前述"推进天下贤士"的方针。掌握内外朝诸势力，是邓氏为巩固权力基础所作的充分考虑。[①] 邓太后虽受多方批判，但即使安帝已到亲政之龄，太后也仍旧临朝称制，直至邓太后去世，安帝方统领万机。这种不合常态的特例之所以能存在，也是缘于上述邓氏和儒家官僚协同合作，掌握了内外两朝，从而赢得了局面稳定，获得了邓氏专政的自信。

　那么，促成邓氏与"外朝"儒家官僚合作的动因是什么呢？仅仅是为了在中央确立自己权威吗？如前所述，其实是缘于和帝时期以来日益加深的社会危机。对于邓氏而言，为了解决这一危机，稳定中央政权，就必须承

（接上页）李郃最晚是在永初初年官迁尚书令。另外，役讽任职尚书令的时间段也不明晰，据《陈忠传》推断，至少在建光元年已是尚书令了。樊准在元初三年迁光禄勋，自此至建光元年的五年时间内，情况不明。役讽于延光三年转光禄勋，陈忠接替尚书令一职。（《陈忠传》）又，关于邓氏专权时期尚书之位，顺带一提，从永初至元初，张皓为尚书仆射长达八年。此外，前述邓骘之子邓凤向尚书郎张龛请托将马融迁为尚书郎，张龛是蜀郡人，由列传三五《袁敞传》可见，张龛与其弟张俊在元初年间同为尚书郎。

[①] 列传七《冯异传》曰："永初六年安帝下诏曰……其条二十八将无嗣绝世，若犯罪夺国其子孙应当统后者，分别署状上……明年二十八将绝国者，皆绍封焉。"列传六《邓禹传》曰："永初六年绍封康为夷安侯。时诸绍封者，皆食故国半租。"可见邓氏正采取优待功臣子孙的政策。诸功臣列传中记载"邓太后绍封……"的事例也很多。邓太后如此施策，意图应是争取诸功臣子孙乃至与东汉创业相关的人士支持邓氏专权。

担起联合地方豪族出身士人的课题,这是充分利用地方豪族的地域支配力的前提。为了说明这一问题,这里有一段很有意思的故事。列传七一《李充传》载:

> 充迁侍中。大将军邓骘贵戚倾时,无所下借,以充高节,每卑敬之。尝置酒请充,宾客满堂,酒酣,骘跪曰:"幸托椒房,位列上将,幕府初开,欲辟天下奇伟,以匡不逮,惟诸君博求其器。"充乃为陈海内隐居怀道之士,颇有不合。骘欲绝其说,以肉啖之。充抵肉于地,曰:"说士犹甘于肉!"遂出,径去。骘甚望之。

李充是陈留人,颇有隐逸之风,在家乡立精舍讲授。和帝时,公车征辟,李充不愿就官,延平元年(106)特征为博士。上述故事从内容来看,可能发生在邓骘为车骑将军(《李充传》误为大将军)的延平元年四月之后不久。①由故事可见,像李充这样带有隐逸之风的儒生,未必尊重贵戚邓骘。这个故事还有下文,当时同座的汝南张孟举到李充那里去,②向他提出如何处理与贵戚邓骘之间关系的忠告:"一日闻足下与邓将军说士未究,激刺面折,不由中和,出言之责,非所以光祚子孙者也。"李充不以为然,"由是见非于贵戚"。当时满堂宾客,恐怕多与张孟举一样,对邓骘虽还谈不上苟容偷合,但也懂得明哲保身之道,李充却做不到这点。这个故事即使是表示当时官僚对贵戚的某种态度,也很耐人寻味。但关于人才选拔,李充有着与邓骘相对立的想法,所谓"颇有不合",似乎是对隐居怀道之士的评价。为何如此呢?在此先要指出的是,这可能与邓氏派官僚中益州出身者较多这一事实相关。

关于当时益州士人与邓氏结合的要因,上田早苗已有清晰的论述。③

---

① 袁宏《后汉纪》卷十五系于延平元年六月。
② 汝南张孟举,在《后汉纪》中记的是"侍中张孟"。至于是不是张孟举这个名字,以及是不是"同座",可能是《后汉书》记载上的混乱。还有一种可能,张孟举即汝南细阳张酺字孟武(列传三五)之子张蕃。据《张酺传》,张蕃在和帝永元五年前后,"以郎侍讲"。
③ 上田早苗:《巴蜀の豪族と国家権力——陈寿とその祖先たちを中心に——》,《东洋史研究》25卷4号,1967年。

按她的研究，巴蜀出身的官僚集团，如陈禅、张皓等人，为保护巴蜀豪族的财富免遭羌人寇略，深感有必要与公权力联合，并热切地希望能通过老师鲁恭而得到邓骘的辟举。于是，他们渴望政府出兵的愿望最终得以实现。而且，上田之论中还必须注意的一点是，巴蜀出身的陈禅及其儿子陈澄，以及王堂，皆曾任汉中、巴郡这些故乡邻郡的太守，面对羌人侵寇，这些太守与当地豪族并肩作战，平定羌人的进犯。上田先生把关注点放在巴蜀豪族、官僚集团一侧，不过若从邓氏一侧观之，邓氏的意图是，以地方豪族拥有的地域支配力量作为杠杆，谋求地方社会的稳定化，从而确保邓氏专权的稳固。泰山豪族羊氏加入邓氏一派，似也可从这一观点来理解。邓骘没有评价隐居怀道之士，从这一点来看，邓骘也可能认为，提拔隐居怀道之士，对地域社会秩序的安定及得益于此的贵戚政治的维系而言，不会产生有效结果。

然而问题是，为何邓氏没有与豪族林立的颍川、汝南这些益州以外地域的士人合作呢？又，不同于出身巴蜀、泰山豪族的官僚，像杨震这样的不被认为是地方豪族出身的士人，也受到了邓氏辟召。因此，上述理解有片面之嫌。然则又该如何思考呢？这一问题暂且搁置。这里若将目光转向被邓氏推举辟召之人，我们又会看到何种情形呢？马融是受邓氏辟召者中的一人，其本传有云：

> 永初二年，大将军邓骘闻融名，召为舍人。非其好也，遂不应命。……融既饥困，乃悔而叹息。……故征应骘召。（列传五〇）

由上，贵戚邓骘的辟召，于马融而言"非其所好"。不止马融，接受辟召的人们也不可避免地有一些踌躇。蜀郡成都的名士中，与陈禅、张皓、李郃、镡显过从甚密的张霸，其《传》曰："时皇后兄、虎贲中郎将邓骘，当朝贵盛，闻霸名行，欲与为交，霸逡巡不答。"（列传二六）众人笑其不识时务。南阳西鄂人张衡，几度被征，终不受邓骘辟召。可见，名士们对贵戚恐怕都抱有敬而远之的态度。因邓骘而"列于朝廷"的李郃，在窦氏全盛之时，仕郡户曹，坚定地批判窦氏。自从李郃与邓氏产生关系以来，其内心有何思考我们不得而知，但从他不肯推举邓氏族人邓豹为河南尹，而推荐泰山羊浸出任尹职这一立场来看，[1]可能态度上也与贵戚邓氏保持了一定距离。或许邓氏一派的官僚，或多或少地都保持着对贵戚敬而远之的心态。然而与此同时，他们又都接受了邓氏的辟召，在朝廷上与邓氏合作。献策放弃凉州的庞参等人，获罪深陷囹圄，后得到邓氏拔擢，从这一点看，他们若不依靠邓氏，则很难在官场立足。东汉初年以来，南阳、颍川、汝南等郡出身者占据着官场高位，对于出身这些大郡以外的"地方"士人而言，要想进入朝廷中枢，就必须依靠贵戚，哪怕并不心甘情愿。贵戚政治本就是皇帝权力私有化的现象，是儒家官僚应该否定的政治形式。但如果不依靠当权贵戚，就很难进入官场，这是令"地方"士人苦恼不已的原因所在。邓氏又通过辟召推举他们来提高自己的名声，让有能力的人才成为自己政权的支柱。以杨震为例，他是桓氏高足，享有"关西孔子杨伯起"的美誉，而桓氏又是累代帝师，闻达于天下，门生遍布全国，杨震自己同样拥有众多门生。对邓氏而言，辟召这种名士列于幕府，具有极大的政治效果。再就杨震方面来说，从邓氏败亡后他的政治活动可见，杨氏年届五十，得到了进入官场的机会，以实践自己学问所论证的政治理念；而且因为有邓氏这一贵戚作为支持，晋升速度很快，邓氏的辟召一定十分具有吸引力。

由此观之，邓骘"推进天下贤士"更具体的意图，不仅在于掌握才堪任官的贤人，而更在于利用地方豪族所具有的地域支配力，提拔享有声名的士人，从而获得自己的名望。除此之外，由于东汉初年以来颍川、汝南、沛、陈留、会稽等地出身的儒家官僚时常批判贵戚政治，邓氏不太容易与他们合作。因此我们推测，面对这种情况，邓氏也就不得不考虑同以上地域以外的名士联合。从受到邓骘辟召推举的"地方"士人方面来说，或以豪族的公权力为背景，期待维持既存的社会秩序，或想要实践政治理念，或希望

---

[1] 《太平御览》卷二五二所引《李郃别传》云："邓骘弟豹为将作大匠。河南尹缺，豹欲得之。上及骘兄弟亦欲用，难便召拜，下诏令公卿举，骘以旨遣人讽公卿悉举豹。李郃曰：'司隶、河南尹，当整顿京师，检御贵戚，今反使亲家为之，必不可为后法。'公举司隶羊浸，不举豹。豹竟不得尹，恨公不举，对士大夫曰：'李公宁能不举我，故我不得尹耶！'"另据《邓骘传》，先是邓豹就任河南尹，而这一记载与《李郃别传》的关联，若解释为邓豹之后出任河南尹，那么矛盾似就解决了。

有机会踏足东汉初期以来便被主流地域出身者所把持的官场,以上种种愿望也都能因邓氏辟召而得到满足。

以上推论若不误,那么安帝时期邓氏专权之所以能够成立,便是因为贵戚企图大权在握与统治稳固的意志,与"地方"士人希望进入官场的志向,正好在此时期一拍即合。因此,对于那些"地方"士人而言,克服当时的社会危机,使小农安居乐业,以及维持乡里社会秩序,无疑是他们极其关切的大事。

第二节　顺帝即位与宦官、儒家官僚

一、安帝亲政与顺帝即位

碍于邓氏而亲政受阻的安帝刘祜,父亲是章帝皇太子刘庆,生母是左姬(犍为人)。可惜刘庆因窦氏之故,失皇太子之位,改封清河王,取而代之成为皇太子的是刘肇,即后来的和帝。而和帝的皇后邓氏甚是喜爱清河王之子,养于禁中。和帝崩后,其子刘隆(殇帝)生百余日而立,但在位八月而殁,邓太后遂择立清河王刘庆之子刘祜即皇帝位,是为安帝。安帝长大后得知,父亲刘庆未能继承大统的罪魁祸首便是窦氏贵戚。

安帝即位后,身边开始聚集起各色人等,既有安帝皇后阎氏一族、清河王妃耿氏一族,还有乳母王圣及其女儿伯荣,以及宦官。邓太后自安帝始立至建光元年(121)薨逝,临朝称制的十六年时间,对安帝亲信来说,这是一段不堪愤慨与恐惧的时期。《资治通鉴》卷五〇建光元年条曰:

> 帝少号聪明,故邓太后立之。及长,多不德,稍不可太后意。

安帝的这种青年心理十分正常,对太后的不满也多缘于亲信因事中伤,旁人有意挑唆,以致夸张事态;更何况安帝已得知生父因外戚之故皇太子之位见夺。但安帝的做法与和帝不同,在邓太后生前,他并没有排斥邓氏。这不仅因为邓太后握有大权,而且安帝从小由太后抚养,心存感恩,对先帝皇后有着身为"子"的孝道意识。换言之,皇帝的亲亲主义观念,使他不可能急于摈斥邓氏。此外,如上所述,以邓太后为核心,内外朝的要职均为邓氏一派所占据,这种势力关系客观存在,安帝身旁的亲信尚无力与之相颉颃,这也是一大原因。不过,在邓氏专权期间,安帝亲信派与邓氏派的角逐一直存在。

接下来,目光转向官僚一方,可以发现有一群对抗邓氏的士人,代表人物即陈忠。陈忠出自沛国洨县,其父陈宠,在章帝与和帝朝时力反外戚,是一位精通法律的能吏。按《陈宠传》,沛国洨县的陈氏自西汉末年以来世为律令名家,陈忠自己也以"明习法律"著称。陈忠反对邓氏派的立场,其实渊源于父亲陈宠与邓氏的关系。据列传三六《陈忠传》记载:

> 初,太尉张禹、司徒徐防欲与忠父宠共奏追封和熹皇后父护羌校尉邓训,宠以先世无奏请故事,争之连日不能夺,乃从二府议。及训追加封谥,禹、防复约宠俱遣子奉礼于虎贲中郎将邓骘,宠不从,骘心不平之,故忠不得志于邓氏。

引文中陈宠表现出的态度,一是坚持明习律令的文吏作风,提出"先世无奏请故事"的依据;一是对于私家庆贺之事,表达身居三公高位者不应随意行庆贺之事的观点,亦即拒绝与贵戚之间建立私人关系。陈宠正因为在自己的政治生涯中经历了窦氏专权与窦氏败亡,所以努力回避与贵戚产生联系,同时也保持了文吏的使命感——遵守以皇帝旨意为准的律令,从而维护皇帝独尊的体制。陈宠的这种态度也被其子陈忠继承。

陈忠于安帝永初年间辟司徒(鲁恭或夏勤)府,迁廷尉正,又经司徒刘恺推荐,擢拜尚书,其后累迁尚书仆射[建光元年(121)]、尚书令(延光三年左右),延光三年(124)转司隶校尉,遭宦官与贵戚(阎氏、耿氏)嫌惮,翌年出为江夏太守,复留拜尚书令,不久病没。如前所述,邓氏派与反邓氏派曾围绕尚书之职多有争衡,而邓氏专权期间,尚书令之位基本为邓氏所把持。陈忠是在邓氏派成员任尚书令的情形之下迁拜尚书,在邓氏专权的笼罩下度过政治生涯。陈忠对邓氏及邓氏派官员的批判,可从以下几点看出：

第一，弹劾邓氏派官僚。尚书陈忠参与了前文提到的对李郃、马英的谴责，又弹劾邓骘故吏、时为谏议大夫的陈禅，奏其"廷讪朝政"之罪（建光元年正月，《陈禅传》），使之被迫左迁。又，邓氏败亡后，邓骘故吏朱宠时为大司农，上书诉邓氏之冤，亦遭陈忠劾奏。朱宠因此免归乡里，至顺帝即位后复还，拜太尉，录尚书事。

第二，荐举反邓派士人。杜根（颍川定陵）、成翊世（平原）二人曾向邓太后谏言应归政于安帝，由是触怒太后，横遭罪虐，在邓氏执政期间饱尝辛酸。所幸安帝亲政不久，延光二年作为陈忠所谓的"隐逸直道之士"，得到冯良（南阳冠军）、周燮（汝南安城）的共同推举。① 另外，对邓氏专权持批判立场的刘恺，也在邓氏派的马英建光元年七月卒后，受陈忠推荐，继任太尉之职。

以上所举诸例，除陈禅一例外，都发生在邓氏败亡以后、安帝亲政之时。邓氏执政期间，哪怕是陈忠亦不曾正面对抗过邓氏。奠定了汝南袁氏四世三公家族大业的袁安，是章、和两朝反外戚（窦氏）派儒家官僚的领袖，其子袁敞（时任司空），"不阿权贵，失邓氏旨，遂自杀"（列传三五《袁敞传》）。由此亦可察知，在当时的政界，要与邓氏对抗是何等艰难。只有像前述《李充传》提到的汝南张孟举那样，必须意识到如果不与贵戚邓氏适当合作，就会陷入自身破灭的境地。阻止邓骘放弃凉州策略的主要当事人——陈国武平虞诩，后来遭到邓氏怨望，出调朝歌长，前往盗贼叛乱的剧县，便是一个典型例证。

以上，纵观当时的反邓势力，邓氏一门、邓氏派官僚与安帝亲信派暗中对立。其间，一群引领儒家官僚谱系的官员，他们出身于颍川、汝南、陈留、沛国等地，和帝初年便与窦氏贵戚政治尖锐对立，此时对邓氏专权亦持批判态度。因此，他们拒绝屈身出仕贵戚政治笼罩下的中央官界，像张衡这种具有隐逸之风的士人，也广泛存在于地方社会。

如上述，从邓氏专权时期官僚层的动向来看，他们对皇帝支配体制的

---

① 据《陈忠传》，当时"有道高第之士"沛国施延受到推举，拜侍中。施延后来位至太尉。

理念存在认识分歧,即在皇帝一尊的前提下,是主张贯彻有德贤者辅政,抑或允许贵戚辅政(贵戚政治)。不过,以陈忠为代表的反邓派虽然与邓氏的贵戚政治相对立,但他们对邓氏的政策与贵戚的存在状态,没有太多批判。较之于儒家官僚对和帝初年窦氏及顺帝时期梁氏的批判,陈忠等人对邓氏的批判显然没有那么激烈。而且,即使是邓氏派的官僚,他们虽与公权力合作,并得到进入官场的机会,也只不过是从现实出发,权宜地接受邓氏的贵戚政治,而并没有真正认可贵戚政治,这从前述邓氏派官僚的态度即可得知。双方的终极目标,在反贵戚、反宦官上达成了一致,如果探究邓氏败亡后双方的政治活动,这一点将更加显而易见。

永宁二年(121,七月改元建光)三月,邓太后去世,邓氏专权遂失根基。是年五月,邓骘等人以谮自杀,长达十六年的邓氏专权无奈落下帷幕。邓氏败亡,安帝便开始亲政,皇帝亲信派势力大增,对邓氏的清算也不出意外地被提上了日程。先是为邓氏诉冤的大司农朱宠受陈忠劲奏免官,陈禅因曾是邓骘故吏也被免官,同为故吏的张皓却不知为何仍居廷尉之职,但与邓氏合作的李郃,在邓氏败后"坐请托事"被免了司空。还有杨震,他不肯屈从清河王妃耿氏族人耿宝的选举请托之事,又上书切责乳母王圣与诸宦官放恣,虽言辞激烈,但安帝亲信也不得不"以其名儒,未敢加害"。然而至延光三年(124),在邓氏败亡三年后,这些亲信派终以杨震为"邓氏故吏,有恚恨之心"(列传四四《杨震传》),迫使其自杀。在此之际,儒家官僚尽皆默然,无人挺身对抗安帝亲信派。唯有深得安帝信任的司隶校尉、尚书令陈忠一人,指责安帝亲信派的横暴。但不料就连陈忠也陷入了困局,险些外迁江夏太守,起因便是废太子事件。延光三年,杨震自杀六个月后,安帝的皇太子刘保(顺帝)遭安帝亲信派中伤被废。从事发至顺帝即位的过程,狩野先生的论文 B 已有详论,但我们注意到,此时与大将军耿宝对立的官僚中仍有一些邓氏派成员。反对太子被废的一派中,太仆来历、太常桓焉是核心人物,廷尉张皓、光禄勋祋讽也是这一派的支持者。前文已说过,张皓与祋讽都是邓氏派官僚,这里再对来历、桓焉稍作介绍。

来历是南阳新野人,也是开国功臣来歙的曾孙、明帝之女武安公主的儿子。和帝永元中,来历为侍中、监羽林右骑;永初三年,迁射声校尉;永宁元年又迁执金吾,不久升任太仆。显然,来历系出东汉名门。桓焉,出自累代帝师的桓氏一族,世传《欧阳尚书》为家学,焉乃桓荣曾孙。邓氏派官员朱宠、杨震都是桓氏门生,尝从桓荣、桓郁父子学《欧阳尚书》。桓焉也以家学为安帝侍讲,还曾任皇太子刘保的太子少傅。虽然当时有这样一群出身名门又与宗室关系深厚的人物,以他们为中心来联合儒家官僚一同开展运动,反对废黜太子,但安帝及其亲信派还是废掉了太子。事发半年后,安帝去世,新晋太后阎氏与兄长阎显合谋,立北乡侯刘懿为帝,即少帝。安帝一死,依靠全无的耿宝、王圣等人,也被阎氏驱逐清除,一时间阎氏贵戚政治粉墨登场。然而,少帝死后,宦官孙程等人发动政变,铲除阎氏,顺帝继承大统。当时,宦官孙程等人的小集团开展了独立的拥立顺帝运动。司徒李郃、少府陶范、步兵校尉赵直诸位,当时也汇聚为一个谋立顺帝的集团。李郃已如前述,是一位亲邓官员。陶范是河南人,可能与邓氏派成员、顺帝即位时任司空的陶敦(河南京)之间有一些关系。赵直则是出身南阳的开国功臣赵熹之孙。结果,李郃等人尚未行动,孙程已成大事,不过顺帝即位后,李郃等还是受到了表彰。

顺帝初年,正如狩野氏所揭,被目为"礼教派"的士人很多都进入了政界,这是顺帝前期治政较为清平的主要原因。这些"礼教派"士人中,除了邓氏专权时辟召、推举的"地方"士人之外,东汉初年以来主流士人来源地南阳、颍川、汝南等以外地区的人物也为数众多,并在政坛发挥了重要作用。由此观之,邓氏贵戚与"地方"士人的协作,虽说为邓氏强化贵戚政治作出了贡献,但结果却也使"地方"士人在顺帝时期得以进入朝廷,并通过与出身主流地域的儒家官僚联手,为顺帝、桓帝时期清流势力的形成创造了机会。

二、儒家官僚的登场与宦官

如上述,自邓氏败亡至顺帝即位,政局发展呈现出复杂的样貌。其间具体的来龙去脉,请参看狩野先生的论文 B,下文仅简单提及。据下面的谱系图(图 4.1)来看,邓太后仍然临朝称制的元初二年(115),安帝与李贵人诞下了皇子,即后来的顺帝(刘保)。邓太后去世,邓氏被诛的前年,即永宁元年(120),刘保被立为皇太子。安帝亲政后,邓氏派官员备受疏离,取而代之掌握实权的是安帝皇后所自的阎氏一族,以及安帝生父清河王刘庆之妃耿氏的兄长耿宝,还有便是乳母王圣及宦官。这群人可称为安帝亲信派,他们谋废太子的计划正徐徐展开。邓氏派的杨震极力对抗亲信派,以被迫自杀告终,这也成为废黜太子计划得逞的契机。事情发生在延光三年(124)九月,当时废黜太子的讨论在朝廷内举行。最终,要求废掉太子的一派获胜,但反对派中有曾经与邓骘有联系的儒家官僚,诸如太仆来历、太常桓焉、廷尉张皓、光禄勋祋讽等,他们在事后不断奏陈太子不可废,但终因安帝亲信派的威胁而不得不撤回。只有来历一人守阙,连日不去,因此也遭尚书令陈忠弹劾,致使龙颜大怒。废太子事件发生半年后,延光四年(125)三月,安帝驾崩,阎氏选立济北王寿之子、北乡侯刘懿,此即少帝。值此契机,仰赖安帝的王圣与耿宝被黜,阎氏临朝称制的专权于是成立。然而,少帝于同年十月死去,紧接着宦官孙程等人发动政变,迎立十一岁的废太子刘保,是为顺帝。

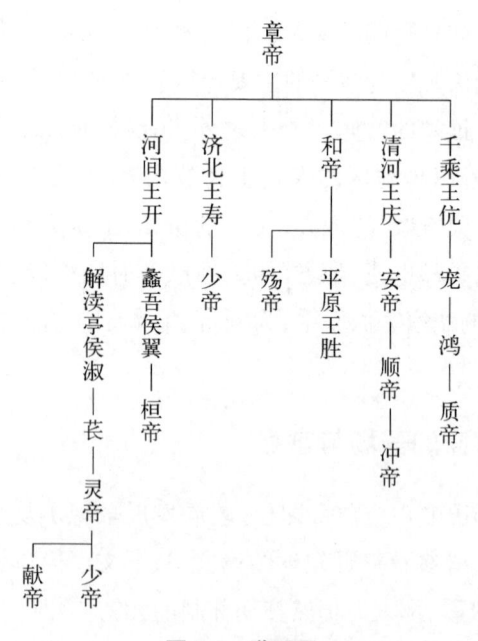

```
                            章帝
    ┌──────┬──────┬──────┬──────┐
   河间   济北   和帝   清河   千乘
   王开   王寿    │    王庆   王伉
    │     │     │     │     │
  ┌─┴─┐   少帝  ┌─┴─┐   安帝   宠
 解 蠡      殇 平      │     │
 渎 吾      帝 原     顺帝    鸿
 亭 侯         王      │     │
 侯 翼         胜     冲帝   质帝
 淑  │
  │  桓帝
  苌  │
   │
   灵帝
  ┌─┴─┐
  献  少
  帝  帝
```

图 4.1 谱系图

顺帝即位的同时，发动政变的宦官也随之势力坐大，孙程等十九人受封列侯，开创了宦官封侯的先例。此前和帝借助宦官诛灭窦氏，宦官的政治作用从此日益增大，而宦官专权的决定性契机，还是在于拥立顺帝的事件中。之后，经过党锢事件，再到东汉王朝实质性灭亡，可以感受到宦官成为了政治舞台上的主角。不过，因邓骘与"地方士人"合作而进入朝廷的官僚——他们出身于东汉初年以来官僚辈出的先进地区以外的地方豪族——也在顺帝时期担任朝廷中枢要职，从而造就了比较清平的治世。这里列出顺帝时期就任三公、九卿及政治中枢尚书台长官尚书令的人员一览表：

表 4.1　顺帝朝三公九卿尚书令就任者一览表

太 傅	冯石(南阳)、桓焉(沛国)、赵峻(山阳)
太 尉	刘熹(东莱)、朱宠(京兆)、刘光(沛国)、庞参(河南)、施延(沛国)、王龚(长沙)、李固(汉中)
司 徒	李郃(汉中)、朱伥(九江)、许敬(汝南)、刘崎(弘农)、黄尚(南郡)、刘寿(长沙)、胡广(南郡)
司 空	陶敦(河南)、张皓(犍为)、孔扶(鲁国)、王卓(河东)、郭虔(冯翊)
太 常	
光禄勋	贾建(南阳)、袁彭(汝南)、刘宣(？)
卫 尉	来历(南阳)、刘珍(南阳)
太 仆	邓康(南阳)、宋汉(京兆)、张种(？)、赵戒(蜀郡)
廷 尉	郭镇(颍川)、吴雄(河南)
大鸿胪	窦章(扶风)、周举(汝南)
宗 正	
大司农	刘据(？)、黄昌(会稽)、杜乔(河内)
少 府	
尚书令	左雄(南阳)、成翊世(平原)、黄琼(江夏)、虞诩(陈国)

* 此表据《二十五史补编》所收练恕《后汉公卿表》及万斯同《东汉九卿表》制作。此外，迁转多个职官的人物，表中仅列其所历最高职官。为方便计，三公、九卿的名称次序即按上表排列。总之，列表的主要目的是了解这些人物的籍贯。

对比第一章第一节脚注"前期三公九卿尚书令就任者一览表",可知包含巴蜀、江淮地域的士人在内,整体上看人物出身地甚是多元。就尚书令而言,任职者中也有出身于平原、江夏、陈国这些非先进地区的人。如此,以邓氏专权为契机进入中央官场的"地方士人",会像从前一样,同来自东汉初年以降就是先进地区的士人对立反目吗?答案是否定的。二者在中央朝廷开始逐渐融合,内部虽仍不免存在地域对立,但也开始形成一股相当坚固的政治势力。那么契机是什么呢?先说结论,正是为了批判顺帝即位后崛起的宦官政治势力,也出于实现自己政治理念的必要性,这些儒家官僚团结在了一起。

司隶校尉虞诩(陈国)是顺帝朝初年一位清节的官员,奏劾太傅冯石与太尉刘熹阿党权贵,又弹劾中常侍程璜等人。此外,虞诩还奏呈中常侍张防特用权势请托受取,反而坐论输左校。好在曾拥立顺帝有功,受到被封列侯的孙程的支援,局势随之逆转,张防坐罪徙边。虞诩迁尚书仆射,举荐南阳左雄为尚书。后文将提到,这位左雄日后在选举改革中驰名天下,还曾劝阻顺帝不要封乳母宋娥为山阳君,顺帝捶扑大司农刘据,左雄亦上言直谏。当时,清流先驱李固(汉中)有一段著名的对策,提出要削夺宦官权力,且大幅减少其定员。顺帝也纳用其对策,即时让阿母出宫归家。因此宦官对李固恨之入骨,诈作飞章以陷其罪,大司农黄尚(南郡)向外戚梁商请求救援,尚书仆射黄琼(江夏)也竭力相帮,终使李固获得释放。永和元年(136)十二月,太尉王龚(山阳)批判宦官专权,反被宦官诬告。李固时为大将军梁商府从事中郎,立即奏记梁商,劝请相救,梁商上书之后,王龚获释。如此种种儒家官僚的政治活动在顺帝初期时有所见,为窥探这一时期官场情状之一斑,兹先考察左雄提出的选举制度改革。

左雄是南阳涅阳人,安帝时举孝廉,历任若干职官后,迁冀州刺史。关于在任期间的举止,本传(列传五一)有如下记述:

> 州部多豪族,好请托,雄常闭门不与交通。奏案贪猾二千石,无所回忌。

类似记述在当时素有清节的官僚传记中多有所见,这里说的是一种日益常态化的地方状况,即豪族往往向拥有州茂才选举权的刺史或察举孝廉的郡太守赠以贿赂,请托地方长官向中央推举自己或自己的子弟。左雄在拒绝这类请托的同时,按刺史的职权,告发并审问这些为官期间惟务收受请托、巧立名目卷走地方民众巨额财富的郡太守。至于地方豪族为何要请托选举,我们将在第五章考察这一问题。接续上引记载,史书称"永建初(顺帝即位初),公车征拜议郎",据此推测,左雄可能在安、顺之间的政争中失掉了刺史之官,原因或许就归于他身任冀州刺史时的态度。征拜议郎后,左雄也许向顺帝进过相当深切的言辞,尚书仆射或正是目睹于此,遂举荐左雄为尚书。不久左雄再迁尚书令,得到顺帝信任后,开始正式提出政治建议:其一,根据他曾任刺史的经验,引出地方官吏的实态,即肩负监察职能的官员对"视民如寇仇,税之如豺虎"的县令全然不察,也不据实考课,公府与刺史未经慎重审查,便轻率辟召,甚至使其超等逾匹,一举登上高位。或是纵被考奏捕案,也逃亡在外免受刑罚,一旦遇到大赦即罪罚全消,然后通过贿赂而获得官职。如此一来,任免频繁,负责迎来送往的乡官部吏,常规赋税之外的横征暴敛一出于民,廉吏还算有底线,贪者则家积万财,令民众疲弊不已。对此,左雄提出如下对策:

> 臣愚以为守相长吏,惠和有显效者,可就增秩,勿使移徙,非父母丧不得去官。其不从法禁,不式王命,锢之终身。虽会赦令,不得齿列。若被劾奏,亡不就法者,徙家边郡,以惩其后。乡部亲民之吏,皆用儒生清白任从政者,宽其负算,增其秩禄。吏职满岁,宰府州郡乃得辟举。(列传五一《左雄传》)

顺帝裁可了左雄的对策,并予以施行。在左雄看来,地方统治当然就是要让统治的直接实行者位得其人。为此,必然要从地方统治的负责人太守和县令中得其人。也就是说,必须纠正举孝廉这一选举地方官员的核心制度。于是,新制度在阳嘉元年(132)呼之而出。左雄上言:"郡国孝廉,古之贡士,出则宰民,宣协风教。若其面墙,则无所施用。"他又援引《论语·

为政》中的"四十不惑",以及《礼记·曲礼》所谓"四十曰强,而仕",提出限年四十的规制,并要附加课试之制。换言之,若不达到一定年龄,则见识不广,也就不能胜任教化民众的指导工作。如此观之,左雄的改革是为了纠正当时地方政治的形式,对被举孝廉者的资质进行更为严格的审查。然而,左雄的意图是否仅限于此呢?左雄改革提案的诏敕颁布之际,尚书仆射胡广与尚书郭虔、史敞一同上奏称"因才选举,无拘定制",并列举出过去历史上的人物,他们虽不符合经学、章奏、年龄等审查标准,但依然发挥了出色才干,进而奏请将左雄的选举改革方案下尚书公卿审议。(列传三四《胡广传》)由此可见,左雄的改革提案是出于他作为尚书令的一家独断,或许他自己也明白,若像胡广所言宣下尚书公卿审议,那么这个提案无论如何也难以落地。也就是说,左雄的改革似乎还有别的用意。换言之,在外戚、宦官乃至高官请托选举常态化的情况下,基于东汉初年以来关于这个问题的讨论和尝试,是否已可判断,作为一个试图摒除借选举请托而将年少者或贪污者送入中央的方案,实行限年制、课试制确为最优之选。改革施行翌年,经尚书审查,发现有孝廉被举者年未满限及课试不合格的情况,于是包括从尚书仆射出为济阴太守的胡广在内,十余名太守坐选举不实而免官。(列传五一《左雄传》)胡广等人的谬举,恐怕是一场反左雄派的联合行动,而且很难想象这些人会与选举请托毫无干系。如此看来,左雄已经认识到孝廉制度因选举请托而日益流于形式,因此试图通过限年制与课试制予以纠正,即使这一做法并不完善,也要重建孝廉制度。对此,张衡的意见则认为,应以孝行德义为中心察举孝廉;(《后汉纪》卷一八顺帝纪阳嘉二年五月条)黄琼也认为左雄的改革专用儒学文吏,于取士之义有所遗漏,乃奏请增"孝悌"与"能从政"者为四科。(列传五一《黄琼传》)这些意见若从左雄的意图来看,可以想象在这样的方案中,选举请托是不可能被排除的。左雄的选举改革,尽管遭遇了各种反对意见,但仍因顺帝支持而继续推行,正如《左雄传》所载,直至顺帝末期(永嘉年间)始终具有强制力。

如上述,宦官介入朝政,官僚苟合而反对改革,搅起当时官场的层层漩涡,当是时,以李固为中心的清流派团结起来,从顺帝后期至桓帝初年越发凝聚，狩野的论文 C 也已清晰指出了这一点。但从前揭"顺帝时期三公九卿尚书令就任者一览表"中的籍贯可见，出身于东汉初以来的先进地域以外的"地方士人"，顺帝时也已在中央担任要职，而以上一系列事态也表明，他们对抗宦官，非常活跃。不过，顺帝时期皇帝还算贤明，仍能采纳儒家官僚对宦官的批判。此外，孙程等人自己身为宦官，也对同为宦官的张防不吝批评，甚至还为虞诩辩护。又，顺帝也接受了李固的对策，令阿母出宫。顺帝时期如此种种相对清平的中央政界局面下，民众却不时叛乱，王朝在边境地区也久处劣势。之所以出现这种变化，是因为贵戚梁氏的崛起，从而造就了外戚、宦官与儒家官僚的三足鼎立，彼此之间的势力关系也愈加复杂。

第三节　梁氏专权与桓帝

一、梁氏专权及其败亡

阳嘉元年（132），顺帝立梁氏为皇后，梁氏专权遂以此为端绪，顺帝朝的政治从这时起也始现阴影。最初，顺帝并无外戚，其统治前半段乃由宦官与儒家官僚操持政治，如今外戚又加入了进来。以下根据世系图（图 4.2）来叙述东汉时期梁氏的动向。

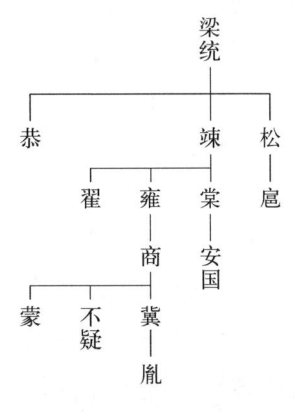

图 4.2　梁氏世系

东汉的梁氏，以梁统为始，曾与窦融共以河西为据点构筑势力，后来梁统归顺了光武帝。东汉王朝对梁氏优待有加，但因梁统之子梁松下狱死，梁氏兄弟竦及恭俱徙九真，不过很快就被诏还本郡。居乡期间，章帝纳竦二女为贵人，小贵人生和帝。不料，窦氏妒忌，并杀二贵人，诏使竦死狱中，家属复徙九真。和帝时，窦太后死，窦氏随之被诛灭，梁松之子梁扈上疏申诉，恰好此时梁竦之女、南阳樊调之妻嫕殷切自讼，梁氏重获荣宠，竦之三子皆封侯。其中，梁雍之子即梁商。阳嘉元年（132），梁商之女被立为皇后，其妹为贵人。此前，梁商就以外戚身份拜郎中，又迁黄门侍郎，承袭父亲梁雍侯爵，加位特进，再拜执金吾。次年，商子梁冀亦封侯，梁商辞让不受。阳嘉三年，以梁商为大将军，商固称疾不起。阳嘉四年，梁商最终受命，梁氏专权就以此开始。不过，列传二四《梁商传》载：

> 商自以戚属居大位，每存谦柔，虚己进贤，辟汉阳巨览、上党陈龟为掾属，李固、周举为从事中郎，于是京师翕然，称为良辅，帝委重焉。

如上，梁商并没有妄振权威，而是努力讨得儒家官僚的欢心，每有饥馑，便以自己的租谷赈恤贫民，备受民众称誉。只是梁商"性慎弱无威断"，抱有机会主义的态度，遣子冀、不疑与当时用事于省中的曹节等结交为友，向宦官妥协。与曹节等人派系不同的宦官们则妒忌梁氏受顺帝宠幸，共谮梁商及曹节等"欲征诸王子，图议废立，请收商等案罪"。只因顺帝亲亲主义的信赖未使梁商等受到加害，反而是诬告梁商的宦官被皇帝诛杀。宦官内部也是派系林立，先前阎氏专权之际已有显现，因此我们也必须注意到，宦官内部的权力争斗此后也未曾中断。

梁商身为贵戚，其政治态度一方面和先前的邓骘一样，同儒家官僚展开合作，同时另一方面又与宦官加深交流，因此也就被当时政治的鼎立之势所规制。永和六年（141），梁商去世，顺帝亲自临丧，举行盛大的葬礼，还在葬礼未终之时，拜商子梁冀为大将军。梁冀之为人素以暴虐著称，"少为贵戚，……初为黄门侍郎，转侍中、虎贲中郎将、越骑、步兵校尉"，永和元年（136）拜河南尹，"居职暴恣，多非法"。自梁冀拜大将军始，儒家官僚和梁冀的对立即拉开序幕。儒家官僚的代表人物，便是梁冀父亲梁商的从事中郎李固。此前，李固曾在阳嘉元年（132）向顺帝提出对策：

> 今梁氏戚为椒房，礼所不臣，尊以高爵，尚可然也。而子弟群从，荣显兼加，永平、建初故事，殆不如此。宜令步兵校尉冀及诸侍中还居黄门之官，使权去外戚，政归国家。（列传五三《李固传》）

李固警示皇帝，可以给予梁氏高爵优遇，但不应让其掌握权力。这一对策中李固关于外戚待遇的论调，是东汉时期儒家官僚的老生常谈，这也是无法否定亲亲主义本身的儒家一条无可奈何的逻辑。

就这样，儒家官僚站到了梁冀对面。永和六年（141）八月，梁商去世，梁冀出任大将军。十月，为了平定先前弥年不定的荆州盗贼，朝廷以李固为荆州刺史，这恐怕也是梁冀的策谋。然而李固不仅平定了盗贼，同时还揭发了南阳太守高赐的赃罪，遂与梁冀嫌隙益深。

建康元年（144）八月，顺帝驾崩，年仅两岁的皇太子刘炳即位，是为冲帝。梁太后临朝称制，太尉赵峻为太傅，大司农李固为太尉，两人共参录尚书事。次年，永嘉元年（145）正月，冲帝又崩，皇太后与梁冀定策禁中，择立章帝玄孙、渤海王刘鸿之子继位，这就是八岁的质帝。但翌年本初元年（146）闰六月，质帝被梁冀毒杀，太尉李固免官，胡广为太尉，赵戒为司空，与梁冀共参录尚书事。与选立质帝之时一样，梁冀同皇太后合谋，择立章帝曾孙、蠡吾侯翼之子刘志，此即桓帝，时年十五。太后犹临朝称制，并一直持续到和平元年（150）还政于桓帝。建和元年（147）八月，梁氏之女被立为皇后，此举意在永固梁氏专权。

关于梁冀专权，《后汉书》极尽笔墨书写梁冀恶行。其一，他与妻子孙寿竞相奢侈，肆意放纵，海内外奇珍异宝盈于家室。凡有人劝谏或阻止，无论对方是官吏还是庶民，梁冀都若无其事地派遣刺客行刺，或陷其于罪，或使其免官。其二，选举请托。梁冀不仅推荐梁氏一门出任要职，还与宦官勾结，为宦官子弟与宾客请托仕任州郡要职。例如，梁冀曾遗书乐安太守陈蕃，有所请托，可能还赂之以货财，但陈蕃不受，冀不得通。于是直接遣

送信之人求见陈蕃,此人未如实称自己乃梁冀所遣而得谒陈蕃。陈蕃怒而杀之,坐左迁修武令。(列传五六《陈蕃传》)

梁冀的这些行为,在政治上被人诟病流毒最深、扰乱秩序最甚的就是后者选举请托。因为不仅在中央,地方上梁氏一党与宦官亲戚也恣意弄权,与梁冀相似的所作所为让民众深受荼毒,由是民众叛乱在各地爆发。通过与宦官勾结,关照其子弟任官,这当然是一种禁中策略,既为了将与己意相通的宦官安插于宫省,以使自己的想法更容易地传达给皇帝,同时也能监视反梁派宦官,防止桓帝动用大权发生事变。而在官员中,迎合梁冀者亦甚众。元嘉元年(151)末,桓帝召集二千石以上官员讨论礼遇梁冀之事。此前,是年正月元会上,大将军梁冀带剑入朝,尚书蜀郡张陵见状,厉声斥退梁冀,并上书奏劾。年末的这次集会,恐怕就是在尝过教训的梁冀授意下举行的。特进胡广、太常羊溥、司隶校尉祝恬、太中大夫边韶诸人皆以梁冀比况周公,唯独黄琼奏述梁冀只可比照邓禹。最终,有司奏请"入朝不趋,剑履上殿","每朝会,与三公绝席。十日一人,平尚书事"。[1] 像这样倚仗梁冀权势保全自身的官员为数众多。但如前所述,在桓帝即位的建和元年(147),李固、杜乔受梁冀诬告而下狱死,继承这两位清流先驱素志的儒家官僚,在官场上也并不少见。他们赌上身家性命,持续抨击梁氏专权。儒家官僚在官场上对抗贵戚的力量,可以说在这一阶段达到了可与以皇帝权力为背景的贵戚相颉颃的状态。换言之,来自全国各地的地方士人所组成的政治势力即清流就此形成。以下我们列举一两个关于清流派批判梁冀及后者予以回应的例子。

当时,通行的惯例是"百官迁召,皆先到冀门笺檄谢恩,然后敢诣尚书"。下邳人吴树出任宛令之际向梁冀辞行,梁冀宾客遍布县界,冀以掾史任用之事请托吴树。对此,吴树批评梁冀虽处大将军上位,却未曾推举一位贤良长者,反而"多托非人"。赴任后,他又诛杀了梁冀宾客中为人害者

---

[1] 列传二四《梁冀传》载称:"元嘉元年,帝以冀有援立之功,欲崇殊典。乃大会公卿,共议其礼。于是有司奏冀入朝不趋,剑履上殿,谒赞不名,礼仪比萧何。……每朝会,与三公绝席。十日一人,平尚书事。宣布天下,为万世法。冀犹以所奏礼薄,意不悦。专擅威柄,凶恣日积。机事大小,莫不咨决之。宫卫近侍,并所亲树,禁省起居,纤微必知。"

数十人。吴树后为荆州刺史,转任前又来与梁冀告辞,梁冀竟鸩杀之。(列传二四《梁冀传》)而不到冀门辞行者,便会被冠以某种罪名见诛。侯猛补辽东太守时未去谒见梁冀,冀托以他事将其腰斩。郎中汝南袁著,年仅十九岁,上书鞭挞梁冀罪恶,被梁笞杀。诸如此类不胜枚举。

和平元年(150)二月,梁太后崩。延熹二年(159)七月,梁皇后亦崩。梁氏与皇室的戚属关系由是断绝,桓帝遂决计铲除此前他不敢妄动的梁冀。

桓帝延熹二年七月前后,梁冀欲认邓猛为养女,并送她进入后宫。邓猛的母亲宣原是邓香之妻,后改嫁梁纪,梁纪则是梁冀妻孙寿之舅。梁冀担心邓猛的姊婿邴宣败宣的意图,先杀死了姊婿,还意欲刺杀宣。得知消息的宣向桓帝控诉,桓帝大怒,决意谋诛梁冀。先是在厕中召集反梁派宦官,以血盟誓,结成倒梁集团。八月,梁冀对宦官动静有所察觉,遣心腹中黄门张恽入省中值宿,具瑗以"辄从外入,欲图不轨"的罪名将其收捕。列传二四《梁冀传》载:

> (桓)帝因是御前殿,召诸尚书入,发其事,使尚书令尹勋持节勒丞郎以下皆操兵守省阁,敛诸符节送省中。使黄门令具瑗将左右厩驺、虎贲、羽林、都候剑戟士,合千余人,与司隶校尉张彪共围冀第。

《桓帝纪》也称"御前殿",可见桓帝应是来到南宫崇德殿,[①]召集诸尚书并披露大事,然后采取了一系列必要措施。这里值得注意的是,桓帝的政治决定是同宦官商量之后作出的,其他官员并不知情。列传二四《梁冀传》与《资治通鉴》桓帝延熹二年八月条都提到"事猝从中发",那么这里的"中"是何意呢?

至今为止,使用"禁中""省中"等词语时常未经注释,但在考虑当时的

---

① 《资治通鉴》卷五六灵帝建宁元年九月条记述陈蕃、窦武败死事件之时,云:"曹节白帝曰:'外间切切,请出御德阳殿前。'"故本文所谓"前殿",也不完全排除指北宫德阳殿的可能性。然而,就《资治通鉴》采用的"省中即北宫"之说来看,"敛诸符节送省中"的"省中"是北宫,本文的前殿便是南宫崇德殿。不过这一点未必正确。

政治结构时,有必要了解这些词语所指场所的设置情况。蔡邕《独断》曰:"禁中者,门户有禁,非侍御者不得入,故曰禁中。孝元皇后父大司马阳平侯名禁,当时避之,故曰省中。今宜改,后遂无言之者。"简言之,禁中即省中。《汉书·昭帝纪》有云"共养省中",颜师古亦引蔡邕《独断》文注之。不过,《文选》卷六左太冲《魏都赋》有"禁台省中"一句,李善注谓:"魏武集,荀欣等曰:汉制,王所居曰禁中,诸公所居曰省中。"则禁中与省中所指场所不同。王与诸公分别指什么人,这里不太清楚,那么上述哪种解释才是正确的呢?

若检视《后汉书》种种用例,则蔡邕之说似为胜。例如,列传六《邓骘传》曰:"自和帝崩后,骘兄弟常居禁中。"《太平御览》卷五一引《东观汉记》曰:"自延平之初,以国新遭大忧,故悝兄弟率常在中,供养两宫。比上疏自陈:'……兄弟充列显位,并侍帷幄,预闻政事,无拾遗一言之助,以补万分,而久在禁省,日月益长,罪责日深,惟陛下哀怜。'"由此,"禁中"="中"="禁省"。又,列传六《邓弘传》称"弘少治《欧阳尚书》,授帝禁中",列传十四《马严传》载"肃宗即位,征拜侍御史中丞,令劝学省中"。从这两例来看,禁中亦即省中。①

就算禁中即省中,那么宫城之内禁中(省中)的具体布局何在?据杨宽先生研究,②南、北二宫占据了东汉洛阳宫城的大部分空间,两宫之内矗立着大大小小的宫殿和房屋。南宫的正殿谓之崇德殿,承担朝廷的职能。但是,元旦朝会则在北宫主殿德阳殿举行,南宫仅仅是朝廷所在。两宫之间架设有复道,以便往来穿行。宫城南垣东侧开阳门内是三公府,其中司徒府对着南宫东侧的大门。北宫有永乐宫,乃太后常居,自然也有后宫的意味。两宫皆有围墙,可从诸门出入,当然也有卫士屯驻于此。其他主要官署也在宫城之内,但具体情况不明。

接下来,参照上述宫城布局,尝试探索《资治通鉴》卷五一安帝延光四

---

① 列传三五《袁敞传》曰:"元初三年,代刘恺为司空。明年坐子与尚书郎张俊交通,漏泄省中语,策免。"从随后关于张俊的记载来看,尚书郎张俊会背上泄漏宫中机密的嫌疑,反过来也证明尚书可以出入禁中。
② 杨宽:《中国古代都城制度史研究》,上海古籍出版社,1993年。其日译本为尾形勇、高木智见译《中国都城の起源と発展》,学生社,1987年。

年条所记发动政变拥立顺帝之际的情形。按《资治通鉴》，孙程等一派拥立顺帝的宦官先是在南宫崇德殿谋议，随后居北宫德阳殿西钟下，迎顺帝入北宫。当时，贵戚阎显一方的宦官江京等"坐省门下"，被孙程等斩杀，他们中唯有李闰一人因其"为省内所服"，未被杀害。孙程等人还将他拉入自己一方，然后进入德阳殿，顺帝即皇帝位。同时，召尚书令、仆射等尚书台成员，跟从皇帝去南宫，孙程等"留守省门，遮扞内外"。于是顺帝登云台，"召公卿、百僚，使虎贲、羽林士屯南北宫诸门"。而阎太后的羽翼阎显"时在禁中"，胡三省注曰："显盖在北宫。"阎显之弟卫尉阎景可能当时亦在北宫，或是为了掌控军队，"遽从省中还外府"。胡三省注称："外府，卫尉府也。"政变三日后，顺帝为了从太后手中取得印绶，"遣使者入省，夺得玺绶"。从《资治通鉴》这一系列记述可知，省中即禁中，禁中（省或省中）指北宫，内外则分指北、南二宫。根据这一解释，那么例如《资治通鉴》桓帝元嘉元年（151）条所记，正月元旦朝会上大将军梁冀带剑"入省"，胡三省注谓"省，即禁中"，可以明确这次朝会事件发生在北宫。然而，南宫的内部可以称为"省中"或"禁中"吗？若将《资治通鉴》记载中的南、北任何一宫释作省中，似亦无不通。那么，我们再参照《后汉书》的用例来予以明确。列传五九《何进传》记载了诛灭宦官的经过，为我们思考这个问题提供了材料。省去详细考证，仅从何进入谒居住在南宫中有长乐之称的嘉德殿里的太后时的记载来看，文字提到"今欸入省"。何进最终在嘉德殿前被宦官斩杀。记载又称，当时宦官数十人"持兵窃自侧闼入，伏省中"。据此，"省"指的是太后或皇后的住所及皇帝私人起居的地方，而南宫也有这样的一个片区，因此不得不承认南宫的某个部分也被称为"省"。这种情况下，蔡邕所谓"禁中者，门户有禁，非侍御者不得入"的注解，仍然可通。也就是说，能够出入皇帝私人起居空间或后宫场所的人，要么是属籍为皇族者或是外戚一族，要么是奉皇帝召命者以及宦官。这些人能自由出入的场所就是禁中。如此，南宫有尚书、侍中等官员府寺一类的建筑，[1]或如列传五一《周举传》所云"诏召公、卿、中二千石、尚书诣显亲殿"，南宫的

---

[1] 《元河南志》附图"后汉京城图"（《永乐大典》卷九五六一）中，"侍中庐"的建筑见于南宫之内。尚书的官署恐怕也在南宫内。

宫殿群中也有听取官僚意见的政治空间。同时，据列传四四《杨赐传》"赐遂上书言之。会去位，事留中。后帝徙南宫，阅录故事，得赐所上张角奏及前侍讲注籍，乃感悟"的记载，皇帝也曾变更过南、北宫的起居之所，因此南宫之中并存着后宫与朝廷两种性质不同的空间，而对《资治通鉴》的记载，也可能出现不同解释。

若以上考察大致不错，那么前揭桓帝诛灭梁冀之际，《后汉书》《资治通鉴》所谓"事猝从中发"的"中"意味着什么呢？假设"中"即"内"，则具瑗"辄从外入，欲图不轨"的这一发言，与"外"的区别十分明显了。而东汉时期言及"内朝""外朝"之时，"内""外"又是什么意思呢？首先，具瑗的那句话针对的是奉承梁冀意旨的人，否则就与张恽作为"给事禁中"的中黄门宦官身份产生矛盾了。其次，这里的"中"，是富田健之也认为的"作为宫中存在的中朝"，即侍奉禁中（省中）皇帝私生活的宦官的活动场所。就宫城内的各个处所而言，我们推测宦官在南北宫的"省中"，尚书官署则在南宫内的某个片区，三公府虽在宫城之内，但位于南北宫之外。从官署的布局来看，能否说明一个问题，宦官可谓之"内"，尚书谓之"内之外"，① 三公则谓之"外"。总之，在这个阶段，尚书虽说处于一个中间性位置，但站在宦官的"内"来看，它与三公捆绑在一起，一同在"外"，也就是李固那段著名对策所说"今与陛下共理天下者，外则公卿、尚书，内则常侍、黄门"里的"外"。换言之，东汉的政治组织，不得不说较之于西汉的内朝、外朝，已然发生了结构变化。即使是被光武帝强化了权限的尚书，也不能否认已与实现皇帝一元统治的辅翼功能稍有背离，即"外朝"化了。毫无疑问，在梁冀专权之下，尚书的权限也受到梁氏一党的影响，面对如此情形，桓帝所能依靠的只有宦官。当然，也有必要考虑到，这种近似政变的处置，毕竟是与日常的政治决定方式不同的特殊情况。不过，从此以后，"事从中发"的现象屡屡发生，成为宦官专权的依赖。这类事态的产生，一方面全是儒家

---

① 列传五三《李固传》曰："诏书所以禁侍中尚书中臣子弟不得为吏察孝廉者，以其秉威权、容请托故也。而中常侍在日月之侧，声势振天下，子弟禄仕，曾无限极。虽外托谦默，不干州郡，而谄伪之徒，望风进举。今可为设常禁，同之中臣。"这里，侍中、尚书无疑被认为是"中臣"。然而，李固对策署名的"今与陛下共理天下者，外则公卿尚书，内则常侍黄门"一句中，尚书又被置于"外"的地位。因此，侍中、尚书关涉"内"与"外"两方。

官僚的三公府自不必说，占据尚书台职位的儒家官僚，[①]他们追求的儒家官僚所主导的不许皇帝恣意放纵的儒家政治理念，压力日益增大。换言之，儒家官僚对皇帝恣意擅权的制约逐渐加深，这种倾向是造成皇帝与宦官勾结的最大因素。

桓帝联合宦官铲除梁冀的举动，如列传二四《梁冀传》所载：

> 使光禄勋袁盱持节，收冀大将军印绶，徙封比景都乡侯。冀及妻寿即日皆自杀。悉收子河南尹胤、叔父屯骑校尉让，及亲从卫尉淑、越骑校尉忠、长水校尉戟等，诸梁及孙氏中外宗亲送诏狱，无长少皆弃市。不疑、蒙先卒。其他所连及公卿列校刺史二千石死者数十人，故吏宾客免黜者三百余人，朝廷为空。

这一段文字也显见梁氏党羽在中央与地方有着何等威势。此时相当活跃的，是宦官唐衡、左悺、徐璜、单超、具瑗，他们以"宦者五侯"著称。除宦官之外，还有尚书令尹勋等七名官员参与行动。诛灭梁氏以后，政局逐渐转向宦官与儒家官僚的对立，最终发展为党锢。

二、儒家官僚与宦官的对立

综上所述，梁冀专权期间，儒家官僚批判的对象主要就是贵戚梁氏一党。但梁氏败亡后，宦官势力又扩张起来，儒家官僚又开始与宦官激烈交锋。兹从《资治通鉴》中拣出宦官与儒家官员的斗争事件，按年代顺序排列如下：

1. 延熹二年，李云上书，桓帝怒。儒家官员援救李云。
2. 延熹二年十二月，第五种揭发宦官单超。此时宦官专横。

[①] 列传五九《窦武传》曰："臣闻古之明君，必须贤佐，以成政道。今台阁近臣，尚书令陈蕃、仆射胡广、尚书朱寓、荀绲、刘祐、魏朗、刘矩、尹勋等，皆国之贞士，朝之良佐。尚书郎张陵、妫皓、苑康、杨乔、边韶、戴恢等，文质彬彬，明达国典。内外之职，群才并列。而陛下委任近习，专树饕餮。"据列传五六《陈蕃传》，陈蕃任尚书令似在铲除梁冀一两年之后，《资治通鉴》系之于延熹二年。不管怎样，尚书令与"尚书"定员六人全部，以及侍郎（尚书郎）定员三十六人中的六人，都是清流派或亲近清流派的人，可见尚书台已被儒家官僚尤其是清流派所占据。

3. 延熹三年正月,济北相滕延被中常侍侯览、段珪陷害。

4. 延熹五年,皇甫规为宦官诬陷。太学生三百人为之诉讼。(永兴元年七月,朱穆对抗宦官,太学生刘陶亦讼之。)

5. 延熹六年七月,冯绲为宦官所陷。

6. 延熹六年十二月,周景、杨秉上奏批判宦官,朱穆上书抨击宦官。

宦官与儒家官僚的对立事件不止上述几条,除此以外,双方日常性的对抗与反目也时有发生。那么,双方对立的内情是什么呢?以下就事件本身来考察。

第一个事件。东郡白马县令甘陵人李云上书,指斥皇帝给诛梁有功的宦官、尚书封侯,批评宦官扰乱朝政。因言辞激烈,桓帝览奏震怒,即刻诏送李云北寺狱。弘农郡五官掾杜众闻之,遂上书称愿与李云同日死。桓帝愈怒,下杜众廷尉。大鸿胪陈蕃、太常杨秉、洛阳市长沐茂、郎中上官资等并上疏救护李云,桓帝更加怒不可遏,诏责陈蕃、杨秉免官,沐茂与上官资贬秩二等。太尉黄琼上疏称,因功而拜尚书的周永素事梁冀,后又示忠于桓帝而取封侯;又极谏宦官之专恣,桓帝不听。

第二个事件。宦官单超兄子匡为济阴太守,倚仗叔父之势贪放不已。第五伦曾孙、兖州刺史第五种,令从事卫羽调查单匡,得赃五六千万,第五种立即劾奏单匡及其叔父超。情急之下,单超收买刺客任方,令其暗杀第五种的部下卫羽。卫羽觉察了此事,逮捕任方后送系洛阳狱。当时的河南尹,正是先前因杨云事件而免官的杨秉。单超畏惧杨秉彻查,密令任方越狱逃亡。① 尚书召责杨秉,杨秉则要求召单匡对质,却最终坐输左校。而第五种这里,当时正遇上泰山发生叛乱,叔孙无忌寇暴徐州、兖州,州郡不能讨平。宦官便以此为理由陷害第五种,致其坐徙朔方。单超的外孙董援恰好时任朔方太守,坐等见机杀害第五种。第五种的故吏孙斌确信第五种必死,奋力追至太原将其夺回,遂一同亡命,数年后会赦得免。

第三个事件。中常侍侯览、小黄门段珪二人经营的大土地田业靠近济

---

① 按《资治通鉴》卷五四桓帝延熹二年十二月条:"匡窘迫,赂客任方刺羽。羽觉其奸,捕方,囚系洛阳。匡虑杨秉穷竟其事,密令方等突狱亡走。"派出刺客及令任方越狱的是单匡,而非其叔父单超。——译者注

北郡界,仆从宾客经常劫掠旅人。济北相滕延闻知后,将其全部收捕,痛杀数十人并陈尸道路。侯览与段珪向桓帝诉苦,滕延因此坐免。

第四个事件。平定羌乱有功的皇甫规举奏凉州地方官的不正之风,且绝不与宦官交通。宦官为此诬告皇甫规贿赂诸羌,令其假降。面对桓帝玺书责问,皇甫规陈述实情,得到皇帝理解,征拜议郎,论功当封。而中常侍徐璜、左悺此时却多次遣宾客打着询问功状的名义,实为向皇甫规求贿。皇甫规执意不睬,宦官随即咬定羌族假降,下之于吏,遂以余寇未绝的罪名,令皇甫规输作左校。于是,三公、太学生张凤等三百余人诣阙诉讼,皇甫规受赦归家。太学生的上诉事件以前也发生过,例如,桓帝永兴元年(153)七月,朱穆与宦官针锋相对,被宦官陷害,太学生刘陶等数千人诣阙讼穆,获得赦免。

第五个事件。延熹五年(162)十月,以太常冯绲为车骑将军,征讨武陵蛮。所遣将帅常常被宦官诬陷称折耗军费,冯绲便请中常侍一人同行监军财费。平定武陵蛮之后,冯绲班师回京。不料翌年七月,武陵蛮又叛,太守讨平之。但宦官憎恶冯绲,冯绲坐八月军还、盗贼复起而免官。

从以上宦官与儒家官僚相互斗争的事例也可以看出,儒家官僚批评宦官的着眼点在于,宦官亲属出任中央、地方要职是不正当的。用当时的话说,即"非其人",也就是才不配位的意思。第六个事件中,周景、杨秉的指斥正是阐述了这一实情。此类情况在梁冀专权时期亦不鲜见,对于一位清节的儒家官员而言,实在令人愤慨不已。关于这一社会史背景,将在第五、第六章详论,这里只探讨宦官专权的依据究竟是什么呢?毫无疑问,是皇权的形态。由上述事例可见,桓帝在大多数情况下都是按照宦官的意向作出裁决,几乎从没有听取过儒家官员的劝谏。儒家官僚期待的是由贤者辅弼的皇帝政治,换言之,欲实现儒家政治理念,就必须抨击唯宦官之意是从的皇帝的统治形态。而这恰也是激怒桓帝的原因所在。

宦官能如此恣意行使皇帝权力,是在何种制度性依据下展开的呢? 其依据便是前揭"事从中发"的方法。梁氏被诛之际的事态,列传二四《梁冀传》有云:

> 故吏宾客免黜者三百余人,朝廷为空,惟尹勋、袁盱及廷尉邯郸义在焉。是时事卒从中发,使者交驰,公卿失其度,官府市里鼎沸,数日乃定。

这种情况下,现有官制命令系统没有意义,采取"从中发"的处置相对容易。而这个方法此前就是宦官的惯用伎俩。李固对策后,顺帝将对策作为头等重要的意见予以接受,立即让阿母归舍,诸常侍悉叩头谢罪。列传五三《李固传》曰:

> 而阿母宦者疾固言直,因诈飞章以陷其罪,事从中下。大司农黄尚等请之于大将军梁商,又仆射黄琼救明固事,久乃得拜议郎。

《资治通鉴》卷五一阳嘉二年条的记事与之相同,"事从中下"句胡三省注曰:"从中下者,不经尚书。"① 又,列传五六《陈蕃传》载,太尉陈蕃上疏斥责宦官,触怒桓帝:

> 宦官由此疾蕃弥甚,选举奏议,辄以中诏遣却,长史已下多至抵罪。犹以蕃名臣,不敢加害。

由上,陈蕃的提议,"中诏"全然不受。如果经由尚书,那么这样的诏令恐怕会遭到儒家官僚的反对,尚书就是儒家官僚的政治倚仗,反之亦然。也就是说,在这个阶段,围绕皇帝身边的宦官,与以尚书、三公府为中心的儒家官僚势不两立,此时皇帝的直接命令"中诏"是由宦官来发布的,由此儒家官僚的政治活动、提议也就受到抑制和否决。② 可以说,东汉后期出现

---

① 据列传五九《何进传》,宦官为诏,交付尚书处置,尚书答复称应请大将军共议。何进录尚书事,因此尚书才出此言,但普通的诏敕可能就直接先交付给尚书了。
② 与"中诏"相关的词汇是"中使"。列传一五《魏霸传》载:"永元十六年,征拜将作大匠。明年,和帝崩,典作顺陵。时盛冬地冻,中使督促,数罚县吏以厉霸。"由此来看,"中使"指的是不听凭官僚机构的命令系统而直接由皇帝(当时情形下即邓太后)派遣来传达皇帝旨意的人。那么被任命为"中使"的是什么人呢?按列传三六《陈忠传》,"时(安)帝数遣黄门常侍及中使伯荣往来甘陵,而伯荣负宠骄蹇,所经郡国莫不迎为礼谒"。伯荣是安帝乳母王圣之女,(转下页)

的政治构造,既不同于西汉的内朝、外朝,也与东汉初光武帝确立尚书直属化以致皇帝权力强化的路数不同。党锢事件中清流派的败北,正是缘于宦官所发布的这种"中诏"。由是观之,东汉后期的皇帝统治并不是在儒家官僚的辅佐下展开的,毫不夸张地说,呈现出的是一副宦官与皇帝"诏敕"之威所造就的独断政治的样貌。此种情况为何会发生呢?这正是因为儒家官僚存在所带来的皇帝权力的相对化。换言之,作为豪族出身官僚们的联合国家,东汉王朝的性质开始发生实质性的变化,对此深为厌恶的皇帝与宦官,以及与他们相勾结的土豪阶层中抱有反儒家官僚意向的人掌握了皇帝权力,必须承认这是由东汉后期阶层对立模式下政治力量关系构造所致。

最后,对本章开头所提问题的初步结论,以及东汉中后期政治史的特征,尤其是邓氏专权在东汉政治史上的定位,我们来作一个总结陈述。

其一,顺帝时期促进"地方"士人进入官场的条件,不同于章帝末、和帝初的窦氏所为,邓氏采用了"推进天下贤士"的方略,希望通过贵戚与"地方"士人的合作来巩固自己的贵戚政治。不得不这样做的主要原因在于,邓氏必须以"地方"人士具有的地域支配力量为支点,克服异族入侵、灾害频仍所导致的农民疲弊和流亡,以及各种叛乱等危机状况。再从地方人士的角度来说,他们不得不对地方社会的秩序崩溃抱有危机感,同时深感与公权力合作的必要性,结果就是他们对官僚化产生了强烈欲望。为了突破东汉初以来官场被核心地域出身者占据的困境,从而使自己也能够进入朝廷,他们不得不与贵戚邓氏协作。以此为契机,顺帝朝以后的"地方"人士要进入官场中枢也便有了可能。特别是上田早苗和狩野直祯的研究也表明,从邓氏专权到顺帝时期,益州出身者的政治活动非常显眼。[①] 这是因为益州曾在公孙述政权下掌控下,东汉前期这一地域的士人想要进入

(接上页)她就被任命为"中使"。另外,列传二一《羊续传》曰:"时拜三公者,皆输东园礼钱千万。令中使督之,名为左骖。其所之往,辄迎致礼敬,厚加赠赂。"怂恿灵帝卖三公之官者,也就只有宦官了。从以上两例来看,中使大多数完全是皇帝身边阿谀谄媚的私人心腹。
① 参看本章第一节注揭上田早苗论文,以及狩野直祯论文 A。

官场却受到抑制，①但以邓氏专权为契机，益州士人实现了进入官界的强烈愿望，由此不难理解为何他们如此活跃。

邓氏贵戚政治提携儒家官僚的特质，实际上与顺帝后期以降的梁氏贵戚政治也是共通的，特别是梁商大将军府对名士的辟召。从邓氏、梁氏的贵戚政治特质可以看出，西汉武帝死后，作为汉代政治颇具特征的形态，贵戚政治能在东汉中期如日中天，仅靠贵戚自身是不能存立的，如若不能得到儒家官僚的支持协助，就无法立足与存续。

由此思考第二个问题，关于"礼教派"即反外戚集团，如狩野先生指出的那样，顺帝时期以降逐渐显著，但"礼教派"的反外戚，即批判贵戚政治的立场，是顺帝后半期以来经历梁氏专权而确立的。安帝时期，儒家官僚阶层，特别是"地方"士人，没有摆脱对贵戚邓氏的依赖，又很难从贵戚权威中获得自由，这种趋势至顺帝时依然在持续。不过，从顺帝后期梁商、梁冀父子企图联合宦官与贵戚合作这一点来推测，儒家官僚对贵戚政治的批判力度在加大，贵戚政治的权威也逐渐相对化，儒家官员正在努力克服贵戚政治。时至灵帝初，与其说是贵戚窦武与清流领袖陈蕃联手，不如说是窦武在陈蕃的领导下，不得不以反宦官的立场进行政治活动。当然这与窦武自己的为人也有关系，但"礼教派"即清流官员经过桓帝一朝后，也确实压制了贵戚政治。

那么，安帝朝以后，包括进入官场的"地方"士人在内，儒家官僚集团的势力究竟为何能增长呢？在中央政局的展开过程中，儒家官僚阶层的联合与掌握政治制度上的要职，虽然也是一方面原因，但也要考虑到更根本的原因在于，东汉帝国内孕育地方士人的地域社会越来越成熟和独立。如前所论，东汉自明、章帝以后逐渐形成了知识阶层，构成知识阶层的儒学修

---

① 从东汉前期任三公九卿者中找不出一名益州出身者这一点也可以证明。但是，光武帝朝的尚书令中，郭贺倒是来自广汉（参照第一章注揭"前期三公九卿尚书令就任者一览表"）。又，列传三一《第五伦传》提到，明帝末年，第五伦"迁蜀郡太守。……所举吏多至九卿二千石"。若此记载不误，那么就任九卿的蜀郡出身者就没有进入记录；或者，蜀郡出身者任职高官可能是在和帝时期以后。狩野直祯先生的《後漢政治史の研究》（同朋舍，1993 年，第 334 页）指出，玄贺这种受宕渠令第五伦显拔而后官至大司农的人士当时也存在，那么或许章帝至和帝朝就有益州士人成为九卿。

习者通过交友、师徒关系,紧密地凝聚在一起。地域社会中形成了士大夫集团,脱胎于其中的名士进入了中央政坛。在他们背后,地方士大夫阶层不仅拥有隐性的权力,而且还保持着全国性的横向联合。东汉中期,这种状况确实在不断发展。就在这样一个早期历史阶段,中国古代帝国在中央集权的帝国统治制度中,仅仅通过安置那些从各地区经乡举里选来抽拔出来的人才,是无法实现统治的;还必须转换体制,将代表各区域士大夫集团的地方名士登用为官僚。从这个意义上讲,邓氏专权可以说是从皇帝一元统治体制走向以豪族出身士大夫阶层为基础的豪族联合政权性质的国家体制的转折点。关于这一点,狩野先生认为,由于东汉时代地方豪族尚未独立,以及对王朝的依存、诸豪族间的竞争等原因,地方豪族有必要获得官僚身份进入王朝,掌握政治势力,"这种情况下,豪族出于儒学教养与政治需要,在行动中不断表明尊奉王室"(狩野论文 B)。狩野氏的观点对于理解东汉中期以降的政治史十分重要。例如,地方豪族对王朝的依赖性、独立性是指什么?作为社会经济史概念的豪族政场中豪族出身官僚之间的志向差异与关联是什么?另外,为何他们"一边表明尊重王室一边采取行动"?换言之,他们所奉行的儒家国家理念,到底担负着怎样的历史作用?要回答如此种种问题,就必须检讨东汉帝国内孕育地方士人的地域社会渐趋成熟和独立化的过程,也就是说必须在与社会变化的关系上加以考察。

第五章　地方社会的变化与豪族

引　言

　　通常被称为"和安之际"的东汉中期,其中和帝朝前期,在和帝即位同时,外戚窦氏专权,虽产生了一时的政局混乱,但因于东汉前期三代的统治,大体还是保持了稳定的治世局面。不料,和帝朝中期频发的自然灾害,[①]导致受灾农民疲弊不已,出现了流民增多的事态,东汉前期乡里社会的安稳结构也开始徐徐显现裂纹。随后,安帝即位不久,以羌族侵寇为契机,流民、贫民数量的快速增加,进一步造成顺帝时期农民叛乱多发,最终导致东汉末黄巾起义,无数农民揭竿而起,以致乡里社会崩溃。多田狷介将安帝朝至东汉末的农民叛乱分为三个时期考察。他有力地指出,农民起义从关东到江淮、再到江南地区依次扩大的主要原因,要从羌族入侵后,东汉王朝的应对方针与压向其他地区的负担增加中来寻求。[②]羌族入侵给关东地区带来了巨大损失,此时执掌中央政权的外戚邓氏,通过与地方豪族出身的儒家官僚合作,暂时阻止了羌人寇掠,并努力重建以关东地区为中心的乡里社会,但依旧无法阻挡帝国的颓势。东汉中期以后的这般社会质变,一是可以通过这一时期地方官员的治迹,一是通过序章中提出的郡县级选举的实际情况来考察。

[①] 参看佐藤武敏编《中国灾害史年表》,国书刊行会,1993年。
[②] 多田狷介:《黄巾の乱前史》,《东洋史研究》26卷4号,1968年。

第一节　和帝、安帝时期的地方社会

首先,列举关于这一时期地方官员治绩的史料。
和帝时期:

鲍德　累官为南阳太守。时岁多荒灾,唯南阳丰穰,吏人爱悦,号为神父。时郡学久废,德乃修起横舍,备俎豆黻冕,行礼奏乐。又尊飨国老,宴会诸儒。百姓观者,莫不劝服。(列传一九《鲍昱传附德传》)

何敞　迁汝南太守。敞疾文俗吏以苛刻求当时名誉,故在职以宽和为政。立春日,常召督邮还府,分遣儒术大吏案行属县,显孝悌有义行者,及举冤狱,以春秋义断之。是以郡中无怨声,百姓化其恩礼。其出居者,皆归养其父母,追行丧服,推财相让者二百许人。置立礼官,不任文吏。又修理鲖阳旧渠,百姓赖其利,垦田增三万余顷。吏人共刻石,颂敞功德。(列传三三《何敞传》)

鲁丕　永元二年,迁东郡太守。丕在二郡,为人修通溉灌,百姓殷富。数荐达幽隐名士。明年,拜陈留太守。视事三期,后坐禀贫人不实,征司寇论。(列传一五《鲁丕传》)

魏霸　和帝时为钜鹿太守。以简朴宽恕为政,掾吏有过,(要)[霸]先诲其失,不改者乃罢之。吏或相毁诉,霸辄称它吏之长,终不及人短,言者怀惭,谮讼遂息。(列传一五《魏霸传》)

黄香　延平元年,迁魏郡太守。郡旧内外园田,常与人分种,收谷岁数千斛。香曰:"《田令》'商者不农',《王制》'仕者不耕',伐冰食禄之人,不与百姓争利。"乃悉以赋人,课令耕种。时被水年饥,乃分奉禄及所得赏赐班赡贫者。于是丰富之家各出义谷,助官禀贷,荒民获全。(列传七〇上《黄香传》)

樊准　樊准上疏曰:"……如遣使者与二千石随事消息,悉留富人守其旧土,转尤贫者过所衣食,诚父母之计也。……"太后从之,悉以公田赋与贫人。即擢准与议郎吕仓并守光禄大夫,准使冀州,仓使兖州。准到部,开仓禀食,慰安生业,流人咸得苏息。还,拜钜鹿太守。时饥荒之余,人庶流迸,家户且尽,准课督农桑,广施方略,期年间,谷粟丰贱数十倍。(列传二二《樊准传》)

韩韶 时太山贼公孙举伪号历年,守令不能破散,多为坐法。尚书选三府掾能理剧者,乃以韶为嬴长。贼闻其贤,相戒不入嬴境。余县多被寇盗,废耕桑,其流入县界求索衣粮者甚众。韶愍其饥困,乃开仓赈之,所禀赡万余户。(列传五二《韩韶传》)

朱宠 初为颍川太守。表孝悌儒义,理冤狱,抚孤老,功曹主簿皆选明经有高行者。每出行县,使文学祭酒佩经书前驱,顿止亭传,辄复教授。周旋阡陌,劝课农桑,吏安其政,民爱其礼。所至县界,父老迎者常数千人。宠乃使三老御车,问人得失。百姓翕然,治甚有声。(袁宏《后汉纪》卷一八永建四年条)

和帝初年何敞和鲁丕的治绩中,开垦田地之策与前任地方官所为相衔接,但值得注意的是,和帝时期的四位太守有共通之处,都将宽和之策与礼教德治主义方针放在首要位置。在进入安帝时期后,朱宠之例亦显示,这种地方官统治方针依然存续,直至桓帝时期仍为刘宽的地方治理所继承。(列传一五)安帝时期的情况甚是严峻,对贫民的赈恤和抚民方针显著地表现出来。与前期相比,除了和帝初的两例之外,垦田政策在中期几乎看不到了,特征反而是将前期由国家开垦、保有的公田临时贷予贫民耕种,而且前期不常见的开仓赈恤(持续至顺帝时期)事例此时也多了起来。从《后汉书》和帝、安帝两篇本纪来看,皇帝频频颁布赈恤小农、免除税役、假与公田之类的诏书,故地方官员的政策当是与这些诏令相配合。如上所述,安帝时期特别在关东地区施行了保护小农的统治策略。纵然如此,地方官监督下强制性的"课令耕种""课督农桑""劝课农桑"之类劝农政策的实施,对于贫穷的农民而言并非易事;不过从另一方面来看,这些诏令确实体现出国家一方为小农这一税役承担者的安定及乡里社会秩序重建尽了努力。

不过,《黄香传》中的"丰富之家"与《樊重传》所谓的"富人",应该都是指豪族。那么,这一时期豪族与地方官的关系如何,以及豪族在地方社会中占据什么样的位置呢? 首先,这一时期的地方官治绩中未看到弹压大姓的内容,反倒是可以看出地方官利用"丰富之家"和"富人"在地域社会中的社会势力以赈抚贫民和维护秩序的倾向。从中可见,这一时期豪族逐渐在地域社会中确立了其规制力。如此,地方官员通过与辖境内豪族合作以推行地方统治,这一倾向其实在中央朝廷亦有所见。如第四章所论,安帝时的贵戚邓氏就是通过与地方豪族协作,来巩固自己的专权基础。尤其是巴蜀豪族与国家权力的结合,上田早苗已对此作了明确揭示。① 也就是说,巴蜀豪族在羌族入侵之际的危机意识,促使他们积极挺进中央官界。最终,国家与巴蜀豪族联合,不仅有效击退了羌族,对巴蜀豪族而言,期待已久的褒斜道开凿,也由国家动员的大量劳动力成功实现。若注意到这一点,再来检视本纪中的以下记载,《安帝纪》元初二年(115)条曰:

> 正月……修理西门豹所分漳水为支渠,以溉民田。二月……辛酉,诏三辅、河内、河东、上党、赵国、太原各修理旧渠,通利水道,以溉公私田畴。

明年元初三年条又曰:

> 春正月甲戌,修理太原旧沟渠,溉灌官私田。

此前和帝永元十年(98)三月也颁布过诏令,命刺史、二千石修理堤防沟渠,但不清楚针对的是哪个地区,成效如何也不得而知。然而,元初二年安帝的诏令明确是针对三辅与关东黄河中下游左岸诸郡而发,这一片也是羌族入侵最严重的地区。对这个地域来讲,恢复生产力是不言而喻的当务之急。但需要注意的是,这些诏令完全不见对明帝、章帝的诏令所谓"豪右因

---

① 上田早苗:《巴蜀の豪族と国家権力——陳寿とその祖先たちを中心に——》,《东洋史研究》25卷4号,1967年。

缘"之类事态(详见第一章第三节)的忧惧。① 这该如何解释呢？通过修理旧渠，就如同"以溉公私田畴""溉灌官私田"一样，也将其利益分给了私有之地。不难推测，由此获利巨大的正是大土地所有者豪族。前云地方官与豪族的合作，与其说在这一时期越来越普遍，毋宁说如果豪族成为了"修理旧渠"的主体，那么"豪右因缘"也就成了没必要的废话。

东汉中期，关于中央朝廷水利事业的史料仅限于上述几例，相比于前期，地方官员参与地区水利政策的相关记载，也只有和帝时期的两例(何敞、鲁丕)，自和帝朝至安帝朝逐渐减少。② 从这一点也可以看出前揭地方社会豪族独立化的倾向。一个例证便是豪族可以自己保有水利设施。《和帝纪》永元五年(93)壬午诏曰：

> 令郡县劝民蓄蔬食以助五谷。其官有陂池，令得采取，勿收假税二岁。

诏书允许民众在官有陂池自由采取，既然有官有陂池，那自然就存在私有陂池。③《水经注》卷三一"淯水"条云：

> 朝水又东南分为二水。一水枝分东北，为樊氏陂。陂东西十里，南北五里，俗谓之凡亭陂。陂东有樊氏故宅，樊氏既灭，庾氏取其陂。

樊氏陂就是私有陂池之一。由《水经注》的记载可以推想，豪族在设于坡

---

① 和帝永元十年三月诏令有云"勿因缘妄发以为烦扰"。这可以解释为禁止刺史、二千石的因缘之举。
② 关于这一时期包括水利政策在内的地方统治，参看上谷浩一《後漢中期の地方行政刷新とその背景——後漢殤帝"延平元年の詔"とその周辺——》，《東洋學報》75卷3、4号，1994年。
③ 佐藤武敏《古代における江淮地方の水利開発——とくに陂を中心として——》(《人文研究》13—7，1962年)一文指出，关于东汉时期的陂，在章帝时期以后，水利开发由江淮上游向江淮下游扩展。从东汉初年开始，陂就是私人修治和官方修理两种。章帝朝以降，后者官修的陂成为大规模增加国家田租收入的一大来源。此外，陂不仅可用于灌溉，同时也可从中获取自然资源，特别是鱼类等水产，可作为商品出售。又，关于东汉时代的水利，参看佐藤武敏《漢代の水利機構》(《中国史研究》4号，1964年)、藤田勝久《漢代における水利事業の展開》(《历史学研究》512号，1983年)，等等。

地的陂池附近构筑居宅,眼前是三百顷之广的土地与池塘,一边望着代耕者简陋的庐舍和他们耕作的身影,一边过着悠然的生活。他们占有的陂池,有时也借给周边的农民使用。据好並隆司确证,这个樊氏陂做成的前提,即西汉宣帝时的循吏邵信臣在南阳太守任上施行的包括水利灌溉工程在内的垦田政策。① 如此,在东汉前期成为垦田政策主要着眼地区的江淮地区,与官有陂池一道,可能还设置了很多豪族的私有陂池。由此看来,第一章第三节所揭汝南鸿郤大陂修复之际,"豪右大姓因缘陂役,欲竞辜较在所"(列传七二上《许杨传》),与上述事态有什么关系吗?根据好並隆司的解释,这句文字的意思是"徭役主持者豪右大姓看中了大陂之利,斡旋当地居民或私属,要求许杨虚报其数"。好並先生的考证当然是确凿的,不过从"欲竞辜较所在"中还可看出,豪族想要借机陂役在自己领地附近,从而修建供私人使用的陂池,或是豪族心存独占水利之便的图谋。② 只是在东汉前期,如前已述,贪婪的豪族扩大经营的动向被地方官员所抑制。但正如之前所看到的,到了东汉中期,豪族的这一动向也被默许,豪族经营又上了一个台阶。尤其如多田狷介指出的那样,关东流民、贫民确实流入了江淮地区,可以想见,江淮地区的豪族经营,立足于前期地方官的垦田政策所带来的稳定基础,在获得了新鲜的劳动力之后进一步发展。

东汉中期地方官与豪族合作的倾向,应当就是从上述豪族的独立化、地域支配力的增长而带来的。这一时期,地方官显而易见的礼教德治主义,实际上也是受到豪族成长过程中的某些规制而产生的。换言之,已获得经济实力的豪族修习儒学风气的普及、推广,造就了豪族出身的诸生、儒生辈出,他们垄断了郡县的掾史职位,并最终建立了以豪族为中心的地域性知识阶层,即士大夫集团。这些"诸儒"(前揭史料《鲍德传》)与太守都认同的地方统治的儒家意识形态,无非正是地方官所采用的礼教德治主

---

① 好並隆司:《漢代の治水灌溉政策と豪族》,《中国水利史研究》1号,1965年,后收入氏著《秦漢帝国史研究》(未来社,1978年)。
② 《灵帝纪》光和四年正月条"初置骓骥厩丞,领受郡国调马。豪右辜榷,马一匹至二百万"李贤注曰:"《前书音义》曰:'辜,障也。榷,专也。谓障余人卖买而自取其利。'"关于"辜较在所",《皇后纪下·孝仁董皇后传》载称:"(何)进与三公及弟车骑将军苗等奏:'孝仁皇后使故中常侍夏恽、永乐太仆封谞等交通州郡,辜较在所珍宝货赂,悉入西省。'"注曰:"辜较,解见《灵纪》。"这里的"辜较在所",亦与《灵帝纪》的"辜榷"同义,如李贤注。

义。关于体现儒家意识形态的士大夫集团的成立,各地域的进展程度不同,先进地区如三辅、南阳、颍川、汝南、河南等,在东汉前期已经建成。而发展相对迟缓的巴蜀、关东、江淮各地区,大体上也在东汉中期,以培养出士大夫的豪族为中心的地方社会支配体制也渐渐形成。这与东汉政局发展中儒家官僚在官场的活动密切相关。我们必须阐明地方社会士大夫集团与豪族、小农等群体之间更具体的关系与构造,本章第三节将对此展开思考。接下来,我们要考察顺帝、桓帝时期的地方官治绩,以及皇帝统治和地方社会的关系。

第二节　顺帝、桓帝时期的地方社会

从前节所揭地方官员的为政方式来推测,东汉后期完全没有弹压、钳制大姓,但事实并非如此。顺帝时期张衡为河间相,收擒豪右所行不轨者,(列传四九《张衡传》)以及桓帝时刘陶为南阳郡顺阳县长,招募剽轻剑客之徒与少年,揭发县内奸猾者,(列传四七《刘陶传》)如此皆是例证。前者,张衡的前任河间相沈景奉顺帝之命杀掉了河间王刘政身边的奸人。(列传四五《河间孝王开传》)不久,张衡继任河间相,据其本传称,"时国王骄奢,不遵典宪;又多豪右,共为不轨"。从训导国王这一点来看,张衡恐怕也是奉顺帝敕命,利用河间王的地位来诛戮多为不法的豪右。而后者则是刘陶作为清流中人的一场行动,史料称其针对的是"奸猾",故不一定是弹压豪族。这一时期地方长官与豪族的关系,反倒是需要注意以下这种状况。列传四六《王畅传》载:

> 寻拜南阳太守。前后二千石逼惧帝都贵戚,多不称职。畅深疾之,下车奋厉威猛,……豪右大震。功曹张敞奏记谏曰……畅深纳敞谏,更崇宽政,慎刑简罚,教化遂行。

此事发生在桓帝时期。从史料可见,身为功曹的张敞,同时也是豪族阶层的代表者,他就对太守王畅抑制豪右的动向予以掣肘。由此亦可知,在皇权背景下,作为地方统治代表者的地方官员,对豪族阶层的统制力量在东汉后期逐渐弱化。与这种对豪族控制力弱化相反,这一时期的地方官员呈现出的显著特征,便是对小农的猛烈侵夺。列传四八《虞诩传》记录了一件顺帝时期的事情:

> 是时长吏、二千石听百姓谪罚者输赎,号为"义钱",托为贫人储,而守令因以聚敛。诩上疏曰:"元年以来,贫百姓章言长吏受取百万以上者,匈匈不绝,谪罚吏人至数千万,而三公、刺史少所举奏。寻永平、章和中,州郡以走卒钱给贷贫人,司空劾案,州及郡县皆坐免黜。今宜遵前典,蠲除权制。"于是诏书下诩章,切责州郡。谪罚输赎自此而止。①

顺帝时期,中央朝廷仍延续着遵从明帝、章帝故事的风气。但顺帝朝后期外戚梁氏专权开始后,梁氏亲党所任命的地方官的独断横暴便一发不可收拾。更可怕的是,宦官自恃诛杀梁冀之功操纵权力后,宦官系地方官员的掠夺、残暴愈加令人发指。从中皇权被无限私有化,而小农的没落不断加速,这自然就会引发农民叛乱。顺帝时期梁冀专权确立之际,朝廷遣张纲为太守,前往镇压广陵张婴之乱。张纲询问张婴叛乱缘由后,晓譬张婴曰:"前后二千石多肆贪暴,故致公等怀愤相聚。二千石信有罪矣。"(列传四六《张纲传》)此语有力地说明了上述状况。多田狷介曾有过阐述,他认为从关东地区的崩溃来看,东汉政府的征课转移到了开发中的江淮地区,国家加重了对这一发展水平较低地区小农的掠夺,从而使得江淮地区公元130—160年间农民叛乱日益频繁,"张纲的坦白,不止承认了地方官员个人性的对农民的恣意收夺,而且还承认是因为关东地区的混乱,造成了江淮地区负担增加的整体事态"。② 这一点必须承认,因为张纲恫吓张婴,如若继续叛乱,就不得不采取军事镇压。这意味着,张纲即使怀有善意,面对

---

① 关于虞诩上疏中的"走卒钱",参看山田胜芳《秦漢財政収入の研究》(汲古书院,1993年)的第四章第三节。
② 参看本章引言脚注所揭多田狷介论文。

国家的要求,地方长官被逼无奈,不得不让农民服从。但在这种情况下,张纲应该强烈地感受到摈除贪暴地方官这一政治课题的必要性,如果不通过这样的劝说,自己也无法挽救农民。对此,应该理解为,这是生活在体制与现实情况中满怀苦涩的官僚知识分子所发出的言行。作为当时秉持清节的儒家官僚,张纲的善意是以维持社会秩序为理念的,但这一理念也是符合他豪族名门出身的官僚士大夫立场,这就有可能掩盖当时无法解决的,将农民逼入绝境的政治矛盾。

通览顺帝朝开始逐渐显现的地方社会叛乱,没有发现前期所见那样的大姓叛乱,基本是以农民为主体的叛乱。① 或许叛乱领导者中也有土豪性质的人,广陵的张婴等也可能就是这样的人物,但事实上并没有发现明确的以大姓、豪族为中心的叛乱。如果认为地方官的侵夺是诱发叛乱的主要原因,那么仅就农民叛乱来说,可以考虑两种解释:一种是豪族阶层也同样受到了掠夺,但他们的经济、社会、政治力量有很大的承受限度,不致于就此爆发叛乱;另一种解释是地方官与任地的豪族阶层勾结,只把掠夺的矛头指向了小农以下的群体。虽然每个具体的局面各不相同,但基本上后一种看法似乎更为妥当。若只从状况上来考虑的话,或许以下事实可以作为旁证。顺帝末建永元年(144),下邳人谢安协助平定九江郡徐凤叛乱集团,史载:"谢安应募,率其宗亲设伏击凤,斩之,封安为平乡侯,邑三千户。"(列传二八《滕抚传》)徐凤所据东城县虽离下邳不算近,但民众叛乱的影响恐怕还是会波及下邳周边。或许,谢安的此次行动带有恩赏的目的,但豪族人物率领宗亲协助朝廷镇压农民叛乱,与东汉前期大姓作为叛乱主角的现象两相对照,实在令人很感兴趣。②

然而,这一时期的地方长官不尽是上述那样对民众横加掠夺者,也能看到诸如刘宽(列传一五,以下同)、苏章(二一)、崔瑗(四二)、崔寔(四二)、栾巴(四七)、吴祐(五四)、张奂(五五)、仇览(六六)等人的治绩。清

---

① 早川雅章:《黄巾以前の諸反乱について》(载《中央大学大学院论究》,文学研究科篇8—1,1976年)一文,网罗安帝永初二年(108)至黄巾之乱前一年的各次叛乱进行叙述,并作了分期。
② 前揭多田狷介论文中还指出了富春豪族孙坚的同样活动。

流系地方官对浊流系地方官和豪族的严厉揭发,也是这一时期显而易见的特征。那么,形成对比的这两种类型的地方官,其存在方式与志向性的根本差别到底在哪里呢？对于帝国的存续来说,能否谋求小农的必要的稳定生存,能否谋求乡里社会秩序的维持,必要性不言而喻。对于民众而言,则诚然是清与浊两股潮流在互相竞争。其实,地方官的这两种类型,在乡里社会内部豪族对待乡里民众的方式中也完全一样存在。列传七一《刘翊传》曰：

> 刘翊字子相,颍川颍阴人也。家世丰产,常能周施而不有其惠。……河南种拂临郡,引为功曹。……阳翟黄纲恃程夫人权力,求占山泽以自营植。拂召翊问曰："程氏贵盛,在帝左右,不听则恐见怨,与之则夺民利,为之奈何？"翊曰："名山大泽不以封,盖为民也。……"拂从翊言,遂不与之。……后黄巾贼起,郡县饥荒,翊救给乏绝,资其食者数百人。乡族贫者,死亡则为具殡葬,鳏独则助营妻娶。

这一史料明确地揭示了豪族在乡里社会的两类存在方式（这里姑且名之为营殖型与共生型）。这里需要注意的有两点,一是营殖型豪族与中央权贵之间的联系,二是地方山泽利用的许可权限属于太守。关于前者,阳翟县的黄氏并非出过中央官僚的名门,而是土豪家族。黄氏为何非要联结中央权贵呢？可以想到的是,黄氏欲扩大自己的经营,就必须获得公权力的保护。再者,为了能让一族之内走出郡县掾史甚至中央官僚,自然也就引出了请托中央权贵的必要性。这两个方面密切相关,特别是在向中央权贵请托之中,产生了受到清流批判的选举乱象。这一事态出现的背景,源于这样的地方社会的政治结构：地域社会内能推出中央官僚与郡府掾史的豪族,与无能为此的土著豪族之间的对立,前者把持了郡县掾史尤其是右职之位,操纵乡论,并实际掌握着选举权,具有垄断郡县统治权限。这就涉及第二点独占山泽的事态,山泽利用的权限对豪族经营有着重大意义。上文已提到东汉前期对水利灌溉政策的"豪右因缘",在这一阶段,由于受到地方官的抑制，豪右不能垄断水利资源。然而到了后期，从上述颍川郡的例子可见，其他郡县中甚至连土著性质的豪族阶层也有这方面需求。如果地方官员属于浊流一系，那么可以充分想象，种拂就会毫不犹豫地允许土著豪族独占山泽之利。实际上，正如史书所记，"时中常侍苏康、管霸用事于内，遂固天下良田美业、山林湖泽，民庶穷困，州郡累气"（列传五七《刘祐传》），大司农刘祐收没了这些宦官的权利，却激怒了桓帝，可见宦官所为其实得到了皇帝的默许。这是一个能说明皇权私有化的例证，也是阳翟县黄纲向太守提出山泽利益要求的背景。面对黄纲的要求，颍阴县豪族出身的刘翊以"为民"的理由表示反对。此事细细想来，颇觉微妙。因为如果准允了黄纲的要求，那么对身为豪族的功曹刘翊而言，恐怕会影响自己的经营基础。也就是说，在颍川郡内，颍阴县与阳翟县位置相近，阳翟县就位于颍水上游。如若阳翟县的山泽被黄氏垄断，那么下游自己所拥有的田地在水利灌溉方面就会多有不便，甚至有可能影响到颍川郡内豪族之间的地位序列。此外，还可以这样考虑：阳翟县的豪族中，郡府里出仕掾史的那些黄氏以外的豪族出身者，他们的要求很可能是功曹刘翊提出反对意见的背景。功曹是郡府内主管人事的最高职务，东汉时期往往由郡内实力雄厚者居之，所以功曹也承担着调节郡内豪族利害关系的作用，这样考虑并不为过。种拂邀刘翊一同商量，便是暗示地方豪族社会的自律性有所提高，郡内统治不能无视功曹等在职吏员的意向。这与前述南阳太守因功曹谏言而难以贯彻自己的意志，可谓如出一辙。

如上所述，对于豪族阶层日益自立这一地方社会的变化，皇权相关的方面又是什么样子呢？前文已提到，东汉后期皇权的私有化倾向不可否认，而作为体现前期皇帝支配性质与理念的保护扶植小农政策，在后期已被抛弃，只是由清流系的中央官僚和地方官勉强维持而已。迄于安帝时期，尚可见中央朝廷关于水利灌溉的对策，然而到了后期，尤其是"桓灵之间"，相关政策几乎绝迹，或许这也正是抛弃了保护扶植小农政策后的结果。与之相反，地方社会中水利灌溉设施的维护、修复，可能也由豪族来承担，目前虽无相关明证，但这种可能性很大。另外，对贫困之人的赈恤，在顺桓之时也并非无所见，不过豪族与官僚施舍的对象由自己的亲族扩大至乡里民众,这一现象在东汉后期也是事实。① 这也意味着地方社会救济贫民的主体,由皇帝转移到了豪族身上。换言之,豪族作为乡里社会主宰者的性质越来越强化,相对于地域社会中的皇帝支配,它在东汉后期越来越独立。这种事态的出现,是皇帝支配放弃了护育小农政策的结果,同时,也是地方社会以豪族为中心的结构变化所必然导致的皇帝支配质变的产物。

第三节　豪族社会的结构与选举

一、问题所在

序章第二节曾经对选举制度有所提及,为了就郡县级的选举问题进行探讨,先看列传五二《陈寔传》中的一段记载:

> 家贫,复为郡西门亭长,寻转功曹。时中常侍侯览托太守高伦用吏,伦教署为文学掾。寔知非其人,怀檄请见。言曰:"此人不宜用,而侯常侍不可违。寔乞从外署,不足以尘明德。"伦从之。于是乡论怪其非举,寔终无所言。伦后被征为尚书,郡中士大夫送至轮氏传舍。伦谓众人言曰:"吾前为侯常侍用吏,陈君密持教还,而于外白署。比闻议者以此少之,此咎由故人畏惮强御,陈君可谓善则称君,过则称己者也。"寔固自引愆,闻者方叹息,由是天下服其德。

首先一点,太守高伦对送行的"郡中士大夫"自称"故人"。《资治通鉴》卷五三桓帝建和三年条胡三省注"故人"曰:"故人,伦自谓也。汉人于门生故吏之前,率自称故人。杨震谓王密曰'故人知君,君不知故人'是也。"也就是说,这里的"故人",是将"郡中士大夫"看作自己的门生故吏的

---

① 渡边信一郎:《"仁孝"——あるいは二—七世纪中国における一イデオロギー形态と国家——》,《史林》61卷2号,1978年,后收入氏著《中国古代国家の思想构造——専制国家とイデオロギー》(校仓书房,1994年)。另参拙稿《後漢官僚の施与について》,《爱媛大学教育学部纪要》11卷,1979年。

高伦的自称。东汉一代，地方官在辖地的郡国学或县校教授儒学的情况比较常见，这里可以认为，这些颍川郡士大夫中就有受教于高伦的门生，但是大部分应该还是曾经或现在任职于高伦太守府的掾吏。如此，太守与"郡中士大夫"之间存在故人与故吏的关系。身为故吏而又被称作"郡中士大夫"，这便是问题所在。换言之，若是将有可能出仕郡府的人称为"郡中士大夫"，那么就不得不考虑，这些"郡中士大夫"在郡县中具有怎样的地位。就此问题，当然不能仅从与郡内豪族关系的层面进行考察，由于不止颍川郡，其他地区也有同样的情况存在，因此有必要将考察的视野扩大到整个东汉的地方社会。

其次，关于太守郡吏的任用。据《陈寔传》，任用郡吏有通过太守"教署"或通过功曹"从外署"（"于外白署"）两种途径。当然，后者最终也必须得到太守的认可。严耕望在《中国地方行政制度史》上编中就太守郡府属吏的任用权限曾指出："有属吏，郡守自辟之功曹、督邮、主簿及列曹是也。"（第77页）并进一步指出，"盖郡吏之任免赏罚尤为其主要执掌耳"，认为郡功曹的职掌中，有郡吏的任免权。增渊龙夫又在严氏研究的基础上进一步拓展，认为"虽然制度上是由太守任用这些土豪一族为郡县掾吏，而实际该任命权掌握于郡掾吏中具有最高职权的功曹手中"，"而且文献中也有明证，功曹也是由当地土豪中有势力者充任"。他指出土豪阶层在维持郡县统治机构过程中存在自律的秩序，并将具体阐明这种自律秩序作为一个课题提出。① 增渊氏将郡县合论，认为郡县掾史是由太守或郡功曹任用。这种观点有失偏颇，此点姑且不论。若功曹是由土豪中有势力者充任，那么不言而喻，郡县吏的任用亦会凭借功曹"于外白署"的方式，即通过功曹的责任或权限，土豪出身者成为最主要的备选对象。增渊所依据的材料也包含了基本上属于东汉末期的《陈寔传》，可以认为增渊所指出的乃是东汉末期郡县吏任用的实态。但整个东汉是否始终如此呢？是否存在从依据"教书"由守令掌握人事主导权向功曹掌握实权的转变？由于事关地方社会中增渊所讲的"土豪阶层"的势力增长，因此有必要将地域性

---

① 增渊龙夫：《所謂東洋的専制主義と共同体》，《一桥论丛》47卷3号，1962年。

差异纳入考虑,并提出实证。而且,若功曹是由土豪中有势力者充任,并实际上掌有郡县吏的任免权的话,那么在郡县吏任用的层面上,实力派土豪和非实力派土豪之间是否会有所差别呢?在解释这种推测的基础上,势必会牵涉到怎样说明如陈寔这样的"单微"人士如何能够就任于郡功曹的事实。

第三,关于非议陈寔"非举"的"乡论"问题。这一时期的乡论,增渊在前揭论文中已提到,乡里舆论是功曹掾吏任用的基准,它萌发于乡里自律秩序,具有公共规则的约束力,通过自律秩序的维持者即父老土豪阶层而直接形成。

与此相反,川胜义雄在论及乡论形成的主体及趋向时认为:"当时的乡论确实有容易被乡邑中具有威慑力的豪族操纵的一面,但基本上还是趋向于支持乡人中贤者或有德者,即谋求的是乡邑共同体秩序的维持与再建。"这与增渊氏的理解有所不同。川胜先生与增渊先生在乡邑秩序是否由土豪阶层维持这一点上,由于理解不同而产生分歧。川胜认为乡县这一层次的是第一级乡论,然后扩大到郡一级的第二级乡论,在第二级乡论中得到支持的"士"进入中央,形成第三级乡论,特定的贵族阶层就是直接在第三级乡论的形态中产生。这种结构可以称为"乡论环节的重层结构",九品中正制度就是"在民间形成的多层乡论之上,并以此为前提而制定的"。在川胜先生看来,作为六朝贵族制社会制度基石的九品中正制度,它的基础正是乡论,这种乡论"虽然是汉代以来渐渐发展形成的,但它通过二世纪后半期的'清议'运动,显示出飞越性的发展"。毋宁说,他强调乡论是经由"清议"运动自觉形成。因此,真正的乡论是在东汉后期形成的。[①]

另一方面,堀敏一认为,九品中正制度下的乡品,虽来源于乡里人物划分等级的传统做法,但更直接地与东汉末期出现的清议品评人物相联系。以清议品评人物的权力,由地方上的"上流豪族即士大夫阶层"掌握,他们也由此占据了乡论的主导地位。与汉代的乡论不同,士大夫社会是在出现

---

① 以上川胜义雄的见解据氏著《六朝贵族制社会の研究》(岩波书店,1982年)第1部第3章。

上流豪族即士大夫阶层为主体的清议的背景下形成的。①

综合以上三位学者关于乡论的观点,川胜与堀敏一对东汉末清议地位的理解十分相似,只是在对东汉末乡论与清议之间关系的看法上略有不同。堀敏一将汉代的乡论与清议的关系一刀切断,而川胜则更倾向于认同两者之间的延续性。川胜的主张源于他的乡里民众乃是乡论主体的认识。关于乡论形成的主体,增渊氏的"父老土豪阶层"与堀氏的"上流豪族·士大夫阶层"之间的差异,以及堀氏所说的上流豪族的"上流"的具体含义,应置于当时社会阶层的实态中加以具体考察。总之,东汉时期的乡里舆论与东汉末至魏晋时期以清议为基础的乡论的关系如何?两者是否存在联系性抑或相互渗透?这两种乡论的主体究竟是哪种社会阶层?《陈寔传》中的"议者"所指的到底是什么人?东汉时期乡里舆论的形态及其政治、社会机能又如何?这些都是必须要讨论的问题。

二、豪族社会的阶层性

据《史记》《汉书》记载,西汉时期颍川郡有原、褚、薛、赵、李等豪族(均出自阳翟县)。② 仅以《后汉书》列传为例,阳翟县有辈出中央官僚的名门望族郭氏(三六),整个颍川郡有冯氏(七)、臧氏(八)、铫氏(一〇)、王氏(一〇)、蔡氏(一〇)、丁氏(二七)等。(括号内所记数字均为《后汉书》列传卷数,以下皆同)东汉中期以降,颍川名族有荀氏(五二)、韩氏(五二)、钟氏(五二),以及清流领袖李膺所出的襄城李氏(五七)等。前揭西汉五姓,管见所及并无出任郡中大吏或者中央官僚的记录。③ 可以认为西汉五姓在进入东汉后已经没落,所以虽是郡中名族,却不甚显赫。然而,与陈寔同时,在颍川郡有阳翟黄氏和颍阴刘氏两大豪族。与刘氏主要出任郡功曹、关注民生安定不同,黄氏则依赖于灵帝宠爱的程夫人的威势,独占山泽

---

① 堀敏一:《九品中正制度の成立をめぐって——魏晋の贵族制社会に关する一考察——》,《东洋文化研究所纪要》45,1968年。
② 原氏、褚氏见于《汉书》卷七六《赵广汉传》,薛氏见于《史记》卷一二四《游侠列传》,赵氏、李氏见于《汉书》卷七七《何并传》。
③ 《三国志》卷二三《魏书》中记载赵俨出身颍川阳翟,但不清楚战乱时期其在颍川郡内的地位。

之利,专擅大土地经营。这些在《刘翊传》(列传七一)中均有记载。① 这里并无证据表明黄氏是颍川名族,但刚才提及的西汉五姓若能作为豪族在东汉存续,那么他们也可能像黄氏一样,成为专擅于大土地经营的土著豪族。

由此可作如下推论:在郡县内部诸豪族之间,存在着一种社会性、政治性序列。以下是两汉之际的例子。列传二三《冯鲂传》载:

> 为郡族姓。王莽末,四方溃畔,鲂乃聚宾客,招豪桀,作营堑,以待所归。是时湖阳大姓虞都尉反城称兵,先与同县申屠季有仇,而杀其兄,谋灭季族。季亡归鲂,鲂将季欲还其官,道逢都尉从弟长卿来,欲执季。鲂叱长卿曰:"我与季虽无素故,士穷相归,要当以死任之,卿为何言?"遂与俱归……鲂自是为县邑所敬信,故能据营自固。

由上可见,当时南阳郡湖阳县有冯氏、虞氏、申屠氏等豪族(除此之外还有以樊重为代表的著名的樊氏)。与冯氏这一"郡族姓"相反,虞氏、申屠氏只是县中"大姓"。但此时,冯氏也只不过是县大姓,凭借此事而在县中受到尊敬,之后又在光武帝时升任大官,子孙也历任中央官员,这才获得郡族姓的地位,这些可以从《后汉书》中对其后代的评价获知。不过,从这个故事可以看出,虞、申屠两氏自认为逊于冯氏,申屠氏向冯氏寻求庇护,显示出冯氏在湖阳县内地位的优越性。这种豪族间的县内社会、政治序列在东汉末期更加明显。

《隶释》卷十《童子逢盛碑》碑阴所刻"县中士大夫",其中具有五官掾、督邮身份的有七人(六姓)。据严耕望的研究,②县廷掾有时也称作五官

---

① 原文如下:"刘翊字子相,颍川颍阴人也。家世丰产,常能周施而不有其惠。……河南种拂临郡,引以功曹,翊以拂名公之子,乃为起焉。拂以其择时而仕,甚敬任之。阳翟黄纲恃程夫人权力,求占山泽以自营植。拂召翊问曰:'程氏贵盛,在帝左右,不听则恐见怨,与之则夺民利,为之奈何?'翊曰:'名山大泽不以封,盖为民也。明府听之,则被佞倖之名矣。若以此获祸,贵子申甫,则自以不孤也。'拂从翊言,遂不与之。乃举翊为孝廉,不就。后黄巾贼起,郡县饥荒,翊救给乏绝,资其食者数百人。乡族贫者,死亡则为具殡葬,鳌独则助营妻娶。"
② 前揭严耕望著作第225—226页。

掾。该碑阴中,将其置于督邮之前,则应当是郡中五官掾。由此可证,有出任郡府的"县中士大夫"存在。如此,《陈寔传》所言送行的"郡中士大夫",应是自颍川各县而来、曾任或现任郡府的"县中士大夫"之总称。那么,这些被称为"县中士大夫"的又是些什么人呢?下面从陈留郡入手考察这个问题。《隶释》卷五《酸枣令刘熊碑》碑阴刻有一百八十人(姓氏可辨者一百五十六名)。这些人的官职、姓氏一览表次列如下:

表 5.1 酸枣令刘熊碑阴所载姓氏一览表

官职等 \ 姓氏	李	苏	王	仇	颜	杨	尹	左	马	张	其他
华县长		1						戴			
郎中								许			
州从事				2							
守令·丞·尉	4	1	1	1		1		樊 诚			
五官掾			1								
督邮	2	1		1	1		1				
郡列掾	1										
郡曹史	1	1	2	1	1	1					
郡文学	1										
河堤从事	1										
州书佐						1					
县功曹	3	4		1	1	2	2	1	2		邴 三 毛 皮 殷 常 田
主簿									1		卫
从掾位	2		1				1	2	1	2	景 宋 陈 彭 挦

续　表

官职等＼姓氏	李	苏	王	仇	颜	杨	尹	左	马	张	其　他
处士	4	5	3		1	1	6	1	3	2	殷4　许2　杜2 宋　焦　纪　董 屈　邵　崔　雄 韩　桃　曹　樊
好学	8	1	1			3	1			3	江2　焦2　宋2 赵2　韩　鲁　阎 诚　寇　雄　毛 稽　许　程　卫 挦　翟

　　上表所载中央官僚或出任州郡府、县廷的人,有相当一部分可以视为"县中士大夫"(当然,处士中也有这样的人物)。如果这一点可以成立的话,由此表则可明确区分出酸枣县的"县中士大夫"中能够出任州郡府的姓氏和只在县廷任职的姓氏。李、苏、王、仇四姓在州府中多有出任,亦有就职"地方官"者。① 相对而言,尽管数目较小,颜、杨、尹、左诸氏亦有出仕州郡吏。而在县廷中颇有分量的马、张二氏未能同其他七姓一样,既能出仕于县功曹,又能就任于州郡府。这一点,应该是立碑时机及酸枣县地域等偶然因素所致,不能据此断定在其他地区也一直存在州郡和县的出仕区别,也不能说诸姓在县内产生了差距。即使承认这一假设,至少也难以否认,李、苏二氏是酸枣县强有力的家族,成员多在州郡任职。②

　　基于上述分析,重新审视增渊龙夫所举的《巴郡太守张纳碑》(《隶释》卷五)碑阴,就能够理解巴郡的郡吏出自各县四姓乃至十二姓的现象(也

---

① 这里的地方官指的不是中央派遣的太守、令长,而是由太守任命的各地的德望家、势家、有识者、才干者的临时县令长、丞、尉。参见滨口重国《漢碑に見える守令・守長・守丞・守尉等の官に就いて》(《书苑》第7卷1号,1943年,后收录于氏著《秦漢隋唐史の研究　下》,东京大学出版会,1966年)。
② 前揭增渊论文中谈到《酸枣令刘熊碑》碑阴,注意到郡县吏多有苏、李二姓,由此指出"郡县的掾吏不仅多由当地土豪、豪族把持,而且也表明同一豪姓多出掾吏"。不过,他没有分析县内豪姓之间的政治、社会地位关系,将"土豪和豪族"一概而论,均作为豪姓的做法也与本文的理解相左。

有仅出一姓或完全不出郡吏的县①)。对照陈留郡酸枣县的事例,在巴郡郡府出仕的人,或许就是巴郡诸县可称为"县中士大夫"的一些人。但是,与酸枣县的情况相同,在各县内,肯定有不出任郡吏而仅在县廷供职的"县中士大夫",当然也会有既任职于巴郡郡府亦能出任县功曹等县内右职的情况存在。

如上所述,可以判明,当时地方社会存在着被称为"县中士大夫"的人群,其中不仅有县廷吏员,还包括州郡吏员。增渊通过对《巴郡太守张纳碑》碑阴所刻姓氏与《华阳国志》所载大姓的比较,明确推断出,这些人多是当地豪族出身。② 尤其值得注意的是,郡中上层掾吏几乎均是当地豪族。若此,则酸枣县的"县中士大夫"多是豪族出身,而李、苏二氏因在县中尤具实力,而能够在陈留郡中担任上层掾属。

在此基础上,有必要分析一条反映东汉地方社会豪族阶层性质的史料。该史料见于列传五七《党锢列传序》,其中所载第二次党锢之祸的导火索,即山阳郡高平县朱并告发同乡张俭等人结党的事件。其文载:

---

① 《巴郡太守张纳碑》碑阴记载的巴郡掾吏姓氏出身一览表如下(＊为《华阳国志·巴志》所举诸县大姓。〔 〕为《华阳国志》中的大姓不见于碑阴者。( )内数字为碑阴同姓人员的统计。另外,各县情况据《续汉志》)。
【江州】＊然(2) ＊上官(2) ＊白 王 董 ＊毋 尹 愠 张 ＊鉛 丁 谒 〔波 谢 □ 杨 程〕
【宕渠】李(5) 王(2) 冯 沈 臧 曲
【朐忍】＊扶 〔先 徐〕
【阆中】＊黄 ＊严 杨 周 张 王 ＊赵 张? 〔三狐 五马 蒲 任〕
【鱼复】
【临江】〔严 甘 文 杨 杜〕
【枳】杨 员 张 ＊章 ＊牟 李 〔连〕
【涪陵】
【?江】龚 宋 田 ＊夏 〔黎 杜〕
【安汉】＊陈(3) ＊赵 王 ＊范 曹 郭 杨 邠 〔阎〕
【平都】张 〔殷 吕 蔡〕
【充国】李 胥 杨 何 ＊谯 王 〔侯〕
【宣汉】
【汉昌】〔勾〕
② 狩野直祯《後漢末の世相と巴蜀の動向》[《东洋史研究》15卷3号,1957年,后收录于氏著《後漢政治史の研究》(同朋舍,1993年)]指出:"《张纳碑》记载的61人中有20人,即近三分之一属于《华阳国志》记载的大姓,这些大姓正是本人关注的东汉末期的大姓、豪族。"

又张俭乡人朱并,承望中常侍侯览意旨,上书告俭与同乡二十四人别相署号,共为部党,图危社稷。以俭及檀彬、褚凤、张肃、薛兰、冯禧、魏玄、徐乾为"八俊",田林、张隐、刘表、薛郁、王访、刘祇、宣靖、公绪恭为"八顾",朱楷、田槃、疎耽、薛敦、宋布、唐龙、嬴咨、宣褒为"八及",刻石立墠,共为部党,而俭为之魁。

"刻石立墠"之"墠",与1973年于河南偃师发现的刻有东汉乡里父老就任约束的石券(宁可将之称为"父老墠"①)一样,表示的是一种组织。

下文中将此称为"党人墠",记有张俭同乡二十四人。《张俭传》称:"乡人朱并,素性佞邪,为俭所弃,并怀怨恚,遂上书告俭与同郡二十四人为党。"又《三国志》卷六《魏书·刘表传》引张璠《汉纪》曰:"表与同郡人张隐、薛郁、王访、宣靖、公绪恭、刘祇、田林为八交,或谓之八顾。"人名顺序与《党锢列传》不同,但这些人均属同郡。张俭、刘表本传皆称二人为高平县出身,其他人则检索不得。二十四人中,张姓、薛姓各三人,刘、田、宣姓各二人,剩余十二人均一人一姓。张俭任郡督邮,刘表受辟于大将军府,两人均为中央级清流名士——"八及",可见张姓与刘姓无疑是高平著姓。而其他各姓,据宫川尚志研究,从三国以后的史籍记载能够推定,檀、徐、田三姓亦为高平县之豪族。② 而从王龚、王畅父子的传记中可以明确,王氏也是高平名族。问题在于薛氏,列传五〇下《蔡邕传》注引谢承《后汉书》中有关于陈留郡考城县史氏与山阳郡钜野县薛氏通婚的记载,可以推断薛氏当为钜野县的豪族。如果党人墠是由高平县籍者组织的,则应考虑薛氏在高平县也有分布。不过这样一来,就很难确定党人墠的成员是分散于整个山阳郡,还是只是由高平县出身者组成。但二十四人中大多数出身高平,又没有发现如司马、满、范、李等其他县的豪族,③因此不妨将党人墠看作

---

① 宁可:《关于〈汉侍廷里父老僤买田约束石券〉》,《文物》1982年12期。关于该石券研究参见本书第一章第三节。(原著将宁文标题中"僤"字误写为"邢",今改。——译者注)
② 宫川尚志:《六朝史研究 政治·社会篇》,学术振兴会,1956年,第197—198页。
③ 【司马】《安帝纪》元初元年条有"大司马山阳司马苞为太尉",注引谢承《后汉书》作"东缗人"。
【满】《三国志》卷二六《魏书·满宠传》作出身山阳昌邑,"年十八为督邮"。　(转下页)

是高平县出身人士创设的组织。既然如此,这二十四人就是高平县中被称为"县中士大夫"的人士,而其中的张、薛、刘、田诸氏又是在县内颇有实力者——"郡中士大夫"。高平县还有"世为豪族"(列传四六《王龚传》)的王氏,党人埤中就有该王氏的一名成员,同样来自这一氏族的王畅亦名列中央名士"八俊"之一。因此,王氏在山阳郡士大夫群体中,当占有首领位置。相反,与宦官勾结、密告党人埤的朱并,在高平县中则是"县中士大夫"不与为伍的阶层。①

综上所述,可见增渊龙夫所谓郡县统治机构的操纵者是豪族的观点是正确的,但从更深层面考虑,诸豪族间又存在一个等级之差,能够出任郡吏的豪族与只能留于县廷的豪族之间,区别在东汉后期更加明显。② 把握住这点就不难理解,"其先三世为郡吏"(《孟尝传》)、"世仕州郡为冠盖"(《王允传》)云云,实际上意味着该族的政治和社会地位。

据此,不妨在以下的论述中以豪族的官吏化程度将其分为两个类型:士大夫豪族和非士大夫豪族。前者拥有众多修习儒学的儒生即士大夫,并从中不断产出中央官僚和州郡吏。后者虽也拥有士大夫,但基本上只能留任于县廷。以酸枣县为例,苏、李二氏显然是士大夫豪族,王、仇、颜、杨、尹、左氏等也算得上士大夫豪族,而张、马以下诸氏,则属于非士大夫豪族。在颍川郡,荀、韩、钟、李诸氏为士大夫豪族,刘翊所属的刘氏为士大夫豪族,而黄纲则为非士大夫豪族的一员。

前引《巴郡太守张纳碑》碑阴所载巴郡掾史中,安汉县出了八姓。与其他七姓均只载一人不同,陈氏就占了三人。安汉陈氏和东汉中期曾受贵戚邓骘辟召的陈禅是一族,③陈禅本人就任过巴郡功曹。由此可以证明,

---

(接上页)【范】列传七一《范式传》作金乡人,从本传可推测出身豪族。
【李】《三国志》卷一八《魏书·李典传》作山阳钜野人,"徙部曲宗族万三千余口居邺"。

① 但是,党人埤廿四人中有朱并,他很可能是朱并的同族。同族内并存士大夫和非士大夫之家,这在川胜义雄在前揭著作中对陈留圉县高氏、蔡氏的分析也可佐证。山阳高平朱氏应该也是如此。
② 宫崎市定《九品官人法の研究》(东洋史研究会,1956年)第538页分析过四海大姓、郡姓、州姓、县姓的区别。这主要是反映北魏时期汉人姓氏的序列,但四姓序列化的胚胎应该结自东汉后期。
③ 关于安汉陈氏的专论有上田早苗《巴蜀の豪族と国家权力——陈寿とその祖先たちを中心に——》(《东洋史研究》25卷4号,1967年)。

安县陈氏是巴郡的士大夫豪族。同样出有两名以上郡吏的江州然氏、宕渠县李氏和王氏都是出有中央官僚的士大夫豪族。[1]但如江州上官氏，虽是出有两名以上郡吏的士大夫豪族，但却不曾出过中央官僚。这类虽出任郡府，但仅限于郡府掾史的士大夫豪族不仅在巴郡，在其他地方都是普遍存在的。酸枣县的李氏和苏氏，可能与列传七一所说李充的情况类似，只是在《后汉书》中声名未显。类似这种士大夫豪族在中央入仕之际所出现的差别，究竟缘何而生？这个问题将不可避免地涉及县级士大夫和非士大夫豪族之间的序列化问题。

东汉诸生游学之风盛行，其背景因素无疑是选举对儒学的要求。豪族会选择族内优秀的年轻人让其游学。不仅豪族如此，只要是家内稍有富余的小农家庭，诸生外出游学的情况也不在少数。如第三章所述，诸生在不同阶段接受儒学修养、能力的考核，取得相应的地位，因此，作为入仕中央的先决条件，入仕郡府者自然要求具有一定的儒生修养和能力。由此看来，同样是豪族，但因儒学修养和能力的差别，出仕于县廷、州郡府或中央政府不同层次的可能性，也就出现了不同。这种情况累世延续，在某族内便出现了一个或多个持续推出中央官僚或州郡吏的家庭。拥有此类家庭的家族，在孝廉选举、郡县吏任用时，相对于没有此类家庭的家族，会居于更优越的地位，豪族之间社会、政治地位的序列也随之产生。当然不可否认，经济实力的强弱、所有土地面积的大小、家族成员的多寡、僮隶宾客的数目，这些因素对特别是县一级序列的形成有很大影响力。但在儒家价值观强化的东汉社会，对于州郡和中央级别人物或门第的评价，终究还是由儒学修养、能力的高低，以及累世所出州郡吏或中央官僚的频率来确定的。

三、郡县吏的任用实态

上节论述了士大夫豪族与非士大夫豪族之间的区别及其在郡县内的序列化，并从基于儒家价值观、包括孝廉选举在内的中央选举制中，寻求该序列产生的主要原因。本节拟探讨的是郡县府廷的掾史任用和孝廉选举

---

[1] 据《华阳国志》卷一二《益梁宁三州先汉以来士女目录》，江州县然氏、宕渠县李氏均出过桂阳太守（然温、李温）。宕渠王氏则有在《三国志》卷四三《蜀书》立传的王平（镇北大将军）。

等方面的实际形态,以期进一步阐明这一问题。

列传七四《王霸妻传》载,王霸友人楚相令狐子伯之子任郡功曹,奉父书而访王霸。王霸见儿子和子伯之子在举止、服饰上差异很大,不禁动摇了隐逸之心,后来在其妻子的劝谏下,全其宿志。王霸,太原广武人,在《逸民传》中亦有传,是光武帝时期有名的隐士,可能是太原王氏的一员。其友人令狐氏也是战国以来分布于太原、上党的豪族。这类地方豪族子弟在相当年轻的时候即被征用为功曹等郡中右职,再通过孝廉、辟召等途径,跻身于中央官界,如此事例在东汉时期相当普遍。桓帝时人朱穆,二十岁已任南阳郡督邮,迎接新太守时,太守问他:"君年少为督邮,因族势? 为有令德?"(列传三三《朱穆传》引谢承《后汉书》)东汉时期地方豪族在选举中的强大影响力,从太守的话中可见一斑。如太原令狐氏、南阳朱氏这样,出身于士大夫豪族,通过修习儒学成为儒生,继而担任郡县中的右职。这些就是在《陈寔传》中被称为"郡中士大夫"的人群。《后汉书》中这样的例子俯拾即是。上谷昌平寇恂"世为著姓,恂初为郡功曹"(列传六);魏郡繁阳名族出身的冯勤"初为太守铫期功曹"(列传一六);东汉中期扶风郿人法雄"世为二千石。雄初任郡功曹,辟太傅张禹府"(列传二八);颍川舞阳士大夫豪族韩棱"初为郡功曹"(列传三五),后受征辟;东汉后期,祖父、父亲历任太守的梁国桥玄"少为县功曹"(列传四一),举孝廉;陈留考城史弼,其父历任尚书、郡守,据传(列传五四)注引谢承《后汉书》,"弼年二十为郡功曹",后为公府辟召。"初为郡功曹"这一固定表达,未必就指初任,在郡府中,一般的晋升次序是曹掾、主簿、督邮、五官掾、功曹。① 如朱穆、史弼这样弱冠之年即任右职,如果没有家族、门第的势力是不可能的。出身于有势力的豪族,若又"志行修整",自然就能就任功曹。有记载反映,这在东汉初期的南阳郡是一种常识。②

但是,也有不出身于士大夫豪族,却就任于郡功曹的例子。列传三三《乐恢传》载:

---

① 参见前揭严耕望著作第 332 页。
② 参见列传一二《马武传》。

乐恢字伯奇,京兆长陵人也。父亲,为县吏,……恢长好经学,事博士焦永。……遂笃志为名儒。……后仕本郡吏,太守坐法诛,故人莫敢往,恢独奔丧行服,坐以抵罪。归,复为功曹,选举不阿,请托无所容。同郡杨政数众毁恢,后举政子为孝廉,由是乡里归之。辟司空牟融府。

从乐恢之父仅为县吏可以推测,他不是出身于士大夫豪族。而且,据注中所引《东观汉记》记载,乐恢在结束学习后,于郡中任户曹史。一般情况下,只要是士大夫豪族出身的知名儒生返回乡里,即可就任郡功曹等右职,①乐恢仅任户曹史即可证明他非士大夫豪族出身。从前引史料的记述可以推测,可能京兆尹士大夫豪族间曾对乐恢任职功曹有所异议,在选举中,或许也有士大夫豪族阶层将自己的意志多次强加于乐恢的情况。其中的代表,就是章帝时期官至左中郎将、列于《儒林传》中的传《易》大家杨政,他被视为京兆尹士大夫豪族的指导者之一。由杨政发起的"数众毁恢"的这个"众"是问题所在,这点将在后文中再作讨论。乐恢虽不是士大夫豪族,却能够担任郡功曹,无非是由于他的儒学功底和选举不阿的清廉得到太守的好评。若是乐恢无儒学高名,又不能受到太守欣赏,他充其量就只能以县吏终仕。与乐恢相同,因受太守欣赏而被擢升为郡功曹的还有齐国临淄吴良。时任议曹掾的吴良,在岁旦聚会上纠劾门下掾王望,说他诌媚太守,称颂功德,进言太守勿受其觞,太守因此擢拔他为功曹。(列传一七《吴良传》)这表明太守在郡府的人事问题上有相当的自主性和权限。这一点也可以从邓衍的例子中看出来。南阳新野名族出身的外戚小侯、县功曹邓衍,虽然明帝召令他可以自称南阳郡功曹,但当时的南阳太守虞延却因其"虽有容仪而无实行",未尝加礼,坚持不任邓衍为南阳郡功曹及右职。这亦是一则发生在东汉初期、太守维护郡府人事自主性而忤逆皇帝、外戚,摒弃南阳士大夫无形压力的例子。

然而,并不是整个东汉时期,太守在郡府人事任用问题上都具有自主

---

① 参见列传一五《鲁丕传》、列传二三《虞延传》、列传二五《曹褒传》、列传五七《范滂传》等。

权。乐恢、吴良和虞延都是东汉前期的人物,随着时代推移,士大夫豪族对郡府人事的发言权逐渐增强,非士大夫出身或单寒士人,除非有极高的声望或出于侥幸,很难得到在郡府中担任右职的机会。下面再就东汉时期单寒人士的情况略作论述。

首先回到本节开始时提到的陈寔其人。颍川陈氏因陈寔而兴,至其子纪、谌之时,陈氏已名动天下,陈群任魏司空,更使陈氏成为士大夫社会举足轻重的望族。但据陈寔本传,他"出于单微","作县吏,常给事厮役",后为都亭佐。然而"有志好学,坐立诵读",认真的态度受到许县令邓邵的垂青,因而能够受业于太学。毕业不久,从督邮迁郡西门亭长后,出现了以陈寔任郡功曹的呼声。列传五二《钟皓传》载:

> 同郡陈寔,年不及皓,皓引与为友。皓为郡功曹,会辟司徒府,临辞,太守问:"谁可代卿者?"皓曰:"明府欲必得其人,西门亭长陈寔可。"寔闻之,曰:"钟君似不察人,不知何独识我?"

陈寔因颍川长社士大夫豪族钟皓的推荐而出任郡功曹。从亭长升任郡功曹,这在颍川郡内士大夫豪族看来,应该是意外的安排。从后文陈寔的话中可以看出,以当时仍是单微之士的陈寔出任功曹,他预测将引起轩然大波,言语之中可以感到他本人对此任命的犹疑。但事实上,陈寔任功曹后,又经过前文已提及的选举事件而成为全国知名人士。自单微而起,成为天下士大夫仰慕的对象,陈寔的这种变化,实际上是靠颍川郡士大夫钟皓的推举。①

然而,与陈寔的情况相反,在同时代,也有因不为士大夫豪族所容,结果终生拘囿于县吏的名士,如陈留考城的仇览(列传六六)。他的经历与陈寔类似,四十岁补为县吏,选为亭长,通过考城令王涣而署为县主簿。后入太学,得符融、郭泰称誉而名闻中央。从这个阶段开始,受到州郡的召辟,他皆不就。但仇览"少为书生",在本传末尾又记述了仇览家中有

---

① 列传六一《朱儁传》中,"少孤,母尝贩缯为业"的朱儁,受县长推荐自门下书佐为太守,历任郡职,后举为孝廉。

"堂",与陈寔"单微""家贫"不同,也许仇览是前述陈留酸枣县士大夫豪族仇氏中的一员亦未可知。但这里也还有点问题,考城县与酸枣县有一定距离,仇氏的本家在酸枣县,而从仇览的经历看,考城县的仇氏即便不是贫穷的单微之家,为非士大夫豪族的可能性也很大。这一点,通过与前述考城县士大夫豪族出身、二十岁便任郡功曹的史弼比较而观,也可以充分理解。

以上论述的是士大夫豪族与非士大夫豪族在郡县吏任用和孝廉选举上的差异,以及非豪族出身者在这两方面受到的冷遇。其结果就是,太守、县令不得不任用当地的士大夫豪族为郡县右职。而士大夫豪族借由这些右职,特别是郡县功曹"于外白署"之权,得到了定夺郡县吏任免的权力。① 豪族阶层能把持选举,不仅是因为他们在太守面前有政治话语权,也是豪族集团的结构带来的结果。范晔指出,党锢之祸萌发于甘陵南北部的对立。两家各自的主张经由宾客,以风谣形式传播,② 实际的斗争也都借由宾客展开。这里应该注意的是,与其相同的模式在当时的乡里社会也普遍存在,而且与选举密切联系。总而言之,豪族能动员宾客,通过风谣或者暴力威胁,左右乡里舆论。因此,郡太守不得不推举豪族出身者仕任。这种选举上的差别,随着东汉时代的推移逐渐常态化。在发展的过程中,东汉中期,"世二千石""累代三公、帝师"之家开始从地方郡县士大夫豪族中派生而出,形成了小农民、非士大夫豪族、士大夫豪族、中央官僚的序列。在这种情况下,辟召、征召作为取代孝廉选举的晋升捷径而大为盛行。这是中央政府面对士大夫豪族阶层把持郡县右职和孝廉选举的局势,为确保处士等在野人才的录用而采取的措施。然而,永田英正的研究表明,它也被士大夫豪族阶层利用为晋升的途径。③

四、乡论与风谣

《后汉书》中,在表示"议者"相似的乡论主体时,多称为"论者"或"时

---

① 类似情况,如列传三八《爰延传》载,陈留外黄令牛述将政事委托功曹,列传五七《党锢列传序》对汝南、南阳太守与功曹关系也有描述。
② 参见列传五七《党锢列传序》。
③ 永田英正:《漢代の選挙と官僚階級》,《东方学报》第41册,京都,1970年。

人"。下面将讨论这里的"论者""时人"指的是哪些人？

《史弼传》（列传五四）记载，平原太守史弼受宦官侯览所诬，被判处弃市时，曾被他举荐孝廉的魏邵与郡人合谋卖掉郡邸以贿赂侯览，因此史弼得减死罪一等。但是，"时人或讥曰：'平原行货以免君，无乃蚩乎！'陶丘洪曰：'昔文王牖里，闳、散怀金。史弼遭患，义夫献宝。亦何疑焉！'于是议者乃息"。这里的"时人"与"议者"是同一主体，而列传五四《延笃列传》中"时人或疑仁孝前后之证，笃乃论之曰"，延笃是"论者"，而"时人"是提出仁孝论之类问题的人。所谓"时人"，一般指同时代的人，又含有当时的人的含义。但是通览"时人"的用例，在多数场合中的主体指的是如上述那样有些学问的人，即士大夫。"时人"本意固然不是指这种特定的社会阶层，但进入东汉后，具有时代含义的士大夫阶层就成为它的主要内涵。

但同时，"时人"的用例中也有如下情况。章、和时期之人冯豹其传（列传一八下）载：

> 豹字仲文，年十二，母为父所出。后母恶之，尝因豹夜寐，欲行毒害，豹逃走得免。敬事愈谨，而母疾之益深，时人称其孝。长好儒学，以《诗》《春秋》教丽山下。乡里之语曰："道德彬彬冯仲文。"举孝廉。

这里"时人"与"乡里"共同造势，乡里舆论成为冯豹得以选为孝廉的重大推动力量。可以看出，东汉前期，乡里评价对郡县吏的任用和孝廉选举的意义重大。

与此相关，再探讨解释前文所引《乐恢传》中"数众毁恢"的含义。这一句话可以理解为"众人屡次诋毁乐恢"，这里的"众"指的是哪些人呢？这不得不与前引《乐恢传》引文最后一句"乡里归之"所言"乡里"联系在一起考虑。

《太平御览》卷二六四所引《东观汉记》载：

> 赵勤，南阳人，太守桓虞召为功曹，委以郡事。尝有重客过，欲托

一士,令为曹吏。虞曰:"我有贤功曹赵勤,当与议之。"……

赵勤是光武帝族兄刘赐之姐的儿子,是南阳士大夫豪族中的一员。赵勤言"若任用此士为曹吏,恐怕不能合众意",表示在人事任用上的难处。这里的"众"恐怕应该是指南阳郡府内的掾吏。列传一九《郅恽传》载:

> 太守欧阳歙请为功曹。汝南旧俗,十月飨会,百里内县皆赍牛酒到府宴饮。时临飨礼讫,歙教曰:"西部督邮繇延,天资忠贞,禀性公方,摧破奸凶,不严而理。今与众儒共论延功,显之于朝。太守敬嘉厥休,牛酒养德。"主簿读教,户曹引延受赐。

与《后汉纪·光武帝纪》(建武十九年十月)的记载不同,这是一条颇具意味、反映郡府孝廉选举情况的史料。汝南郡府所聚集的各人包括县令长、丞、尉、功曹等右职,还有郡府太守、郡丞、郡功曹以下的右职与列曹掾。太守所言"众儒"大概就是指这些郡内士大夫豪族出身的人们。《乐恢传》《东观汉记》中的"众"之所指,虽缺乏直接的证明,但汝南郡府的"群儒"与上述之"众"的含义在实际上是吻合的。若此推测成立,则赵勤所言之"众",可以认为是指郡内广大士大夫豪族。由此推论,在三辅、南阳、汝南等先进地区,士大夫豪族阶层以郡府为中心形成的人物评判风气——乡论,在前期业已逐渐形成。但是,如乐恢因选举公正而"乡里归之"所显示的那样,不可否认,乡里社会无形舆论的批评对郡县吏尚有一定的规制力。然而,这里的"乡里"并不是指乡里民众,而是指作为其核心的士大夫豪族阶层。下述例子也颇具意味,列传五四《赵岐传》云:

> 先是中常侍唐衡兄玹为京兆虎牙都尉,郡人以玹进不由德,皆轻侮之。岐及从兄袭又数为贬议,玹深毒恨。

后来,桓帝延熹元年(158),时任京兆尹的唐玹尽杀赵岐之家属宗族,赵岐开始他的亡命生涯。可以窥见,郡人对宦官体系地方官的讥议——乡论,京兆尹士大夫豪族赵氏至少对其酝酿干系颇深。也可以这样理解,如前述山阳郡高平县党人埒一样,京兆尹士大夫豪族圈里,以赵氏等人为中心而形成的讥议,在京兆尹内广为散布。

如上所述,"论者""议者"实际上指的是士大夫豪族。在东汉后期,"乡里""郡人"的讥议、评判,也形成了以士大夫为中心的局面。换言之,不可否认,在多数情况下,乡论仍需借助广大民众的宣传;但是,乡论的内容和成因,都是由士大夫豪族层决定的。汉阳太守桥玄强行辟召著名处士姜岐,导致"郡内士大夫亦竞往谏,玄乃止。时颇以为讥",最后不得不"谢病免"。汉阳郡内士大夫豪族的乡论影响可见一斑。

所谓"乡论",是指东汉地方社会中,以士大夫豪族为主体,带有政治、社会性强制力,以人物评价为中心的议论。但我们对于乡论,并不能仅限于对其形成主体的探讨。由士大夫豪族所主持的乡论,其褒贬指斥,既可保全他们的政治、社会地位,也可使之低落或丧失。但是为何这种"乡里舆论"的形式,能使指责或赞誉产生政治、社会性的影响力呢?

列传二一《羊续传》云:

> 中平三年,江夏兵赵慈反叛,杀南阳太守秦颉,攻没六县,拜续为南阳太守。当入郡界,乃羸服间行,侍童子一人,观历县邑,采问风谣,然后乃进。其令长贪絜,吏民良猾,悉逆知其状,郡内惊竦,莫不震慑。

如上,风谣是了解郡内实际情况的重要手段。类似的"采问风谣",在整个东汉时期,中央政府都有实施。[①] 能使执政者了解政治世界中难以见到的被隐藏的部分,"风谣"自古以来就蕴含有重要的政治机能,此点自不待言。从《后汉书》中能检索出很多以"吏民""百姓""童"等为主体的

---

① 《后汉书》列传六六《循吏传序》记载:"(光武帝)数引公卿郎将,列于禁坐。广求民瘼,观纳风谣。"列传七二《李郃传》记载:"和帝即位,分遣使者,皆微服单行,各至州郡,观采风谣。"列传五七《范滂传》又曰:"复为太尉黄琼所辟。后诏三府掾属举谣言,滂奏刺史、二千石权豪之党二十余人。"最近关于风谣的研究,参看串田久治《中国古代『謠』の社会史の研究——その課題と研究史——》(《愛媛大学法文学部論集》文学科編第 26 号,1993 年),以及同氏《桓帝期『童謠』の社会史の考察》(《中国研究集刊》辰号,1993 年)等一系列论文。

"语"或"谣"。本书不可能对其全部进行讨论,但从与之前问题的关联而言,正因为"风谣"出自乡里社会,注入了劳动民众的思想,因此潜在带有政治社会的约束力。即使风谣的史料亡佚无存,"为乡曲所弃",或"不为乡里所容"等,仍可以反映出民众无形批判力量的存在。当然,对于地方社会的主宰者——士大夫豪族来说,如何行事才能使来自民众的批判不会以风谣的形式表现出来,这是他们所关心的事情。原因在于,"风谣"必然会影响到郡县吏的任用、孝廉选举与辟召。[①] 特别是东汉末期中央宦官与清流严重对立时,在地方上,浊流系地方官及勾结浊流的非豪族和非士大夫豪族,也与士大夫豪族之间,特别是围绕选举问题,抗争愈加明显。由于浊流人士压迫民众,[②]因此民众也以风谣的形式加以抨击。士大夫豪族在利用这些风谣、乡评的同时,还不得不依靠以自身为主体形成的乡论来对抗浊流。士大夫豪族秉持的儒家思想,以民众社会的安定为理念,因此也必须立足于风谣所展现的乡里舆论。总之,东汉时期,在西汉以来就一直存在的民众政治批判、人物评价——风谣的基础上,形成了由士大夫豪族阶层为主体的乡论——清议。由此看来,川胜提出的第一、第二级乡论中,很难否定第一级乡论对第二级乡论所产生的影响。

以上探讨了《陈寔传》中的几个问题。下面,以前文考察为基础,就由士大夫豪族主宰的地方社会的选举体制、豪族阶层的政治社会关系以及清流运动的社会基础进行一个概要总结。

虽然伴有地域性差异,在东汉时代的地方社会,修习儒学、被称为"士大夫"的知识阶层逐渐形成,从士大夫阶层中选用中央官和州郡吏的倾向也在不断增强。在这种趋势下,从乡里社会中的官吏化程度来看,士大夫豪族—非士大夫豪族—小农阶层这种序列同时也渐渐形成。就官僚等级制来看,也存在着相应的中央官僚、州郡吏—县、乡吏—庶人的序列。当然,地方社会中处于经济优越地位的豪族的社会约束力十分强大,此阶层

[①] 列传五七《范滂传》中有这样一例:"(汝南)太守宗资先闻其名,请署功曹,委任政事。……滂外甥西平李颂,公族子孙,而为乡曲所弃,中常侍唐衡以颂请资,资用为吏。滂以非其人,寝而不召。……"
[②] 江幡真一郎:《後漢末期の農村崩壞と宦官の害民について》,《集刊東洋学》21,1969年。

序列并不全面反映地方社会政治、社会力量的关系。但是，东汉时代，能够被称为"士大夫"者多是豪族出身，上述序列能够充分反映地方社会实际力量的对比关系。而且，该序列结构在豪族的一族之内也能体现出来。正如上田早苗指出的那样，①一个宗族内，包含着官僚、掾史、学者、农民、商人等众多职业的族员，其中大部分从事农业生产，因此族员之间因贫富差距而形成了复杂的关系。据此可以推测，在一族之内，亦存在着士大夫之家、大土地经营者、包括假作者在内的小农之家的序列。这种结构，在西汉后半期已经开始萌芽，东汉前期，在一些地区渐渐形成。三辅、河南、颍川、汝南、南阳等东汉前中期官僚辈出的地区即是此例。至东汉中期，巴蜀、关东（特别是黄河下游右岸）、江淮等地区也渐渐形成这种序列。至东汉末期，这种结构基本上在全国范围内形成。

士大夫豪族与非士大夫豪族之间，既有联合共存的一面，又有矛盾的一面。所谓联合的一面，表现为：面对中央出任地方的太守对地方豪族阶层的压制及其对豪族阶层的统治方式，士大夫豪族阶层出身的功曹则对太守加以劝谏，太守也不得不顺从这种意图。② 在这种情况下，功曹，无论是士大夫还是非士大夫，都是整个豪族阶层的代言人。而两者的矛盾则体现在选举上。郡功曹掌握着郡吏任免、孝廉选举的实权，而郡功曹基本上均由士大夫豪族出任。在县廷，士大夫豪族也通过功曹掌控县吏的任免。对于非士大夫豪族而言，进入郡县府廷，尤其是出任郡府官吏，有难以突破的壁垒。因此，非士大夫豪族必然依赖于贵戚或宦官，或者请托具有郡孝廉选举、辟召权限的中央或地方官僚。而且，士大夫豪族信奉的儒家理念，驱使他们衷心成为民族之望，作为士大夫豪族，他们必须抑制非士大夫豪族对民众侵夺的一面。③ 他们意识到民众的风谣具有相当的政治、社会约束力，因而努力培养儒学教养和能力，精进德行。面对非士大夫豪族与民众之间不可避免的对立，以上诸因素都促使士大夫豪族倾向于后者。此外，既然乡论是豪族社会内的评判，带有划分等级的性质，作为豪族社会的一

---

① 上田早苗：《後漢末期の襄陽の豪族》（《東洋史研究》28 卷 4 号，1970 年）。
② 列传四六《王畅传》记载南阳太守王畅厉行镇压豪族政策，在郡功曹张敞的谏言下稍稍宽和。
③ 本节脚注引用《刘翊传》的内容即是一例。

员,士大夫豪族也不得不受其立场的制约,而陷入两难的境地。此外,在士大夫之家—大土地经营之家—小农家庭的同族内部构成中,士大夫之家与大土地经营之家间的矛盾也不可避免。① 川胜义雄认为的清流豪族自身的矛盾性质,②正是由士大夫豪族的社会地位带来的内在状况。

然而,借助东汉后期形成的地方社会序列,士大夫豪族阶层达到鼎盛,并确立了进入中央官界的基础。毋宁说,正是中央政府的察举、辟召、父任等选举,促成了士大夫豪族阶层的形成,使得他们以官僚之家积累根基,并最终成长为阶层序列结构的主宰。他们在地方上形成士大夫集团,占据郡县掾史尤其是其中的右职,操纵乡论,掌握选举实权,垄断步入中央的仕途。凡此种种,就是"察举体制"的内涵所在。

那么,对于察举体制的主宰者——士大夫豪族阶层来说,他们的政治课题是什么呢?为回答这个问题,我们必须考察东汉末期的大狱事件——党锢。

---

① 列传三五《袁闳传》、列传五八《许邵传》中均记载了同一士大夫豪族内的士大夫之家相互反目的情况。包括这些情况在内,对多个家庭构成的士大夫豪族进行更精细的结构和情况分析作为今后的课题。
② 前揭川胜义雄著作第36页。

第六章 党　　锢

引　　言

东汉末年桓灵之际兴起的党锢，以及接踵而来的黄巾之乱，对于汉晋过渡期的考察而言，是极为重要的事件。以往关于这一事件的论述颇多，但在展望六朝时代的视野下探究其历史意义的研究却较为少见。川胜义雄的《中国中古贵族政治的成立》与《汉末的抵抗运动》，是现有成果中理解最深刻的两篇论文。① 川胜先生在前一篇论文中指出，东汉末年形成的士大夫集团（清流）是六朝贵族的渊源。他试图以党锢事件为媒介，阐明东汉至魏晋的历史发展。

从学术史脉络来说，川胜的见解可追溯到宇都宫清吉对杨联陞观点的批判。杨联陞认为党锢事件的本质，是清流豪族与浊流豪族的对立。② 而宇都宫一方面指出不能将宦官视为豪族，同时也不认同杨联陞用"豪族"一语概括清流，对于杨联陞所谓清流是为获得政权而进行斗争的观点，宇都宫亦不赞成。而且宇都宫认为，清流是指当时的知识阶级，不能和社会经济史术语中的豪族混为一谈；清流的斗争也不是为了获得政权，其实是为了追求汉代社会的本质（作为汉代社会秩序原理的政治力量、作为政治

---

① 川胜义雄：《シナ中世贵族政治の成立について》，《史林》33卷4号，1950年；《漢末のレジスタンス運動》，《東洋史研究》25卷4号，1967年。两文后收入氏著《六朝贵族制社会の研究》，岩波书店，1982年，收入时前者题名改为《貴族政治の成立》。下文拟用"前者""后者"简称第一篇和第二篇论文。另外，川胜在《貴族制社会の成立》（《岩波讲座世界历史》古代五，1970年，同收入氏著《六朝贵族制社会の研究》）中也论及党锢，论调与第二篇论文稍异，但基本主旨相同，故本书提到川胜观点时，以第二篇论文为准。
② 杨联陞：《东汉的豪族》，《清华学报》11卷4期，1936年。

力量核心的皇帝,以及对皇帝的尊奉忠诚)。清流一派的根基不在豪族阶级,而在于清议,即普遍舆论。① 要言之,宇都宫觉察到了党锢事件的本质,即支撑汉帝国秩序的儒家意识形态与扰乱帝国秩序的浊流势力之间的对决。

川胜义雄继承宇都宫的观点,发表了上述第一篇论文。对此,增渊龙夫提出批评,直言川胜关于知识阶级的理念性解释有过度之嫌。他认为,当时的知识阶层中,显然有人与浊流势不两立,但也有一群人士对清流派亦腹诽心非。这些人士严厉批判清流群体将儒教价值标准表面化、外在化与自我矛盾等行为(清流派的初衷是批判外戚,但外戚却被清流自己推举为领袖)。如此,就应该考察名教所谓天下秩序与现实中国家社会的偏差,来探究支撑这群人士(增渊龙夫称之为"具有逸民风格的人士")的社会根基在哪里。②

增渊龙夫的这一批评,无论是事实方面,还是清流的自我矛盾等方面,都是川胜义雄不曾注意到的盲点。面对增渊的批评,川胜的第二篇论文再次尝试对党锢事件进行更深入的分析。文章首先确认逸民也是清流中不可分割的一部分人群,接着从当时乡邑社会的实际情况出发,解释他们抵抗的理由。他认为产生这种抵抗的社会条件,是"多个豪族围绕乡邑统治的竞争,直截了当地说,是豪族领主化倾向导致的小农逐渐没落和阶层分化加深,是乡村旧秩序的分裂与崩坏。清议之徒主张起用有德贤者,呼吁遵守乡举里选,无非就是在这种乡邑旧秩序急剧崩坏背景下提出的秩序重建的要求"。这种对立,"是由多个豪族引发的乡邑秩序分裂与豪族自身的身份分裂,以及由乡邑秩序破坏导致的豪族对小农的阶级压迫,甚至还有混合了这三者的对立"。所谓"豪族群体自身的身份分裂",是指豪族本来具有的自我扩大性与深刻体现儒家思想的知识分子性质之间的矛盾、分

---

① 宇都宫清吉:《書評 陳嘯江氏〈魏晋時代之"族"〉 楊聯陞氏〈東漢的豪族〉》,《东方学报》京都第9册,1938年,收入氏著《中国古代中世史研究》(创文社,1977年)。
② 增渊龙夫:《後漢党錮事件の史評について》,《一桥论丛》44卷6号,1960年。另外,矢野主税也与增渊氏一同批评川胜义雄的观点,参看氏著《門閥貴族の系譜試論》,《古代学》7卷1号,1958年,增补后收入氏著《門閥社会成立史》(国书刊行会,1976年)。对此,川胜理所当然地在前揭《貴族制社会の成立》中对矢野之说予以反驳。

裂。对立以知识阶层的受挫告终,宦官与浊流豪族勾结,领主化路线步步推进。由此出现的流民、贫农与富家豪族阶层之间的对立,成为当时主要的对立关系,一直持续到黄巾之乱的爆发。之后,在因黄巾之乱而陷入无序状态的乡邑,大姓和知识阶层协同合作,而知识阶层承担起沟通乡邑与上层权力的媒介作用。因此,"成为权力媒介的知识阶层,一方面较之位于权力下层的地方大姓更具优势,能起到抑制地方大姓坐大——领主化的作用;另一方面,作为下层权力的代表,即所谓'民望',在支撑上层权力的同时,也限制了其方向。于是,这一社会阶层形成'士'的身份阶层,在此基础上建立了文人贵族制社会"。

川胜此说是以世界史问题关照为背景构想的:为何中国没有像西方那样形成宗主封建制,而是最终形成了一个贵族制社会?他的论述,对党锢这一历史事件复杂至极的社会史背景,进行了淋漓尽致、清晰周详的分析。[1] 要对川胜的研究提出异议殊非易事,但这里仍不揣冒昧,拟在前文

---

[1] 好並隆司在《曹操政権論》(《岩波讲座世界历史》古代五,1970年)一文中对川胜观点提出批评。他所理解的党锢是宦官与土豪阶层、豪族阶层及富农阶层三足鼎立的斗争。宦官旨在维护皇帝独裁体制,而土豪阶层也力图在这一体制内确保自身权益。豪族与富农阶层则与之对立。其中,豪族阶层以外戚为中心,追求的是豪族政权体制;富农阶层表现为党人形态,他们争取的是建立在以自身为中心的乡邑共同体上的皇帝统治体制。然而,从史料中很难判断土豪与富农的实际区别,二者各自期待的乡里社会秩序的本质差异,也应作为今后的课题加以思考。另外,如果与外戚处在同一阵营的豪族阶层是清流派士人,那么能否将其与富农阶层的党人,视为截然两分的政治势力? 这一点也是问题所在。最近,渡边义浩《後漢国家の支配と儒教》(雄山阁,1995年)第七章《党锢》在讨论党锢事件时,也对川胜的论断提出质疑。不过,渡边对诸家的批评和论述似也有不少令人难以信服之处。例如,川胜将当时的豪族分为"清流"与"浊流"两大类,渡边义浩批评这一分类不能成立,但其依据的是樊陵的例子,认为:"对樊陵来说,'清流'也好,'浊流'也罢,都是政治立场的问题,说到底,只要能成为高级官僚,无论倒向哪一方皆可。"此外,"是追随宦官,抑或成为'党人'? 这个问题,其实就是要做一个政治判断:从乡里社会的存在形态出发,到底是选择阿谀宦官以迅速讨得高官,还是选择遵从自己的儒家理念,等待陈蕃等人的登用,成为与宦官对决的'党人'"。渡边继而批评说:"因此,为了理解后汉末期豪族的存在形态,如果使用川胜为了对应于乡里社会领主化倾向或'民望'的存在形态而定义的'清流''浊流'概念,只会导致概念的混乱。"如果这一批评成立的话,那么,川胜义雄费尽心力要从当时乡里社会的结构实态来洞察党锢政治事件,他面对这一难题所作的努力究竟是为了什么呢?若论渡边氏从"党人"概念来理解党锢能否更接近真相,笔者以为答案是否定的。另外,渡边一方面提出"党锢之前,儒教官僚与宦官之间彼此也承认对方的存在"(第379页),一面又论述说"党锢,是杨震以来接连败退的儒教官僚,针对不断将国政私有化的宦官,开展的最后一场也是声势最大的权力斗争"(第394页),在这就前后矛盾了。不过与此同时,渡边又展开了"党人"论,认为党锢是党人针对宦官的决定性对决。如果从儒教官僚跟宦官的政治对决这一点,来讨论党锢以前儒教官僚与"党人"是毫不相关的还是存在连续性的,那么不得不承认,按渡边在第394页所述,儒教官僚与"党人"之间具有连续性。更进一步而言,即使是对逸民人士的评价,渡边也仅以被杜密批判的刘胜为(转下页)

所述东汉政治史、社会史考察基础上，阐发笔者对党锢的理解。在此之前，笔者先对川胜的论说提出几个疑问。

第一，他所谓的"民望"指什么？从川胜的观点来看，"民望"即检验"领主化倾向"的儒家意识形态的体现。确实，儒家意识形态是严厉批判浊流的投枪匕首，同时也是成为"民望"的必要条件。然而，在党锢发生之前，标榜儒家意识形态的清流运动本身是否包含着单纯形式的"民望"缘由呢？换言之，儒家意识形态的现实机能，能够抑制"领主化倾向"吗？这一点，川胜义雄在关于"贵族制社会成立"的探讨中强调，非常重视隐逸意识形态，该意识形态在"清"的观念中表现得最明显，①他认为知识阶层非常倾向于这种意识形态。按此，川胜承认清流的思想本质发生了某种转变，但他未能充分解释为何清流不得不有此转变。

这一点与接下来要说的多田狷介的疑问也有关联。多田认为，不应该将黄巾、逸民、党人的运动视作一系列抵抗运动。② 因为党人和逸民都属于支配者，他们就如何支配展开争论，而黄巾始终是被统治者，支配者与被支配者不可能联合起来。实际上，笔者也有和多田先生相似的疑问，但多田先生以支配者与被支配者来论述阵营区别，恐有不妥。问题在于，必须先讨论党人、逸民、黄巾各自志向的不同，以此为据再来讨论三者的区别。川胜义雄并不认为党人、逸民、黄巾三者组成共同战线并肩斗争，而是三者理应否定的对象与产生否定的原动力——他们的志向之间，有着共同的一面。川胜称之为"共同体冀求运动"，以此洞察当时的社会以何为课题。因此，多田先生的疑问若要立论，就必须揭橥党人、逸民、黄巾各自的志向差异，并以此为据，指出各方目标的不同性质。这一点，与前揭为何清流必

（接上页）例就下了判断，认为逸民只是汲汲于维持名声而已（当然不否认确有这种人存在），但他没有考虑到为何会有"逸民"之谓，以及在严峻的政治风暴中，作为士人该如何生活？对于这些问题，渡边思虑并不周全，故笔者不能苟同。

① 关于"清"的观念，参考上田早苗《贵族の官制の成立——清官の由来とその性格——》，收入中国中世史研究会《中国中世史研究》，东海大学出版会，1970年；渡边信一郎：《清——あるいは二—七世纪中国における—イデオロギー形态と国家》，《京都府立大学学术报告》人文第31号，1979年，后收入氏著《中国古代国家の思想构造——专制国家とイデオロギー》（校仓书房，1994年）。

② 多田狷介：《后汉后期の政局をめぐって——外戚・宦官・清流士人——》，《史学研究》76，1970年。

须从儒家的意识形态转向隐逸意识形态的思想转变问题相关。要弄清这个问题，笔者想从讨论川胜所谓的"共同体"入手，探讨党人和逸民人士向往的"共同体"，其内容究竟是相同的，还是有不同性质的一面？为此，首先按川胜之说，笔者在试图认清各种复杂势力的同时，尝试更具体地把握根据儒家理念凝聚而成的、被理解为一个政治运动集团的"清流"的政治运动过程。然后，有必要从"名教的天下秩序与现实之间的背离"这一侧面出发，探讨增渊指出的逸民人士对清流势力的批判何以产生的问题。

第一节 党锢事件的经过与政治史背景

如第四章所述，桓帝铲除梁氏之后，宦官与儒家官僚的对立愈发显著。至桓帝末年，即党锢前夜，双方的对立不再局限于朝廷内部，在地方社会，清流系地方官员也不断揭发宦官系地方官吏的不法行为，这种指斥随之也被带入中央政府之内，成为加剧政治斗争的火种。例如，《资治通鉴》卷五五桓帝延熹八年三月条载：

> 宛陵大姓羊元群罢北海郡，臧污狼籍；郡舍溷轩有奇巧，亦载之以归。河南尹李膺表按其罪；元群行赂宦官，膺竟反坐。单超弟迁为山阳太守，以罪系狱，延尉冯绲考致其死；中官相党，共飞章诬绲以罪。中常侍苏康、管霸，固天下良田美业，州郡不敢诘，大司农刘祐移书所在，依科品没入之；帝大怒，与膺、绲俱输作左校。

当时类似事件在各地多有发生，无论在中央还是地方，清流与浊流的对立愈演愈烈。桓帝延熹八年（165）十一月，陈蕃、应奉等人上书切谏，桓帝只得赦免李膺、冯绲、刘祐。不久，李膺拜司隶校尉，严治宦官一党的不法行径。翌年九月，河内张成推占当赦，教唆其子杀人。李膺收捕张成之子，纵然赦令已下，依旧案以死刑。张成弟子宦官牢脩，遂上书告发李膺。此前，张成凭借方技获信于桓帝，事发后，桓帝闻听牢脩之告，大为震怒，颁诏郡国逮捕党人。案经三府，太尉陈蕃反对收捕膺等，不肯平署。桓帝怒益甚，遂下李膺等于黄门北寺狱,审问过程中,狱辞累及二百余名党人,有人逃遁不获,朝廷悬赏购募。也有像陈寔、范滂这样的人,自请系狱。如此一来,众多党人沦为狱囚。陈蕃上书极谏,反被策免太尉之官,自是朝中再无人敢谏。翌年,永康元年(167),在贾彪劝说下,外戚城门校尉窦武切谏,桓帝遂遣中常侍至狱中案验党人,李膺等颇告引宦官子弟,宦官畏惧,请桓帝赦免党人。六月,皇帝最终"赦天下,改元"。二百多名党人赦归田里,而党人之名犹记录于三公府,禁锢终身。①

据列传五七《党锢列传序》,党人被赦后,清流集团内的名号排序,形成川胜义雄所谓影子内阁,对宦官政府一如既往地口诛笔伐。影响延及地方,地方名士亦为之称号。《党锢列传序》中提到了山阳郡高平县的名士称号等级,由此推知其他地域也有很多类似的排名。从列传五四《史弼传》的记述观之,当时郡国确有结党之事。第二次党锢事件,也正是由山阳高平县的党事而起,但两次党锢之间,还介有其他事件。

永康元年,党人得以释放,同年十二月桓帝驾崩。窦皇后为皇太后,临朝称制。翌年正月,城门校尉窦武拜大将军,前太尉陈蕃为太傅,连同司徒胡广,三人共录尚书事。建宁元年(168)正月己亥,迎立解渎亭侯刘宏,宏于庚子日即皇帝位,是为灵帝。陈蕃因册立窦皇后有功,故深受窦武与皇太后信赖。陈蕃与窦武相谋,征还第一次党锢事件中被禁锢的李膺、杜密等人列于朝廷。

与此同时,宦官中常侍曹节、王甫等与皇帝乳母及内官女尚书沆瀣一气,在皇太后身边服侍,谄谀献媚而获褒赏,太后也十分信任他们。对此,陈蕃与窦武深以为忧,定策谋诛宦官,于是引同志尹勋为尚书令。这一阶段,外戚与清流领袖结合,与政务决策中枢尚书台长官形成联合体制,摆明立场,要与皇帝和太后身边的宦官势不两立。增渊对川胜义雄关于清流理解的一个批评便是,贵戚窦武与清流的政治结合,从儒家政治理念来看,是

---

① 关于禁锢,参看鎌田重雄《漢代の禁固》,《历史学研究》108,1943年;同氏《秦漢政治制度の研究》,日本学术振兴会,1962年;若江贤三:《古代中国における禁固》,收入《中国史における正統と異端》,科学研究费报告书,1991年。后者不仅包括剥夺官吏身份,还包括禁止通婚即抑制子孙繁衍等内容。如果承认这一点,那么党人所受惩处相当沉重,也会影响关于释放党人的议论的解释。

将本应受到批判的贵戚,竟高置于三君之列倍加称扬,这是清流派的自我矛盾之处。然而,在顺帝时期以来政治势力的消长过程中,儒家官僚已经克服了贵戚的力量,窦武自身如果没有清流派的支持,是不可能维持政权的;对清流派来说,虽然不能容忍贵戚权力,但按汉家故事,也只能暂时承认贵戚对皇帝的辅佐权。作为权宜之策,清流试图利用颇有良知的窦武与皇帝间的血缘关系来掣肘宦官。换言之,窦武与陈蕃相联合的这一事态表明,顺帝时期以来儒家官僚在政坛的势力扩张,最终在这一阶段裹挟了贵戚的力量,政治势力得到发展。

这一切看起来正在陈蕃与窦武一方压倒性的优势下进行,然而,窦武还是被钻了空子。趁窦武离宫休沐,一宦官盗发了窦武向皇帝进言诛杀宦官的上奏,召集宦官们抱团对抗。窦武发觉事泄,即率北军五校士屯于都亭。陈蕃则将官属与诸生数十人一同突入承明门,为宦官王甫所收捕,杀害于黄门北寺狱。宦官一方,以少府周靖为车骑将军,将还京不久尚不明真相的匈奴中郎将张奂所部编置于其手下,以此瓦解窦武部众。窦武与兄子绍俱自杀,参与谋议的侍中刘瑜、屯骑校尉冯述皆被夷族,虎贲中郎将刘淑、原尚书魏朗因与窦武合谋,也被迫自杀。甚至连陈蕃、窦武荐举之人及门生故吏中,三公九卿以下官员全遭免官禁锢。由是,被视为清流派之人员几乎全被逐出官场,但知识阶层称扬清流位序之声闻达朝野,而污秽宦官朝廷的批判不绝于耳。在朝廷内部,大司农张奂亦赞赏陈蕃、窦武忠节,并向三公推荐了王畅、李膺,但种种行动也因宦官曹节等人受到谴责。此外,郎中谢弼等官员也因上疏请求召陈蕃家族还京而遭宦官憎恶,遂弃官返回故乡东郡,不料曹节从兄弟出任东郡太守后,竟将其以他罪下狱致死。史书所谓"于是群小得志,士大夫皆丧气",一针见血地表现了当时政府中官员的心情。因此,缘于党锢事件,东汉国家向宦官政府的转型,完成于第一次党锢与陈蕃、窦武事件,而接下来的第二次党锢,则是中央向地方清流的扩大化弹压。

虽已除掉陈蕃、窦武,但清流派的主要成员尚在,仍是宦官派的心腹大患。建宁二年(169)十月,山阳郡高平县朱并告发本郡张俭为首的二十四人共为部党,图危社稷。此次告发很可能是承望宦官侯览意旨而作。侯览与张俭曾有嫌隙,第一次党锢事件发生前,山阳太守翟超以张俭为东部督邮,张俭随后举劾本郡防东侯览一族的不法行径,由是与侯览结仇。据列传五七《党锢列传·张俭传》,①侯览之母亡故,览大起茔冢,奢侈逾制,张俭向朝廷举奏,却被侯览遏绝章表,于是张俭破坏冢宅,没收侯家资财,上奏具言罪状,但奏书再次未能呈送御前。宦官还反咬一口,并牵扯山阳郡的其他事件,向桓帝控诉,于是张俭的上司翟超被诬为罪魁祸首。如此一来,他便明白这完全符合侯览设法陷害张俭的目的。张俭的同乡朱并素为张俭所不齿,亦怀愤恨,或正是在侯览的授意下,作了上述告发。大长秋曹节闻知此事后,不失时机地向有司委婉表达了彻底镇压党人的要求。灵帝昏聩,十分轻易地听从了宦官劝说,准许其奏。

宦官将"天下豪杰及儒学行义者"皆指为党人。以李膺为首,党人死者凡百余名,若包括迁徙、废禁者,则达六七百人之多。对党人再一次的彻底镇压,这便是第二次党锢事件。

第二节　党锢的社会史背景

一、清流势力的构成

川胜义雄认为,"清流势力的中心是一般意义上的'儒学行义'者,在其两侧则分别是游侠式富豪,以及包括逸民人士在内的各色人物","清流之人也不认为这些逸民人士与自己有什么不同性质","这些形形色色的要素逐渐汇成一种政治活动——抵抗运动"。川胜想要确认的是,因为儒家意识形态,逸民人士与清流势力一同站在了一系列的抵抗路线上。应该承认,这种观察角度符合当时人们对清流的认识,至少从清流核心人士对逸民人士的辟召及相与结交的愿望来看,基本无甚问题。另外,从宦官对清流的认定是"天下豪杰及儒学行义者,一切结为党人",逸民人士同样是其告发对象来看,这一点也必须承认。如此复杂要素构成的清流势力,若对其进一步细分,则是由清流官僚、逸民人士、太学生、郡国学生、门生故

---

① 此事载于列传六八《宦者列传·侯览传》,非《张俭传》。——译者注

吏、游侠式富豪等人群构成的。其中游侠式富豪暂且不论,①清流势力可以说就是由当时的知识阶层构成的。宇都宫清吉认为,清流就是指知识阶级,而不是经济上大占优势的豪族。这种对清流的理解当然是正确的。不过,考虑到知识阶层成员在社会、经济上的存在形态,也不能说与当时的豪族社会毫无关系,如增渊所论,我们也必须认识到这一点。如第三章、第五章所见,伴随着地域性差异,东汉时代的地方社会逐渐形成了被称为儒学士大夫的知识人阶层。这些士大夫阶层中,排他性地任用中央官僚与州郡吏员的倾向进一步加强。在这种趋势下,观之乡里社会的官吏化程度,可见士大夫豪族—非士大夫豪族—小农的等级序列正在同时形成。所谓清流势力,就是在这种等级序列结构中,构成知识阶层,并理应成为且事实上也成为州郡属吏或中央官僚的人群,即士大夫政治结合体。这里的士大夫,出身于士大夫豪族阶层者占据了大多数。换言之,清流是以出身士大夫豪族阶层的士大夫为核心的政治联合体。按照这种考察角度,便能统一把握杨联陞以来关于清流这一社会集团性质的对立看法。②

那么,属于这一知识阶层的清流派人物,具有什么样的结合关系呢?

首先关于太学生,可以看到"太学书生刘陶等数千人诣阙上书"(列传三三《朱穆传》)的记载。又,列传六八《曹节传》曰:

> 熹平元年,窦太后崩,有何人书朱雀阙,言"天下大乱,曹节、王甫幽杀太后,常侍侯览多杀党人,公卿皆尸禄,无有忠言者。"……乃四出逐捕,及太学游生,系者千余人。

从中可知,太学生群体被视为从官府中孕育出来的一个圈子。

---

① 关于游侠式富豪,宫崎市定《漢末風俗》(见《日本诸学振兴委员会研究报告》特辑第4篇·历史学〈1942年〉中的《亚洲史研究 第二》,东洋史研究会,1963年)一文指出,清流名士排行榜中的"能以财救人者"——"厨",虽然显示了西汉以来的游侠行为,但也是东汉对这一行为的评价有所下降的证据。不过,"游侠式富豪"的命名并不出自宫崎市定,而是始自川胜义雄。也就是说,川胜认为"天下豪杰及儒学行义者"中的"天下豪杰",部分包含着游侠式富豪。我们有必要进一步探究游侠式富豪的实际情态。

② 川胜义雄也认为:"杨联陞对党争的解释,即'清流、浊流两大豪族集团为争夺政治地位而进行的死斗',应该说有其妥当的一面。"参看前揭川胜义雄著作《六朝貴族制社会の研究》,第34页。

因西汉末年兵乱而荒废的太学,在光武帝建武五年(25)重新修建。明帝时辟雍落成,于是有人提出应拆除太学,在太尉赵熹的建议下,二者并存了下来。可惜,安帝之时博士、弟子、太学生俱怠慢学业,太学逐渐颓废,沦为园采刍牧之处。据翟酺上疏,阳嘉元年(132)修复太学,规模之宏大以至二百四十房、千百五十室,①增甲乙之科员各十人,除郡国耆儒皆补郎、舍人,"自是游学增盛,至三万余生"。按列传三八《翟酺传》、列传六九上《儒林传序》等篇,纵观东汉时期太学的消长,如上所述,作为汉代政治理念的儒学修习,以及被视为教化工具的太学,因"章句渐疏,而多以浮华相尚,儒者之风盖衰矣",这种情状令范晔感慨不已。诚如是,东汉中期以后的太学与其说是治学之府,毋宁说已成为政治论议之所,有志于政治的所谓"游士"出入太学,引导太学内舆论的倾向日益显著。如此一来,郭泰、贾彪、符融等人成为在太学游谈的名士,他们一面联络清流官僚,一面将太学内部的舆论朝着反对浊流的方向推进。然则,太学生与清流官僚之间的关系又如何呢?

首先,我们可以看到清流官僚对太学生有所资助。列传五九《窦武传》曰:

武得两宫赏赐,悉散与太学诸生。

又,列传一七《赵典传》云:

每得赏赐,辄分与诸生之贫者。

由此可见,清流官僚对太学生时有经济援助。

其次,清流官僚与太学生在政治上也互为应援。第一次党锢之所以发生,缘于张成弟子牢脩上书诬告李膺曰:

---

① 千百五十室,《后汉书·儒林传》载称"千八百五十室"。——译者注

> （李）膺等养太学游士，交结诸郡生徒，更相驱驰，共为部党，诽讪朝廷，疑乱风俗。（列传五七《党锢列传序》）

姑且不论李膺等人是否真有此意图，但以太学生为中心的洛阳知识阶层，实际上确实掀起了一场称誉李膺诸人、指责内廷宦官的舆论。列传五八《符融传》载：

> （符融）游太学，师事少府李膺。

列传五七《党锢列传序》亦云：

> 因此流言转入太学，诸生三万余人，郭林宗、贾伟节为其冠，并与李膺、陈蕃、王畅更相褒重。学中语曰："天下模楷李元礼，不畏强御陈仲举，天下俊秀王叔茂。"又渤海公族进阶、扶风魏齐卿，并危言深论，不隐豪强。自公卿以下，莫不畏其贬议，屣履到门。

以上文字均可见清流官僚与太学生的密切关系。太学的中心人物即李膺，而众人对李膺人格的归慕，完全是因为李膺本人的品德。列传五七《李膺传》曰：

> 是时，朝廷日乱，纲纪颓阤，膺独持风裁，以声名自高。士有被其容接者，名为登龙门。

对太学生而言，亲近李膺成为仕宦之径。当然，李膺也并不是近在身边，需要中间人穿针引线，这样的引荐人便是前述符融之徒。太学生们登门访拜，聚集在符融身边，畅论政治，夸示才能，不排除有些人一心只为求官。关于清流圈子的结合及种种利害关系，将在后文论述。这里总而言之，只需指出作为官僚预备军的太学生，与清流官员之间有着密切联络。

再次，关于清流集团。我们来看看清流官僚之间的关系。这便事关人

才选举,值得注意的是,被清流官员视为自己一派的人物大量身居要职。例如,列传五七《李膺传》曰:

> 陈蕃为太傅,与大将军窦武共秉朝政,连谋诛诸宦官,故引用天下名士。

所谓"天下名士",无非就是以《党锢列传》所列人士为中心的清流派。①"三君"之一的陈蕃,早年为汝南太守王龚辟召为郡吏。日后,陈蕃则举荐王龚之子——"八俊"之一的王畅,列传四六《王畅传》有云,父之故吏"太尉陈蕃荐畅清方公正"。如此这般清流圈中的互荐想必十分频繁,尽管陈蕃与王畅确因德行出众而被推举,但这种举荐形态在清流派的选举中应比比皆是。在政治斗争中,采取这一策略虽也是势在必行,但在清流派以外的人们看来,这种做法无疑就是清流派将人物选举私有化。如果说后文将提到的逸民人士对清流派抱有质疑的话,这也就是原因之一,而浊流对清流的诸多非难,也确实能从中找到把柄。②

转移视线,观察地方清流集团的状况。地方清流集团与太学生、清流官僚为核心的中央清流集团保持联络,同时也成为全国性舆论形成的基盘。《党锢列传序》在列举了清流的全国排名之后,记载了以山阳郡高平县张俭为中心的"八俊""八顾""八及"凡二十四位人物排名。正如第五章第三节分析的那样,这是以高平县的士大夫豪族阶层为中心的僤组织操作出来的。这一组织的领袖张俭,被名列中央排行榜"八及"之一的山阳太守翟超请为东部督邮,后因举劾同郡出身的宦官侯览之罪,成为直接引发第二次党锢的关键人物。③ 由此可知,如果清流中人成为守令,那么在基于儒家理念的公权力背景下,可以有利地开展针对浊流的斗争,在人才铨

---

① 列传五九《窦武传》曰:"武于是引同志尹勋为尚书令,刘瑜为侍中,冯述为屯骑校尉。又征天下名士废黜者前司隶李膺、宗正刘猛、太仆杜密、庐江太守朱寓等,列于朝廷。请越巂太守荀翌为从事中郎,辟颍川陈寔为属:共定计策。于是天下雄俊,知其风旨,莫不延颈企踵,思奋其智力。"
② 列传五三《李固传》曰:"太尉李固,因公假私,依正行邪,离间近戚,自隆支党。至于表举荐达,例皆门徒及所辟召,靡非先旧。或富室财赂,或子婿婚属,其列在官牒者,凡四十九人。"
③ 列传五七《张俭传》。

选时,也能轻而易举地掌握辟召掾史和察举孝廉的权力。也就是说,在考察清流实态时,应一并注意上述清流内部的互荐。

无独有偶,颍川郡也存在类似于山阳郡的清流集团。颍川有荀淑、韩韶、钟皓等出身名门的士大夫,中央清流领袖李膺,也正是来自颍川,并且曾经师事荀淑,与钟皓也是姻亲。① 这些颍川望族通过交友、联姻,形成牢不可破的清流集团。更有甚者,也发生在颍川,中央名士排行榜上"八及"之一的苑康,②出任荀氏家乡颍阴的县令,他将荀淑八子比作高阳氏八子,并改荀氏旧里之名为"高阳里"。③ 地方清流集团与地方官吏之间的盘根错节,由此可见一斑。

以上,山阳与颍川清流集团的特征表现在:第一,地方清流集团虽不能直接等同于豪族联合集团,但士大夫豪族确为集团中坚;第二,地方清流集团与地方官吏(中央清流集团的核心人员)之间有着紧密结合。这样的集团,在其他地方也一定存在,时任平原相的史弼本传(列传五四)称:

> 时诏书下举钩党,郡国所奏相连及者多至数百,唯弼独无所上。诏书前后切却州郡,髡笞掾史。从事坐传责曰:"诏书疾恶党人,旨意恳恻。青州六郡,其五有党,近国甘陵,亦考南北部,平原何理而得独无?"

可见各郡皆有"钩党"存在。

又,虽然不属于上述集团,但有个情节也值得一提:李固被杀后,南阳董班守护李固尸体。董班少游太学,曾经师事李固为其门生。④ 像这样的门生故吏散布各地,因此声援中央舆论的人员基础必然广大,并不限于李固之事一例。而且,能赴太学读书者多为官僚后代与士大夫豪族子弟,所以他们也就成为了操纵地方舆论的人。

---

① 列传五二《钟皓传》。
② 原著作"范康",今据 1965 年版中华书局点校本《后汉书·荀淑传》《党锢列传》改。——译者注
③ 列传五二《荀淑传》。
④ 列传五三《李固传》注引《楚国先贤传》。

综上所述,清流集团因政治理念相同、利害相关而团结一致,一同批判当时的宦官专权。政治理念即儒家的国家理念,而利害关系则涉乎选举。以下即对此进行考察。

二、儒家理念与察举制度

关于儒家理念,川胜义雄已作详细说明,无非是西汉董仲舒提出的理论成熟的汉家国家理念,具言之,即"国家就是天界秩序在地上的再现,像北极星统率之下的天上之星皆尊卑有序那样,地上的国家也必须在天子的统治之下,所有官吏庶民保持着阶级差序,而维护地上秩序的原理,无非就是礼"。在这套理念中,君主的大权自然不能旁落,官僚作为君主手足,不能随意任命庸才充任。对于标榜这种国家理念的清流派而言,浊流在上述两点上显然不合格。外戚、宦官垄断了君主大权,[①]任命"非其人"者为高官,清流对选举不实的批判即以这一儒家理念为出发点。

降至东汉时代,这种政治理念也是在儒家官僚论说的基础思想。汉代官僚信奉的儒家国家理论,是周代以来知识分子探索理想国家体制的一大政治思想结晶,在董仲舒手中得以成熟。然而,西汉时期的儒家官僚尚力有不逮,这种政治理念未能在政治世界中获得优势。进入东汉,随着儒学的普及,这一理念逐渐在现实中发挥出力量。原因就在于,如前文频频提及的那样,东汉知识分子遍布全国,由这群人形成了知识阶层。于是,在官僚与知识分子之间,儒家理念越来越常识化,关于皇帝统治方式的政治理论,作为一种观念普及开来并日益根深蒂固。因此,这种儒家理念对具有儒学素养的人群而言,是理应接受的政治理念。清流中的核心人士对逸民人士的结交与辟召,体现的是无论社会阶层如何,士大夫都应与贤者交友,辟召贤者为吏,这是士大夫对儒家理念的实践,是士大夫理应做出的行为。这是因为在儒家理念中,不管社会地位如何,要判断此人是否贤者,决定了此人能否成为皇帝的辅臣,即官僚。

川胜义雄还指出,清流要求乡举里选正常运行的主张,是"在古老的

---

① 关于宦官,参看江幡真一郎《後漢末の農村の崩壊と宦官の害民について》,《集刊东洋学》21,1969 年;渡边义浩:《後漢国家の支配と儒教》,雄山阁,1995 年,等等。

乡邑秩序急速崩坏的情况下提出的"。所谓"古老的乡邑秩序",是"以父老为中心的共同体",这个"共同体"为了"自身秩序的维护与存续,便对上层权力提到了要求,汉帝国就是为匹配这一意向而建立的",这是川胜对汉代国家结构的理解。进入东汉,以"父老为中心的共同体"秩序,由于豪族"领主化倾向"的显著及多个豪族的竞争,逐渐走向崩溃,而当崩溃不可收拾之时,正是党锢发生之际。在这种乡邑秩序分裂的情况下,如果各个豪族中的某一个与上层权力(外戚、宦官)相勾结,并在权力的庇护下企图支配乡里,那么其他豪族就不得不形成反对浊流势力的清流予以"抵抗"。川胜认为,清流内部之所以包含了富裕的豪族,原因即在此。他批评增渊氏提出的乡邑秩序由豪族来维持的观点,笔者认同川胜的这一见解。不过,川胜将清流对浊流的主张,径直视作意欲重建古老乡邑秩序,对此笔者以为有待商榷。如前述,清流的核心是士大夫豪族,对于"以父老为中心的共同体"而言,敌对的豪族想要重建的秩序,根本不是汉代原先的,即川胜所说的基于自由民的平等关系而成立的"里共同体",而是像增渊龙夫所言,是一个已有的维护豪族主宰的秩序、具有共同体结构的乡里社会。① 姑且不论基于儒家理念的清流主观意识如何,至少在现实中,清流的主张,出发点是以士大夫豪族所统辖、维持的乡里社会中的利害关系。

东汉时期,与其说国家没有像西汉那样弹压豪族,不如说国家承认了豪族在乡里社会的支配力,并起用豪族入仕为官,从而顺利推进地方行政。乡举里选制度作为任用官吏的法则,也伴随着儒学对豪族阶层的渗透,变质为保障豪族在乡里社会地位的制度。豪族阶层通过乡举里选之制,一面能跨入中央朝廷和地方官僚机构,一面又能在家乡确立自身地位(担任掾史,或是以官僚学者家族的名望为背景,强化同族的支配力量)。这里面就存在着国家与豪族的互补关系。儒家理念的创造,原本与豪族无缘,但随着东汉豪族支配体制的发展,以儒学的国家观为基础,国家与豪族的互补关系得以正当化,而这正是东汉时期儒家理念发挥的历史作用。东汉的豪

---

① 这一点,增渊龙夫在论文《所谓东洋专制主义与共同体》(《所謂東洋の專制主義と共同體》,《一桥论丛》47卷3号,1962年)中有展开解释。

族支配体制大约在和帝时期开始失去平衡,川胜所说的多个豪族的对立,以及笔者所认为的士大夫豪族与非士大夫豪族的对立,引发了乡邑社会的分裂。由于士大夫豪族世代都凭借儒学修养而在选举中获得成功,可以推测,士大夫豪族阶层从豪族中析出,另外,东汉前期以来社会逐渐安定,生产力不断提高,于是新兴土豪阶层破土而出。① 而进一步加剧这个现象的主要原因则在于,利用上层权力的外戚、宦官及其家族,以及与之交结的浊流系豪族(大体上为非士大夫豪族阶层),表现出露骨的"领主化倾向"。一直以来,清流都在寻求一个对士大夫豪族阶层而言相对安定的社会能重现,并为此不断斗争,他们希望这一安定的社会今后也能存在。对此,笔者拟从他们为何如此执着于选举问题这一点上来探讨。

如前面第五章所述,士大夫豪族阶层在地方上形成了士大夫集团,占据了郡县掾史特别是其右职的人选,并控制乡论,实质上掌握了选举权,从而独占进入中央朝廷的通道。笔者将这种士大夫豪族阶层垄断选举,并以此为基础的士大夫豪族阶层的地域支配体制,称为"察举体制"。这一"察举体制"的存在,可在清流官僚与"单微"人士的比较中一目了然。中央清流排行榜中"三君"以下者有三十五人,其中有传者二十七人,而有传者中又有二十三人年轻时即举孝廉,身披"辟公府"的荣耀。相反,那些"单微"人士中,仇览年至四十岁才被县里召补为吏(徭役?),选为蒲亭长,因颇有治绩,署为主簿,县令还给其资助,让他前往太学。进入太学后,仇览备受符融等人尊敬,于是州郡承风竞相礼请。同样,郭泰也"家世贫贱",知名以前未被察举。郑玄游学十四年后仍未得到察举、辟召,只能客耕于东莱。这些人不被察举,是因为他们没有"知名之援"。②

清流派的核心士人与单微士人在选举中的不同遭遇,正是因前文所说的士大夫豪族阶层把持乡举里选制度所致。由此观之,清流如此执着于选举的原因也不言自明。我们现将外戚、宦官的选举请托形式分为以下

---

① 前揭江幡真一郎论文指出,东汉一代出现了新兴豪族,并与旧豪族之间的对立加剧。
② 《太平御览》卷二六九引苏林《广旧传》曰:"(仇览)终身无泄狎之交,以是见惮。学通三经,然无知名之援、乡里之举。年四十召为县主簿。"其中"知名之援",大致意即列传三三《朱穆传》注引谢承《后汉书》所称"族势"。

三种：

（一）对中央官僚施加压力，使之任命自己的家人和宾客为中央、地方官员或受公府辟召。①

（二）命令通过（一）成为地方官员的人，让他们将被请托对象录用为地方掾史或推荐为孝廉。②

（三）从中央直接请托太守等举孝廉或任用为属吏。③

其中，（二）的情况可能最多，但必须注意，这会直接影响士大夫豪族的利害关系。因此，清流对浊流选举请托的责难，也可以理解是为了维护自己的既得权利，换言之，这也是他们维持"察举体制"的依据。

值得一提的是，川胜义雄认为，"富殖豪族必然具有的自我扩大性与知识阶层监督露骨行为的一般思想意识之间，充满了矛盾"，这一点集中背负在豪族出身的清流士人身上。川胜把握住了清流派士人的精神内核。他列举的蔡邕一例自不必说，袁闳等人也有相似的认识，他十分痛恨自己身为高官的叔父们与宦官苟合且穷奢极欲。对于川胜在推导这一见解时援引的上田早苗的观点也必须予以承认，在上田看来，当时的豪族中存在着官僚学者与地方殖产分业的状况。④ 不过，清流派士人对于包括自己在内的豪族所具有的自我扩大性，是否有明确的意识形态，是否采取了抑制性的态度呢？试举荀淑之例来说明，此人不仅来自颍川望族，而且久历清流派之沉浮，列传五二《荀淑传》云：

> 顷之，弃官归，闲居养志。产业每增，辄以赡宗族知友。

可见，荀淑在官期间，家里也继续经营着产业，弃官后更能专心打理，由此获利颇丰。但同时，荀淑也时常赈恤同族与身边知友，却并没有将利润用

---

① 列传四四《杨震传》可见此类事例。
② 列传五三《李固传》载，李固所上对策的第二段曰："又诏书所以禁侍中尚书中臣子弟不得为吏察孝廉者，以其秉威权，容请托故也。而中常侍在日月之侧，声势振天下，子弟禄仕，曾无限极。虽外托谦默，不干州郡，而诡伪之徒，望风进举。今可为设常禁，同之中臣。"
③ 例如，第五章第三节提到的列传五二《陈寔传》所载中常侍侯览请托颍川太守高伦之事。
④ 上田早苗：《後漢末期の襄陽の豪族》，《東洋史研究》28 卷 4 号，1970 年。

于扩大经营,这一点和富殖豪族有所不同。川胜还指出,"当时的豪族本身,同时内含乡邑秩序的破坏者与维持者这种互相矛盾的性质","这就是当时知识阶层的抵抗呈现出极其复杂的状况,不能单纯地用阶级斗争来作解释"。此言不虚,从荀淑的事例来看,确实看不出露骨的乡里破坏者的"领主化倾向",但也不能因此就否定"领主化倾向"的豪族的性质。笔者认为,即使是对于士大夫豪族,也不能否认他们处在温和的"领主化倾向"路线中,在他们的意识中,自己的"领主化倾向"似乎被隐藏了起来。即便如上田早苗所论,与其说家族内存在着专心仕宦的官僚学者,但如前述,借用儒家意识形态下的公权力,来补充支撑同族对乡里的支配,才是官僚学者的作用!为了发挥这一作用,关键就在于基于乡举里选制度的"察举体制"。不过,察举体制在东汉后期出现了裂缝,究其原因,一是浊流在选举中的请托,再就是乡里社会秩序的分裂。

归根结底,东汉时代的选举之所以以孝廉一科为中心来运行,如前文所述,就是因为儒学的普及。东汉特别重视"孝",而"孝"是一种家庭伦理道德,在汉代,家族、宗族及其延伸出来的乡里社会,都是实践"孝"道的空间场所。乡里社会中维持着父老—子弟这样一种年齿秩序,[①]不难想象,乡举里选制度恐怕正与乡里这种人际关系互为表里。然而,从东汉中期开始,羌族入侵、天灾饥馑等祸难,相继导致流民现象发生,乡里社会也开始动摇。当然,乡里社会的内部矛盾——豪族与小农之间的支配与被支配关系,在此时突显出来,成为破坏从前乡里社会秩序的主要原因。总之,无论如何,支持乡举里选的人际关系的崩溃,是东汉中期以后社会的真实状况。[②]

由此观之,清流要求乡举里选正常运行的主张,是在乡里社会健全的人际关系已经丧失的时期提出来的,前提是乡里社会应有的状态已在现实中崩溃。至少,士大夫豪族出身的大多数清流士人,并没有意识到乡里社

[①] 宇都宫清吉:《中国古代中世史把握のための一视角》,收入中国中世史研究会《中国中世史研究》,东海大学出版会,1970年;同氏著《中国古代中世史研究》,创文社,1977年。
[②] 关于乡里社会的崩溃,参看大渊忍尔《中国における民族的宗教の成立》,《历史学研究》179、181号,1954年;《道教史の研究》,冈山大学共济会,1964年。

会的崩坏也与自己有关,而坚持认为是浊流的选举请托和压迫小农造成的。清流对现状的认识显然有误。诚然,也有部分士大夫豪族成员像蔡邕与袁闳那样,拒绝积极投身于"领主化倾向"路线,但不得不说这类人只占少数。那么,这种对现状的错误认识从何而起呢?正在于以士大夫豪族阶层为中心的察举体制,虽已丧失稳定的基础,但仍需要维持、存续。增渊龙夫已指出,清流身上的浮华性格与政治主义,正是从清流的本质中产生出来的。而正是逸民人士,洞察了清流派对现实的错误认知。

三、逸民

这里所说的逸民人士,即增渊先生提出的仇览、袁闳,以及《后汉书》列传四三所举徐稚、姜肱、魏桓、申屠蟠等人。① 关于这些人对清流的批评,增渊先生已有详细分析,但他们隐逸的动机是什么,对清流的批判又有何种意义,增渊龙夫仅提出了问题,而未得出结论。是否将逸民人士也算进清流之中,这并非根本问题。川胜义雄认为,如果从宦官立场来看,逸民应属清流,当时很多人也作如此看待。逸民选择隐逸的动机虽因人而异,但他们的共同点是,都拒绝加入以当时的知识分子为运动主体的清流。真正的问题是,逸民人士批判性地看待清流的依据是什么?以下便就这一点作些探讨。

范晔记载了仇览初诣太学时的一段轶事。列传六六《循吏列传·仇览传》曰:

> 览入太学。时,诸生同郡符融有高名,与览比宇,宾客盈室。览常自守,不与融言。融观其容止,心独奇之,乃谓曰:"与先生同郡壤,邻房牖。今京师英雄四集,志士交结之秋,虽务经常,守之何因?"览乃正色曰:"天子修设太学,岂但使人游谈其中!"高揖而去,不复与言。

此处仇览的批评单纯只针对游谈的浮华因素。考虑到汉代关于太学功能

---

① 应为"申屠蟠"。——译者注

的观念,①以及当时儒生的主要任务即礼教实践,②其中包含有如下意义,即以经学为务,是为了涵养自己的德性,践行应有的礼仪规范,教化民众,成为辅佐天子的贤者(官僚)。其中,儒学的修习与实践密不可分。在仇览看来,符融等人并没有在真正意义上涵养德性,践行礼仪规范,也未能教化民众,只是热衷于空谈政治。

但需注意的是,大多数逸民并不是"世宦的豪族"。③ 如前所述,他们确实被排挤出了察举体制,但他们对清流的批评,倒也不一定是出于被疏远者的排斥心理。仇览的例子说明,儒学修习并非只为浮华交际,而是以儒教伦理严于律己,以士人的责任与义务——教化乡里这一思想为根本。正是因为他们是被疏远的人,才能洞察到清流并未能履其责任。仇览身任亭长的实践即雄辩地证明了以上内容。仇览在蒲亭长任上有这样一段往事,列传六六《循吏列传·仇览传》载:

> 劝人生业,为制科令,至于果菜为限,鸡豕有数,农事既毕,乃令子弟群居,还就黉学。其剽轻游恣者,皆役以田桑,来设科罚。躬助丧事,赈恤穷寡。期年称大化。

分析上引文段可知四点:(一) 制订果菜鸡豕的限量,(二) 教育活动,(三) 对游侠无赖的指导,(四) 施惠于穷寡。第一点可能是为了消减乡里成员之间的差距,通过一定程度的经济平均,消解乡里社会内部的上下关系。第二点是以教化为目的,农闲时期聚集乡里子弟,给予他们各种教育。《仇览传》李贤注引谢承《后汉书》记载,一位不孝者的母亲谒见仇览,仇览让这个不孝子去诵读《孝经》。从此事推测,仇览可能是指导乡里子弟简单的读写和儒家入门经典的诵读。第三点有关的"剽轻游恣者",本应是被农本主义排除的人,而仇览却通过制订科罚,让这些舍本事末的游侠无

---

① 列传二〇下《襄楷传》有云:"太学,天子教化之宫。"列传二三《朱浮传》亦称:"夫太学者,礼仪之宫,教化所由兴也。"
② 关于这一点,参考前揭宫崎市定的论文《漢末風俗》。
③ 金发根:《东汉党锢人物的分析》,《"中研院"历史语言研究所集刊》第 34 本,1963 年。

赖之辈回归农本。第四点则关于乡里重要活动之一丧事的主持及对孤寡贫穷者的救济。

仇览对乡里社会所做的这一切，与该地域的豪族有怎样的关系，以及多大程度上奏效，我们对此尚不清楚。然而，在当时已经阶层分化严重、难以掣肘豪族的乡里社会中，至少可以看出重建原先乡里社会的意图，而原先的乡里社会，本是乡里之人共同生活的场所。

列传六二《陈寔传》曰：

> 寔在乡间，平心率物。其有争讼，辄求判正，晓譬曲直，退无怨者。至乃叹曰："宁为刑罚所加，不为陈君所短。"

陈寔与同郡钟皓相引为友，钟皓为郡著姓，家族"世善刑律"。陈寔或许也精通刑律，所以乡里之人都委托他判正平讼。这里，令人注目的是乡人"宁为刑罚所加，不为陈君所短"的意识。陈寔因"梁上君子"一事而名高乡里，成为乡人崇拜的对象。乡人宁受刑罚而不愿为陈寔不齿的意识，使陈寔的人格支配成为可能。由此可以认为，陈寔在汉代本来的乡里社会中，扮演着维持秩序的中心人物"父老"的角色。然而，与"父老"不同的是，乡人对陈寔的信赖，是由其人格、德望决定的。前见亭长仇览的教导，恐怕也根植于此。陈、仇二人在各自乡里的实践，即使形式和方法有所不同，但都是与遭浊流压迫而饱受涂炭的小农一起，谋求重建乡里社会秩序，这正是川胜义雄所谓的"共同体冀求运动"。

综上，川胜氏所谓"共同体冀求运动"中的"共同体"，其内涵在清流与逸民各自的志向里并不相同。清流的意图重点在于维持察举体制，而察举体制是豪族凭借豪族本来的力量来贯彻其乡里支配，其中包含着豪族与乡人之间的矛盾。相反，逸民人士的举动则只是希望在乡人协作之下，重组在豪族支配下艰难喘息、面临崩溃危机的乡里社会。在这一志向推动下，逸民否定了以支配家乡社会为目标的东汉豪族的存在方式，新的主持乡里社会的士人开始出现。追求这种理想状态的士人，在东汉末年以至曹魏时期的社会中也能看到。例如，《三国志·魏书》卷一一《管宁传》注引《先贤

行状》曰:

> 遇岁饥馑,路有饿殍,(王)烈乃分釜庾之储,以救邑里之命。是以宗族称孝,乡党归仕。以典籍娱心,育人为务,遂建学校,敦崇庠序。

又,同传注引皇甫谧《高士传》载:

> 宁所居屯落,会井汲者,或男女杂错,或争井斗阋,宁患之,乃多买器,分置井傍,汲以待之,又不使知。来者得而怪之,问知宁所为,乃各相责,不复斗讼。邻有牛暴宁田者,宁为牵牛着凉处,自为饮食,过于牛主。牛主得牛,大惭,若犯严刑。是以左右无斗讼之声,礼让移于海表。

从以上两个例子可以看出,王烈、管宁和仇览一样,也都过着无私的清净生活,成为乡里的中心人物。他们的生活以"清俭"为宗旨,正因此而得到了乡人信赖。通过以"清俭"的生活伦理来具体践行东汉儒家意识形态,他们获得了"民望",成为"共同体"的领袖。

笔者从中发现,清流与逸民人士之间存在着思想隔阂。此外,关于黄巾之乱,行文至此已无法详述,但川胜义雄已提出,可能与清流和黄巾之间可能有某种连带关系,并举出袁闳、徐胤、郑玄三人,黄巾以之为"贤者"而未加伤害;但在笔者看来,这三人其实都是逸民人士。另,杨赐曾预测了黄巾之乱的发生,并将对策告诉了清流派的刘陶。① 综合这些事例观之,黄巾和清流之间有联系的可能性微乎其微。

第三节 党锢之后

经过公元 166 年、169 年两次党锢事件,尤其是 169 年的那场大镇压,

---

① 列传四四《刘赐传》。

清流派官僚被清除出政界,或自杀,或遭刑,或隐逸藏身,或亡命天涯。不难推测,东汉朝廷被宦官及相互勾结的浊流系豪族所操控,而浊流对乡里社会的破坏也进一步加速。① 公元 184 年黄巾之乱爆发,显然正是浊流对农民的压迫集中在这一时期而带来的结果。

另一方面,被逐出官场的清流士人,他们在乡里过着怎样的生活呢?据《党锢列传》,他们中大部分人在朝廷大赦党人之前已"卒于家",具体的生活情况就不得而知了。唯有张俭,在大赦之时尚幸存于世,《党锢列传·张俭传》载其生活状况曰:

> 中平元年,党事解,乃还乡里。大将军、三公并辟,又举敦朴,公车特征,起家拜少府,皆不就。献帝初,百姓饥荒,而俭资计差温,乃倾竭财产,与邑里共之,赖其存者以百数。

由上,党锢宽缓之后,张俭居住于乡里,成为乡人拥戴的核心。如前所述,他本是山阳郡高平县豪族中的一员,但在党锢中遇挫后,似乎其志向便从中央政坛或地方官场,降低至乡里社会,这里是他自己立身的基盘。同张俭一样,第五章提到的刘翊,也在黄巾乱后,以豪族身份成为了乡里社会的中心人物。② 不难推测,类似于二者的豪族,想必在其他地区也普遍存在。

因于党锢,清流派秉持的"儒家理念"被彻底摧毁,宦官政府充满铜臭的浊流路线则步步推进。与宦官相勾结的浊流系豪族,也从中获取了更高于清流系豪族的优势,确立了在乡里社会中的地位。相对的,清流系豪族失去了基于儒家理念的公权力这一后盾,那么就要联合宗族、宾客,一同维持自己在乡里的地位。张俭与刘翊之所以要成为乡里的中心人物,并意图维持乡里秩序,原因就在于此。

需要一提的是,张俭回到乡里的时间是中平元年(184),正好是黄巾

---

① 列传四二《崔寔传》曰:"灵帝时,开鸿都门学,榜卖官爵,公卿州郡下至黄绶各有差。其富者则先入钱,贫者到官而后倍输。"据此足以推知官方侵夺农民的酷烈程度。
② 列传七一《刘翊传》曰:"后黄巾贼起,郡县饥荒。翊救给乏绝,资其食者数百人。乡族贫者死亡,则为其殡葬,嫠独则助营妻娶。"可见,出身士大夫豪族的刘翊,其志向也与张俭相同。

之乱爆发的那一年。他的故乡山阳郡高平县,距离黄巾领袖张角的根据地钜鹿很近,因此张俭的乡里周边想必也有民众参加了黄巾军的行动。这样一种农民叛乱的冲击,或许也是张俭事例所见豪族发生转变的原因。

以上,清流系豪族发生转变的主要原因,是党锢导致的清流顿挫与随之而来的浊流路线的确立,以及由此酿成的黄巾之乱给豪族带来了冲击。清流系豪族不得不采取"与邑里共之"的形式,除此别无选择。这就是川胜氏所说的向隐逸思想意识的倾斜。清流经历了黄巾之乱才意识到,必须要克服自己身上东汉豪族的性质。换言之,清流意识到了汉代社会中乡里共同体与豪族之间的巨大矛盾。①

川胜义雄在《贵族制社会的成立》(收入《岩波讲座世界历史·古代五》)一文中认为,党锢之后,知识阶层普遍兴起一股朝"隐逸君子"方向倾斜的风潮。知识分子豪族的这种自我否定的生活态度之所以出现,乃缘于在乡邑社会的崩溃中维持、重建共同体关系的必要性。他们的生活理念即所谓"清",正因为"清",才能获得"民望"。从上述张俭、刘翊等人士的情况来看,也很好地印证了川胜的观点。川胜进一步论述称,知识分子豪族这种自我否定的行为,却又在乡论的支持下,通过九品中正制的路径,使他们进入了魏晋政权,而开创魏晋贵族制社会的,是继承了清流系知识分子与逸民人士谱系的人。

参加曹操政权的,是颍川荀氏、陈氏等大体上继承了清流派谱系的人。他们制订出九品中正制度,从而形成了贵族制的基础。吉川忠夫认为,开创魏晋贵族制社会的,既非始终不肯妥协、旗帜鲜明的党人,也不是逃避现实的逸民,而是站在第三种立场上的"权道派",他们采取"若即若离"的态度,"在政治上伺机而动,相比于正道更精通于权道"。至少《后汉书》的作者范晔就持这一看法,他身为六朝贵族的一员,将权道派定位为开创这一

---

① 列传五八《贾淑传》载:"贾淑字子厚,林宗(郭泰)乡人也。虽世有冠冕,而性险害,邑里患之。林宗遭母忧,淑来修吊。既而钜鹿张威直亦至。威直以林宗贤而受恶人吊,心怪之,不进而去。林宗追而谢之曰:'贾子厚诚实凶德,然洗心向善。仲尼不逆互乡,故吾许其进也。'淑闻之,改过自厉,终成善士。乡里有忧患者,淑辄倾身营救,为州间所称。"这一段很有意思,讲述了豪族贾淑经郭泰训导后发生了转变。

体制的先祖。① 吉川列举的权道派人物有颍川陈寔、荀爽、荀彧和太原王允。这些人的子孙,直至六朝时期依然是著名贵族。特别是太原王氏,同琅邪王氏、陈郡谢氏并为贵族中的贵族门第。确如吉川所说,他列举的权道派人士之子孙,尤其是建言九品中正制度的陈寔之孙陈群,以他为代表的颍川出身者,在曹操政权中,为贵族制的创立发挥了核心作用,这无疑是事实。矢野主税也提出,与曹操政权密切相关的人后来成为了魏晋贵族,这一理解当是承继了吉川之论。② 不过,琅邪王氏进入中央政界始于王祥。据《晋书》卷三三本传,王祥是一位具有逸民之风的人物,显然不能称其为权道派中人。如此,贵族制成立之初继承了逸民人士谱系的人,也可以包含在开创贵族制的参与者中。③

川胜将吉川的见解融入自己的思路中,确认"逸民的确不能成为开创贵族制社会的直接主角,因为逸民与贵族原来就是矛盾的。开创贵族制社会的也并非首当其冲受到严厉镇压的党人,而确实是采取'第三种立场'的权道派。然而,不论是权道派还是逸民,或本身是清流,或有清流渊源。这些权道派与逸民都是党锢事件的产物。因此,从广义上讲,开创贵族制社会并使其内容不断充实的,可以说就是清流系知识分子"。④ 随后,川胜义雄又指出,晋代户调式体现的是魏晋贵族的自我制约精神,它与"九品中正制将官品等级与基于乡论的有德者的等级相对应的精神一脉相通",因而对此"不应理解为晋朝皇帝权力对个别人身的一元化支配,相反,它表现出的,是作为豪族共同体国家的贵族政权引以为据的一种理念——共同体原理"。当然,魏晋国家并不仅仅是根据共同体原理而成立的,严格说来,也贯穿着使豪族得以成立的阶级原理,"乡村的结构以豪族为中心,形成阶级关系与共同体关系的综合体"。若将此称为"豪族共同体",则"九品中

---

① 吉川忠夫:《范曄と後漢末期》,《古代学》13 卷 3、4 号,1967 年,后收入氏著《六朝精神史研究》(同朋舍,1984 年)。
② 参看本章引言所揭矢野主税《門閥貴族の系譜試論》,以及氏著《門閥貴族の系譜試論再説》(《史学杂志》81 编 10 号,1972 年),两文后收录于前揭氏著《門閥社会成立史》。
③ 川胜义雄在《六朝贵族制》(《历史教育》12 卷 5 号,1964 年)一文中指出,在琅邪王氏的贵族化过程中,琅邪王氏也是属于逸民知识阶级谱系的人士。
④ 参看本章引言第一个注释所揭川胜义雄论文《貴族制社会の成立》。

正制与户调式所体现的魏晋国家，只能是被视为豪族共同体累积型的贵族社会在国家层面上的表现。更明确地说，就是表现为豪族共同体的国家"，这就是魏晋国家的性质。

如上所述，川胜一贯坚持认为，清流由各色成员构成，在运动过程中，也可以看到增渊龙夫所说的儒家价值标准的表面化、外在化；但经历了党锢与黄巾之乱的广义上的清流——其中包含党人、逸民、权道派——意识到了自我制约的隐逸思想，于是他们作为由下而上规制新兴国家的豪族共同体的主宰者，成为了贵族制社会的主角。如果从创造贵族制社会的阶层和承担该使命的角度来说，笔者的理解与川胜先生基本相同。稍有不同的是，笔者认为，在东汉中期以降逐渐形成的士大夫豪族联合体即清流中，共同体原理与阶级原理互为矛盾，但又同时并存，这一点在清流的政治失利及黄巾之乱的民众抵抗运动中暴露了出来。对这种矛盾的克服，便是士大夫豪族沿着党锢以前逸民人士实践的方向，转变为"与邑里共之"的豪族状态。由此，士大夫豪族获得了乡里的支持，实现了官僚贵族化，开创了魏晋国家。

当然，进入西晋后，贵族制也导致了门第固化的现象。对此，川胜认为属于"中正制度运用方面的问题"，与中正制度的原理不是同一层面。但仅以"运用的问题"是否就能消解门第固化的问题呢？规定运用方法的性质，不就存在于魏晋贵族集团中吗？魏晋贵族不还是难以清除清流的性质呢？如前所述，"儒家理念"承担着维系察举体制的作用，门第固化的现象已在东汉末年的清流派中结胎。清流派在政治弹压之下不得不暂时退隐，但在曹操政权成立过程中，清流派又重归政坛，携带着隐逸思想意识的同时，确立了基于儒家理念的贵族制体制。正是这种清流派的遗留性质，产生出门第固化的现象。从这个意义上说，我们必须承认川胜先生的见解，即魏晋贵族的渊源就是东汉末期的清流。

终章　东汉时代的政治与社会

第一节　贵戚政治与皇帝统治

第二章概述了汉代政治史的特征,即自西汉以迄东汉,外戚逐渐掌握权力,或谓贵戚政治铺开。第四章又主要考察了东汉贵戚政治与皇权、儒家官僚之间的关系。在此,笔者意欲重新梳理一下汉代贵戚政治的特质及其与皇帝权力的瓜葛。

首先,皇帝支配体制中为何会生出贵戚政治？对于这个问题,内藤湖南的《中国上古史》提供了一个回答：

> 汉朝在西汉末年因外戚插手政治,一度丧失了天下,这就树立了外戚政治弊病的典型。然而,政治实际上就集中于帝室,并不像三代之时有贵族牵制,也不似汉初之时天子一族势力最盛,每每事发便举兵讨平,而是全部权力尽皆集中于天子之手。天子英明尚无妨,否则一旦天子周围有人专权,便缺乏牵制他的力量。权力集中在一处是危险的,这在西汉末年已得到证明。(《内藤湖南全集》第十卷,筑摩书房,第212页。汉字新旧与假名用法,引者径改。)

内藤湖南认为,权力集中于天子,于是在不断强化的皇权政治中,孕育出与之匹敌的贵戚政治。这一逻辑便是,皇权的绝对化必然导致他者的专权,最终使得皇权相对化不断历史性地推进。笔者以为,内藤湖南辩证地认识到了皇帝权力的历史性发展,进而也为本书说明贵戚政治形成的问题提供了启发。从这一逻辑来看,东汉前期三代权力向皇帝归集的事态,成为和帝朝以降贵戚政治诞生的土壤。这里,内藤湖南指出政治权力集中于天子之际,却并没有明确指出具体是什么样的政治制度上的根本性变化引发了权力的集中。这或许是因为西汉时内朝成立且相对于外朝更具优势,而在东汉之时宫中"内朝"权力又被贵戚所掌握。

由此可以认为,贵戚政治的形成,凭借的是权力向天子集中且内朝优势不断凸显。不过,这仍不能说明为何贵戚政治的主体是贵戚。我们必须进一步考虑贵戚政治成立的要因,即尊重戚属之风与贵戚本身内在的问题。

关于前者,从西汉武帝时期开始,儒家思想中的"亲亲之义"对皇帝产生了制约。从"亲亲之义"出发,皇帝给予贵戚殊遇遂成惯例。① 然而,仅仅受到皇帝尊重,贵戚政治是不可能确立的。如果仅仅是尊重的话,那么只保证贵戚拥有爵位等与政治无直接关系的地位即可,现实中东汉前期三代皇帝抑制贵戚的政策就是这种形式。贵戚政治得以成立,必须掌握内朝权力,为此就必须身在皇帝侧近,获取信任,并在皇位更迭时担当辅政之任。辅政大臣不一定非是外戚,但西汉昭帝以降和东汉时期,事实上几乎也都由外戚担任。那么,为何会任用外戚辅政呢?外戚与内戚不同,一般认为外戚没有皇位继承权,故可以让其辅政,但也可以认为古人的亲族观念在更深的层面对此作出了规定。史书中"舅""帝舅""舅氏"诸语颇为常见,用于优待母亲兄弟这类外戚的场合。例如,"章帝遂封三舅(邓)廖、防、光为列侯"(《皇后纪上》),马廖、马防、马光是太后马皇后的兄弟,尽管马太后并非章帝生母。这条记载是说,章帝不顾马太后强烈反对,最终执意封三位舅氏为列侯。从这个例子来看,皇帝对于母亲的兄弟而言是

---

① "亲亲"通常是适用于父(母)子兄弟之间的德义(参看日原列国《春秋公羊传の研究》第四章第二节《亲亲之道》,创文社,1976年),似乎与尊重外戚没有关系。《后汉书》列传二四《梁𫘧传》曰:"(张)酺对曰:'春秋之义,母以子贵。汉兴以来,母氏莫不隆显。臣愚以为,宜上尊号,追慰圣灵,存录诸舅,以明亲亲。'"不仅提到了和帝与生母梁贵人之间的母子关系,还可看到"母氏""诸舅"也成为"亲亲之义"的对象。关于这一点,《汉书》卷七五《翼奉传》有云:"古者朝廷必有同姓,以明亲亲,必有异姓,以明贤贤矣。"对于"异姓",颜师古注曰:"异姓谓非宗室及外戚。"(《汉书》卷八六《何武传》)围绕师古注尚有争议,故关于汉代的亲族观念仍有进一步检讨的必要。这里姑且认为对皇帝生母(包含不是生母但为先帝皇后的情况)一族的尊重,也是出于"亲亲之义"。

"甥",甥理所当然必须对舅表示一定的敬意。山路胜彦研究《春秋左氏传》中的婚姻关系时指出,"甥是指出嫁女性的族人（出嫁族）,舅是指母舅一族（妻子的母族）";"在《左传》的世界中,舅作为保护者、监督者或后援力量,始终给予甥全面的照料,另一方面,也要求甥对舅同等地报以无私的侍奉服务"。① 此外,山路胜彦在专著《家族社会学》（世界思想社,1981年）中进一步论述:"古代中国,舅在政治上、礼仪上、情感上都与外甥有着很深的关系,而且在魂灵世界中占有优势,能制御、庇护外甥,有时也能施以诅咒。"（第131页）关于这一点,需要进一步详细探究汉代包括甥舅关系在内的亲族观念。至于外戚辅政,或许与山路先生所揭中国古人的亲属观念有很大关系。进一步说,外戚辅政更可能是现实中帝室与女性娘家一族的合作,双方结成相互扶助、互惠互利的政治同盟。

关于后者还有一个问题。贵戚通过与皇帝间的戚属关系而取得政治地位。不过,一旦与保证其地位的皇帝戚属关系断裂,那么其地位也必然为其他贵戚取而代之。这种不稳定性始终萦绕在贵戚身上。而克服这一不稳定性的途径,就是成为有能力的官僚,夯实官场上的立足点。如若不能,贵戚便只剩下一条道路,那便是在身为贵戚期间掌握政治权力。观《后汉书》的诸贵戚列传可见,获得必要能力而成为博学官僚的志向,与掌握权力的志向,在一族中同时并存。贵戚政治形成的背景中,贵戚掌握权力有保全一族的强烈愿望,不过贵族自身也确有不得不如此的一面。

由是观之,贵戚政治并非单纯是以汉室辅佐的形式结成两个氏族的政

---

① 山路胜彦:《〈春秋左氏伝〉と縁組・権威および覇権主義》,《関西学院大学社会学部紀要》39号,1979年。另外,渡边义浩《後漢時代の外戚について》（《史峰》5号,1990年）对拙稿《漢代の貴戚に関する覚書》（《愛媛大学教育学部紀要 人文・社会科学》14卷,1982年）提出了批评,着力点有以下几个。姑且不论不能采用"贵戚政治"的概念这一点以"亲亲之义"为据来封侯,作为皇帝的恩泽,这本是"汉家旧典",因此不能从"恩泽"中求取"发挥与皇帝权力相对峙的权力这一外戚权力的渊源",这是第一点。其次,拙论援引山路的见解,将"舅权"作为外戚辅政的一个根据,这一观点不成立,与其说是"舅权",不如说外戚辅政的依据是"皇太后权"。关于前者,本文也已明确指出,仅凭"亲亲之义"是不能实现外戚专权的;然而,从儒家官僚的批判锁定在外戚专权而非不尊重外戚这一意义上讲,"亲亲之义"展现的尊重外戚之风,成为外戚专权的基础,而且不可否认,这一风潮在武帝以后越来越显著。关于后者,虽然也必须进一步确认所谓"皇太后权"是否存在,但笔者也打算在前揭拙稿中明确,皇太后作为皇帝权力的代行者,她的存在是外戚专权的必要条件。另外,笔者并没有设定"舅权",只是推测了一下甥舅关系是不是对外戚皇帝权辅佐起到了作用。这也是从古人的传统亲族观念来考察汉代外戚干预政治的依据,并非无益之举。

治同盟所导致的,其成立可以说是贵戚出于迫不得已保全自己一族的意愿。如此一来,利用绝对化的皇权以保全一族的因素,便混入了皇帝统治之中,甚至酝酿出皇帝支配体制形骸化、相对化的趋势。从皇权绝对化中生成的贵戚政治本身,虽然被要求站在"公"的立场上,但却受保全一族这个"私"的追求所驱使,陷入两难的困境。可以认为,王莽夺取权力,就是为了消解贵戚政治的困境而采取的一项政治经营的结果。

职是之故,西汉昭帝以降的汉代政治史,主要是在皇帝支配与贵戚政治的相生相克关系中展开的。这涉及汉代公权力与私家关系的问题,今后我们必须在尾形勇先生关于家与国家的理论所延伸出的汉帝国结构论的关照下加以探讨。①

贵戚政治在东汉走向终结,向六朝贵族主宰的新时代过渡,那么贵戚政治为何会在东汉时期告一段落呢?是不是皇权回归本然,绝对性复活,从而消灭了贵戚政治呢?似乎确实如此。如前所述,西汉武帝独尊儒术,儒学得以在全国普及,继而儒雅之士进入官界,结成儒家官僚集团,于是为了寻求皇权的应有姿态,对贵戚政治发起批判,并努力克服贵戚政治,而这正是终结桓帝时期梁氏专权这一最后的贵戚政治的最大要因。然则,儒家官僚获胜后,儒家理念中的皇帝支配出现了吗?并没有。这是因为宦官又纠缠其中,彻底镇压儒家官僚对儒家理念性的皇帝支配的要求。宦官依靠的同样也是皇帝权力。在秦始皇创立的权力核心中,有即便是儒家官僚也有不能参与的事情,而皇权这种绝对神圣且包含恣意性质的力量,才是宦官专权的支撑。这就是造成东汉王朝灭亡的罪魁祸首。东汉皇帝权力是从自身土崩瓦解的。

然而,儒家的皇帝支配理念并没有因此而消失,是的,不仅如此,其理念面貌反而愈加容光焕发,在下一时代迎来重生。魏文帝曹丕黄初三年(222)九月诏敕有云:

夫妇人与政,乱之本也。自今以后,群臣不得奏事太后,后族之家

---

① 尾形勇:《中国古代の"家"と国家》,岩波书店,1979年。

不得当辅政之任,又不得横受茅土之爵;以此诏传后世,若有背违,天下共诛之。(《三国志·魏书》卷二《文帝纪》)

文帝以强硬语气禁止贵戚参政的背景,可以认为在文帝周围,儒家理念不绝于耳,而这种儒家理念来自继承了清流派谱系并作为魏晋贵族成长起来的士人。这一阶段,在现实中生发出了皇帝独尊所应有的皇帝政治的端绪,这正是当年东汉儒家官僚梦寐以求的愿景。[1]

那么,围绕贵戚进一步观察,东汉时期的贵戚与六朝时期贵族制社会中的贵族又有异同。

按内藤湖南《中国中古的文化》(《内藤湖南全集》第十卷,筑摩书房,1969年)中《皇后出身的变化》一文,东汉与西汉不同,东汉的皇后基本都出自名门。换言之,东汉的贵戚之家是享有一定社会名望的门第。东汉的名门望族并不限于贵戚之家,还包括其他功臣之家或豪族出身且累世高官的家族。就政治意义而言,贵戚位于这些名门望族的顶端。

然则,一直以来,东汉的贵戚在与六朝贵族的关联中是如何被定位的呢?宫崎市定《九品官人法研究》认为,贵族"是豪族发达并与政权相结合而形成的产物"(第536页),从"东汉中期以后外戚与官僚等贵族之间的党争"(第4页)来看,外戚被视为贵族。狩野直祯也指出,"在豪族中,外戚很早就与东汉政权联合而贵族化"。[2] 此外,川胜义雄在他关于贵族制成立的早期研究中,揭示豪族与贵族的区别后,将"政治力量强大,具体表现为在中央政府身居要职、对累代国政拥有很大发言权的家族势力"定义为贵族。他在论述了清流系士大夫集团的形成后,继而提出"东汉时期也已经存在贵族了。除赵翼列举的'四世三公'的袁、杨二氏之外,外戚与云台二十八将之家中也有可视为贵族者。然而,⋯⋯当时还没有像魏晋贵族

---

[1] 这并不是说魏文帝诏敕发布后,贵戚政治就在历史上消失不见了。时至西晋,又可以看到贵戚政治的复活;到了东晋,贵戚政治甚至一度发挥了巨大作用。关于这一点,参看安田二郎《八王の乱をめぐって——人間学的考察の試み——》,《名古屋大学东洋史研究报告》4,1976年。
[2] 狩野直祯:《後漢中期の政治と社会——順帝の即位をめぐって——》,《東洋史研究》23卷3号,1964年,后收入氏著《後漢政治史の研究》(同朋舍,1993年)。

那样,在其背后明确且强有力的统一势力,它仍然依赖于王朝,所以也和东汉王朝一同灭亡"。川胜义雄在承认东汉存在个别贵族的同时,也向东汉末年的清流势力中寻找贵族体制中的贵族源流。① 而在另一篇考论中,②川胜又将外戚归之于浊流集团,主张贵族的高贵性源于其在乡党社会中的存在方式和社会声望。可见川胜近年的贵族概念又有所深化,较早年的立场更加明确。

这里聚焦于贵戚,从以上各种见解观之,几乎都认为贵戚是一种贵族性质的存在。不过,六朝贵族和一般历史概念上的贵族必须区别开来,以下用"贵族"表示六朝贵族。诚然,东汉时期的贵戚已获得政治高位,也拥有政治发言权,从这一点上也可以认为是贵族。但是正如川胜先生指出的那样,很难认为贵戚是与"贵族"性质全然相同的事物。贵戚不得不因各个时期皇帝的意向与围绕后宫的各种关系,而出现交替更迭与权力推移。换言之,贵戚这些人无法将一时获得的权位保持到将来。而且也不能说贵戚之家形成了一个社会阶层,它们并未采取诸家联合的政治形态,甚至各家之间还存在着政治角逐。③ 从这一点来看,贵戚与"贵族"有着某种不同的性质。

那么,究竟该如何在历史上定位东汉的贵戚呢? 通常来说,既然贵戚的高贵性源自作为皇帝戚属而获得政治高位,那么因此享有的政治发言权也只是暂时的。而且,贵戚过于希望保全一族,使得它与其他贵戚和官僚之间的协作很难达成。这样一种贵戚的存在方式,如果不能经由东汉一代来克服的话,贵戚就不能成为"贵族"。克服的过程又该如何理解呢? 如前所述,贵戚之家内部也存有修习儒学的志向,故贵戚的高贵性从单纯来源于作为帝室戚属而获得高位,转向因亲致显的同时,凭借修习儒学,而培养出的道德行为获得乡党社会的舆论名望。这一观察若能得到验证,那么

---

① 川胜义雄:《シナ中世贵族政治の成立について》,《史林》33 卷 4 号,1950 年,收入氏著《六朝贵族制社会の研究》(岩波书店,1982 年)时,改题名为《贵族政治の成立》。
② 川胜义雄:《贵族制社会の成立》,收入《岩波讲座历史历史》古代五,1970 年,并收入前揭氏著《六朝贵族制社会の研究》。
③ 西汉时期的史丹、王商与王凤(《汉书》卷八二《史丹传》《王商传》等),后汉时期的马氏与窦氏(《皇后纪上》马皇后条)、窦氏与梁氏(列传二四《梁竦传》)等贵戚家族之间,当时也有不少阴谋斗争和反目成仇。

我们也就能捕捉到贵戚作为"贵族"的早期形态。东汉二百年间，从政治高位者的存在方式来看，不正可见贵戚向"贵族"的转变么？也即是说，以"亲亲主义"这一血缘关系为依据的存在方式，转变为乡党众望所归的骨干。而承担这一转变的主体角色，只能是贵戚自身。关于这一点，从东汉贵戚阶层的实际情况来看，不得不作出否定的回答。这是因为，贵戚本身就是依据它与皇帝之间的血缘关系而存在的，极难获得"贵族"所拥有的根植于乡党社会的形态。而"贵族"的诞生，还是要在否定、克服了作为东汉政治高位者的贵戚之后。

第二节　儒家官僚的出身地域和政治过程

正如序章所划分，本书按皇帝在位时期，将东汉二百年的政治过程分为前期（光武、明、章）、中期（和、安）、后期（顺、桓、灵）三个段落。前期是皇帝支配体制复活、统治稳定而礼教体制确立的时期。到了中期，贵戚政治复活，各种灾害频发，羌人入侵，以致国家统治出现动摇，滑向衰亡。再到后期，贵戚政治继续存在，宦官飞扬跋扈，同时儒家官僚集团即清流势力团结起来，于是中央政坛中三足鼎立之势成，地方上则民众叛乱不断，王朝统治逐渐瓦解。

以上三个时期，如果关注一下活跃于官场中枢的儒家官僚的出身地，以及他们政治活动的方向性，就可观察到以下特征：前期，南阳、河南、颍川、汝南三辅出身者为数众多。他们或是参与了光武创业的功臣及其子孙，或是西汉以来即属三辅望族的成员，以及凭借儒学才能支撑东汉初期三代政治的儒家官僚，等等。这些人朝着皇帝的中央集权确立的方向而活动。进入中期，前期尾声即章帝时期，三辅出身者形成党派，他们拥戴同是出身三辅的窦氏，东汉最初的贵戚政治由是成立，并与其他来自南阳、河南、颍川、汝南等地的儒家官僚势不两立。和帝初，窦氏主导的贵戚政治败亡，三辅出身的官僚势力随之减退，[①]其他地域出身的官员获得优势。接

---

① 三辅地区在东汉的比重，随着时代推移有所下降。据《汉书·地理志》和《续汉书·郡国志》的户口统计，三辅人口锐减，直接原因可能是和帝时期以后激化的羌族入侵，三辅受（转下页）

着,南阳出身的外戚邓氏在和帝死后专权,邓氏失败后,安帝阎皇后又确立了短暂的贵戚政治。从贵戚政治的开展来看,中期的特征最为显著,但这一时期儒家官僚,除了批判邓氏贵戚政治、在前期占据出身地域优势的官僚之外,还有很多出身黄河下游、江淮地区的官员与邓氏合作,而巴蜀出身的官僚格外引人注目,他们在邓氏专权期间,与邓氏步调一致,从而多受推举,在中央官场占据要职,强势挺进政坛中枢。降至东汉后期,这一趋势进一步显著,以南阳为首的在东汉前期占有优势的地域之外,来自全国范围内的各地域出身者数量增多。他们通过顺帝后期至桓帝初年批判梁氏贵戚政治的活动,从而结成全国性的士大夫集团,即清流势力。最终结果,无疑正是桓帝末至灵帝时的两次党锢事件。

如上所述,概观中央的政治过程与儒家官僚的出身地域,可见东汉时期的政治过程中,出身于地方豪族的儒家官僚逐渐克服贵戚政治,在儒家官僚集团凝成的背景下,建立具有豪族联合政权性质的新的皇帝支配体制。而且,这些活跃在官界中枢的儒家官僚,他们的籍贯地一开始集中在长安、洛阳附近的黄河中游先进地区,到了东汉中期又向黄河下游与巴蜀、江淮地区分布开来,再到后期,包含迄中期为止的这些地区在内,几乎逐步向全国性范围扩展。据此推测,这一事态,与西汉武帝时期受到独尊的儒学向地域社会渗透、普及的过程,二者是同步的。然则,孕育这些儒家官僚的地域社会有着什么样的结构呢?

(接上页)到了致命打击。可以推测,这样的人口减少当然也会影响到选举,造成三辅人士进入官场的脚步放缓。从永田英正《後漢の三公にみられる起家と出自について》(《東洋史研究》24卷3号,1965年)所载"三公出身郡国"来看,光武帝至汉献帝这一期间,推出三公最多的郡国是南阳郡(19人),然后依次是汝南郡(14人)、沛(11人)、河南郡(10人)、颍川郡(7人)、京兆(7人)、弘农郡(7人)。虽然后三郡数量相同,但出自颍川和弘农的三公,全部在和安时代以后,而京兆则在光武帝时推出3人,章帝时又推出2人,另外2人分别出在和帝与顺帝时期。显然,东汉中期以后,出自这里的三公人数减少。至于扶风、冯朔,不仅三公人数少,而且主要集中在东汉初期。与此形成对比的是,颍川、汝南、弘农势头日强,河南、沛、南阳则一如既往地持续输出三公。总之,不可否认,政治、社会、文化重心都在从三辅向关东、江淮地区迁移,这是东汉时代史所呈现出的一个方面。扶风茂陵人马融,在其门生郑玄东归北海高密之际,慨然叹曰"吾道东矣"(列传五十《马融传》)。这句感叹极具象征性。如此,则意味着东汉前期支持窦氏专权的西汉三辅望族阶层,逐渐失去原有的政治势力。以四世三公闻名的袁氏(汝南汝阳)、累代帝师的桓氏(沛郡龙亢)、清流先驱李固(汉中南郑),以及清流导师李膺(颍川襄城)和陈蕃(汝南平舆)等,这些东汉中期以降涌现出的代表性官僚,全部出身于关东和江淮地区。

东汉选举的主要途径是孝廉一科,不过被举孝廉者大多擢自郡功曹等具备右职经验的人。以往研究表明,这些右职基本都由当地豪族充任,事实上孝廉选举几为豪族阶层所垄断。本书第五章已分析了郡县阶段选举的实际情况,指出在这些豪族阶层中,能够担任州郡吏员和县功曹的人,与不能出仕州郡而充其量只能充位县吏、乡官的人,在选举中存在着阶层差别。前者是包括被举孝廉的"世为郡吏""世吏二千石"之家在内的豪族,本文名之曰"士大夫豪族"。后者是专注于土地经营的土著色彩浓厚的豪族,可称之为"非士大夫豪族"(下文称为"土著豪族")。豪族向两个阶层的分化,始终伴随着地域差异,贯穿东汉一代,到东汉末年几乎在全国范围内,都形成了士大夫豪族—土著豪族—小农的阶层差序结构。从官僚制身份来看,这个差序结构对应的是中央官僚、州郡吏员—县吏、乡吏—庶人的序列。士大夫豪族阶层在郡阶段形成了一种作为政治共同体的士大夫集团,既左右郡内乡论,又独占选举权,从而维持一郡规模的支配权。士大夫豪族阶层与土著豪族阶层都作为豪族,在指导和支配乡里民众这一点上,具有共同的利害关系,但在选举方面则存在矛盾。被士大夫豪族垄断了选举权的土著豪族阶层,不得不依赖外戚和宦官,通过请托选举来出任州郡吏员,以至进入中央官界,招致士大夫集团即清流反对和批判的情由正在于此。土著豪族阶层的在地性相对更为浓厚,所以与乡里民众有着直接的关系,能确保乡里支配的稳固,成为乡里"自律秩序"形成的中心。前文已述,在田畴领导下的父老阶层,也包含了作为宗族代表者的西汉式的父老,而正如田畴自身所呈现的那样,可以推测属于土著豪族阶层之人也为数众多。

如此,以上论说表明,在东汉政治过程中进入中央官界的儒家官僚,其出身来源即郡这一层面的士大夫豪族阶层所构成的社会圈子。他们以各自所出身的郡的士大夫圈子为基础,结成全国性的士大夫集团。顺帝朝以降,他们的目标,是建立以皇帝为中心的豪族联合政权性质的国家体制。这些士大夫锤炼儒家理念,猛烈批判外戚和宦官。正是这一全国性的士大夫集团,最终孕育了魏黄初元年九品官人法制定后出现的魏晋贵族。

第三节　乡里社会的质变与共同体

关于汉代乡里社会的质变，正如序章已述，宇都宫清吉提出了乡里共同体内确立了豪族支配的模式，这一模式作为汉代社会发展过程的基本线索，可谓不可撼动。问题是，如何把握宇都宫先生所谓的共同体。继承宇都宫的见解，川胜义雄、谷川道雄两位先生从独特的共同体论出发，将汉代社会的基层单位设定为"里共同体"，其定义是：以父老为中心、基于自耕农之间相对平等的共同体关系而构成的组织。他们认为，生产力发展带来的豪族与贫农的阶级分化这一"里共同体"内部矛盾，与共同体的原理激烈冲突，克服这一冲突而重新编组的新共同体——"豪族共同体"，形成了六朝贵族制社会的基层。[1] 两位先生的观点都是从共同体论来重新理解宇都宫的汉代社会论，但问题是关于"以父老为中心的相对平等的里共同体"这一定义，论者对此多有批评。[2] 川胜义雄则予以反驳，他并不认为这是"平等无阶层社会"，而是以"作为支撑汉帝国基盘的模型"来设定"里共同体"。[3] 川胜先生当然也不是无视汉代豪族的存在及其乡里支配，问题是，里共同体内部矛盾，即其生产力发展导致的豪族和贫农的阶级分化，以及与共同体原理激烈冲突的具体表相，特别是对于豪族势力大长的东汉时代等诸课题仍有待辨明。如果不依据具体发展来验证其逻辑假说，那么也将无法完成对里共同体向豪族共同体转化的历史把握。在具体表相这一问题中，正如序章所提出的那样，也包括区域性考察。那么，这些问题通过本书迄今为止的考察，已经阐明到什么程度了呢？

---

[1] 川胜义雄、谷川道雄：《中国中世史研究における立场と方法》，收入中国中世史研究会《中国中世史研究》，东海大学出版会，1970年。
[2] 堀敏一：《中国古代史と共同体の问题》，《骏台史学》27号，1970年；五井直弘：《中国古代史と共同体——谷川道雄氏の所论をめぐって》，《历史评论》255号，1971年；多田狷介：《『後汉ないし魏晋期以降中国中世』说をめぐって》，《历史学研究》422号，1975年；鹤间和幸：《汉代豪族の地域的性格》，《史学杂志》87编12号，1978年；渡边信一郎：《古代中国における小农民经营の形成——古代国家形成论の前进のために——》，《历史评论》344号，1978年；山田胜芳：《近年の秦汉史研究をめぐって——好并隆司・谷川道雄・渡边信一郎三氏の研究を中心として——》，《集刊东洋学》42，1979年，等等。
[3] 参看终章第一节注引川胜义雄著作，第113—115页。

首先，以里共同体为前提的情况下，关于它如何质变，本书已在序章中介绍了多田狷介和河地重造的观点，并根据两位的论说，提出了一个假设：从父老为中心的里共同体，到豪族在里共同体内部占据领导位置的阶段，再到豪族对里的重新编组阶段，以及豪族确立乡里支配这三大阶段。如果借用两位先生"共同体"的名称和时期划分，按笔者的思维图式，则是 A 父老性质的里共同体—B 豪族性质的里共同体—C 豪族共同体。不考虑地域差异，将各个阶段置入两汉四百年中，那么 A 相当于西汉元帝前后，B 相当于元帝时期至东汉前期，C 相当于东汉中期以降。若考虑到本书考察的地域差异，以东汉时期为限来推测，则在东汉前期，豪族较多的关中、关东、江淮北部地区已达到了 B 的阶段。南阳樊重与京兆王丹等事例显示，以及从河北豪族反抗度田政策的行动方式来看，以上推测应大致不误。然而，父老僤所在洛阳附近的乡里，以预定就任父老的中家阶层依旧健在，东汉王朝的地方统治也甚为坚固，所以在豪族阶层构筑起决定性地位之前，东汉前期似乎还未达到 B 的阶段。当然，在东汉前期，边郡中也有一些优势地区。前期已达到 B 阶段的地域，在东汉中期以后豪族阶层势力进一步扩大，如第五章所考察，水利灌溉设施由豪族阶层掌握，对此也有所反映。此外，东汉前期尚未完全实现 B 阶段的巴蜀、江淮地区，也于中期逐渐进入了 B 阶段。尤其是巴蜀地区与关东的山阳、东海、北海郡等黄河下游右岸地区，进展速度也十分迅猛。进入东汉后期，这种态势进一步发展，已经到达 C 阶段的地域也开始出现。本书推测，颍川、汝南、陈留、山阳等清流士人辈出之地，这一状况正步步推进。

接下来的问题是，随着上述豪族势力的发展，父老秩序又有何变化呢？换言之，豪族掌控的秩序与父老性质的秩序之间是何关系？如果父老秩序确实存在，那么它在由豪族重组的乡里社会内部居于什么样的位置呢？东汉二百年间，豪族支配与父老秩序的关系又是如何变化的呢？

西汉末年大乱之际，活跃着两种不同性质的集团。[1] 一是赤眉代表的农民叛乱集团，二是以豪族为核心的集团，南阳豪族集结而成的光武集团

---

[1] 参看木村正雄《中国古代農民叛乱の研究》，东京大学出版会，1979 年。

即其代表。众多农民叛乱集团是如何构成的,关于此问题的相关史料很少,不明之处很多,但可以知道的是,赤眉集团的早期组织有着"三老、从事、卒史、臣人(巨人)"的序列。赤眉集团的领导人被称为三老,这表明赤眉集团是与根据父老—子弟的统制关系来维持秩序的乡里性质相同的组织。另一方面,豪族集团又是什么情况呢? 南阳刘氏决计起兵之际,集团的核心成员来自宗族与宾客,当然还包括为豪族从事经营的依附农民。赤眉集团呈现的某种平等性,在豪族集团这里是没有的。领导者刘縯、刘秀兄弟与集团成员之间,是一种主从性质的支配与被支配关系。南阳刘氏集团在取得军事成功的过程中,还吸纳了叛乱民众集团和与刘氏集团有着相同构成的其他豪族集团,而光武集团高居顶端。不难推测,这些豪族集团在吸纳叛乱民众集团之时,必然会产生支配—被支配的关系。然而,在小长安败于王莽军的刘縯,正欲联合下江兵,但此时下江诸将如成丹、张卬都反对,皆曰:"大丈夫既起,当各自为主,何故受人制乎?"(列传五《王常传》)对此我们可以理解为,这是站在农民叛乱集团立场的绿林军对南阳豪族集团的排斥。后来,刘縯又被拥立更始帝的绿林诸将所杀,从这一事实亦可推度,豪族集团在这个时期还难以用力量制服农民叛乱集团。若将此进一步推及日常的乡里社会,是否也显示出豪族难以打破乡里社会中父老—子弟的统制关系,从而使乡里民众归于自己的支配之下。河地重造先生列举的南阳郡湖阳县豪族三老樊重之事,或许就是这一情况的反映。

接着,目光转向东汉末年,看看当时豪族与乡里民众的关系又如何了呢? 列传六〇《荀彧传》载:

> 董卓之乱,弃官归乡里。同郡韩融时将宗亲千余家,避乱密西山中。或谓父老曰:"颍川,四战之地也。天下有变,常为兵冲。密虽小固,不足以扞大难,宜亟避之。"乡人多怀土不能去。会冀州牧同郡韩馥遣骑迎之,或乃独将宗族从馥,留者后多为董卓将李傕所杀略焉。

韩氏、荀氏都是颍川豪族。这段史料说的虽是战乱时期的情况,与平常乡里社会豪族和父老、乡人集团的关系,倒也不是完全无关。荀彧对父老的忠告或指点，就被父老—乡人以"怀土"之情拒绝了。在当年父老秩序占据优势的时期，很难想象豪族能对父老阶层提出带有命令意味的劝告，但在这里却看到了。最终，荀彧率领荀氏一族突破了父老阶层的统制，为寻求州牧韩馥的庇护而离开乡里，与同郡韩融宗族都免于涂炭。那么，避乱山中的韩融集团又是过着什么样的集体生活呢？这里有一条可供观察的著名史料。《三国志·魏书》卷一一《田畴传》曰：

> 遂入徐无山中，营深险平敞地而居，躬耕以养父母。百姓归之，数年间至五千余家。畴谓其父老曰："诸君不以畴不肖，远来相就。众成都邑，而莫相统一，恐非久安之道，愿推择其贤长者为之主。"皆曰："善。"同佥推畴。畴曰："今来在此，非苟安而已，将图大事，复怨雪耻。窃恐未得其志，而轻薄之徒自相侵侮，偷快一时，无深计远虑。畴有愚计，愿与诸君共施之，可乎？"皆曰："可。"畴乃为约束相杀伤、犯盗、诤讼之法，法重者至死，其次抵罪，二十余条。

韩融的宗亲千余家集团，也许度过了一段只有宗族集团的暂时的避难生活；但像田畴集团那样，不能认为完全没有赖其集团以生存的人完全不曾依赖他人。从以上田畴集团的相关叙述中可知，豪族对父老阶层的领导地位得以确立，形成豪族领导者—父老阶层—乡人的阶层从属关系结构。换言之，父老秩序被编入了豪族的支配之下而成立。但是，从以上两条史料可以看出，父老—乡人集团受到豪族统制的同时，父老—乡人集团的意愿也得到豪族集团领导者的充分尊重。即使是立足于乡人信望之上的豪族，也是站在父老秩序之上领导和统制着乡里。因此，倚仗暴力将乡里置于自己支配之下的"武断乡曲"型豪族，在他们的乡里支配中，父老秩序无疑几乎名存实亡。

正是西汉末与东汉末豪族与乡里民众关系的差异，让我们认识到东汉二百年间乡里社会的变化。在此，综合目前所有考察，战国以降有关共同体变迁的大致形式如下：

（一）战国—西汉武帝时期　父老性质的里共同体

（二）武帝时期—东汉中期　父老性质的里共同体与豪族性质的里共同体并存、角逐

（三）东汉中期—魏晋时期　豪族性质的里共同体优势愈加明显，开始向豪族共同体转化

（一）的父老性质的里共同体，虽然在私有方面具有某种程度等差的结构，但维持其秩序的原理主要是年龄差序，以父老—子弟关系为基轴，起支配性作用的，是西嶋定生论述爵制秩序时也援用过的年齿秩序，[①]而农耕劳动也是存在一定协作的社会结构。

到了（二）的阶段，（一）社会中在私有方面占据优势的豪族出现了。这个阶段，豪族力量支配与以往来自父老的领导展开竞争。当然，由于时期和地域的不同，两者的关系复杂地交织在一起，但其中一方还是处于优势（终究是豪族支配占有优势）。西汉后期大体上是父老性质的里共同体，而进入东汉以后，豪族性质的里共同体成为主流势力。两种共同体尽管共存且相互角逐，但并不存在单纯的父老性质里共同体或豪族性质的里共同体。可以想象，在一个乡里社会中，父老支配原理与豪族支配原理错综交织。如前所述，南阳郡湖阳县三老樊重的事例显示，豪族一方面对小农经营、假作、傭作、奴婢等人群凭借力量强迫屈服，同时在农业经营上及地方政治权力掌握方面，企图利用有利于豪族大土经营的形式，贯彻乡里支配；另一方面，豪族也不得不遵循父老—子弟的年齿秩序原理。为何会出现这种状况呢？可能是因为还存在着勉强自食其力维持经营的农民。其中一个例子就是参加父老僤的农民——属于中人之家，即使被分配来担任父老，也有一定能力可以承担，他们正是这一情况的具体形态。[②]

阶段（三），东汉进入中期，东汉王朝也接受了豪族的存在，而豪族对里共同体的控制进一步发展，将父老秩序编组进自己支配之下的豪族共同体逐渐形成。国家的水利事业也出现了豪族"因缘际会"垄断了水利等各

[①] 西嶋定生：《中国古代帝国の形成と構造》，东京大学出版会，1961年。
[②] 西汉时期的父老序以年齿，选高年有德者为之。但进入东汉以后，根据赀产多少从县中选任的事例也很多，一般认为父老在里中的性质应该也发生了变化。尽管如此，并不能认为东汉的父老都是仅凭赀产选任的。这也可能反映了同族结合的年长者成为父老，也就是第一阶段的里共同体经过某种分解后里中父老的就任状况。

项权益的事态。豪族在大土地所有方面步步推进,周边小农也日益沦为其依附人口。由此,第(一)阶段的父老性质里共同体完全变质(其中当然仍有地域差异),以豪族为中心的里共同体全面普及。与之相伴的,豪族出身的官僚垄断选举越来越常态化,其中强有力的豪族出身士大夫,在郡这一层形成了一个政治共同体。这就是清流派的社会基础,也是日后魏晋贵族制社会中的贵族的阶级来源。

以上趋势,从关中、关东推进到江淮北部,又蔓延到了巴蜀与江淮南部、黄河下游右岸地区,甚至在边境地区,也从(一)阶段徐徐转型为(二)阶段。

以上概括性的图式,从共同体论出发,捕捉汉代乡里社会的展开。各种共同体内部结构与转化的具体表相,包括家族、宗族关系等显而易见的课题,将留待今后。笔者认为,战后秦汉史研究提炼出的共同体问题,在系统把握中国史时一定要梳理清楚。从这个意义上讲,多田狷介与渡边信一郎的观点交锋耐人寻味。多田先生的报告指出:"在孤立、分散的状态下难以自立的小农经营,不是说可以由发挥共同体功能的专制国家直接掌握而存在,而应把它设想为具有一定自律性的底层小共同体,且内部存在初级阶级关系。这一观点可以保留。""近现代中国农村仍存在共同体。在前近代,国家—农民即使有支配的意志和被支配的构建,但实际并非如此。应该从包括农村共同体为代表的中间各团体在内的下层视角出发,来解析作为继发性的结构体的专制国家。"渡边信一郎的观点则与之相对,他认为:"存在于中国社会的共同体,是出于多种多样的目的而组织起来的所谓社团性团体,不同于氏族共同体这种通常所说的共同体。""小经营、社团(共同体)、国家这三者没有很好地结合起来的社会,即三者被割裂开来,正是中国社会的特质。"[1]战国秦汉史研究中浮现出的基本问题——国家与共同体,在这里作为中国整个时代史研究的课题被提出。

本书提到的父老僤团体与清流政治结合体,也可理解为渡边先生所谓社团性质的共同体。关于父老僤的解释,俞伟超主张它具有太古以来共同

---

[1] 多田狷介:《中国古代史研究の现在》,《历史学研究》613号,1990年。

体的延续性。这一说法是否允当,以及作为受限于生产与生活的人员结合体的共同体,其与社团性共同体关系的进一步探究,也都是需要解决的课题。笔者认为从这个意义上讲,作为秦汉时代共同体研究的课题,有必要设定基层共同体、社会共同体、国家共同体三个层次,对它们之间的相互关系与多层结构进行考察。这里所说的共同体,是指人们或底端共同体具有关系而聚合构成的组织体。基层共同体指的是家、族和里这些开展生活、再生产的场所。社会共同体是由超越基层共同体或从中释放出的人员所构成的任务共有集团,或由基层共同体构成的地域性共同体。至于国家共同体,则是同一民族或超越民族的观念性统合体。

本书以政治过程与地域社会质变的相关性为主轴,探讨东汉时代史的发展脉络。最终生成的叙事,是通过相对虚心地阅读范晔《后汉书》后而得出的。当然,迄今秦汉史以及六朝史研究的方向性,也就是研究史所关注的问题,诸如皇帝统治的成立及其展开、汉代豪族势力的扩张及乡里社会的变化,以及六朝贵族制社会的形成与"豪族共同体"论等,本书叙事的形成也有很大作用。尽管如此,笔者仍不敢断言本书对东汉时代全貌的理解,是否完全排除了范晔东汉时代观的影响。这是将历史叙述的正史作为主要史料来使用的研究方法无法逃避的宿命。用范晔《后汉书》这种非第一手史料构筑的叙事,如何保证它的客观性,这是笔者研究方法上尚未解决的问题之一。与克服这一研究方法问题相关,最后想就自己今后的东汉史研究略置一言。

近年,我发表了几篇论文,探讨儒学在地方统治中的角色。本书对儒学的普及和知识阶层的形成也有所论及,但关于地方官员根据儒学教义指导民众、启蒙思想及民众对此的排斥,尚未得到充分研究。在细致考察东汉时代各地域文化特殊性,即地域性的基础上,这一问题是与整个东汉一代地方社会如何"文明化"相关联的议题。各个地域习俗与儒学教义之间的摩擦事件,在《后汉书》中也随处可见。民间的习俗、民众的信仰世界是什么样的?来自国家一方的启蒙和介入,由此导致民众精神世界如何变化?诸如此类问题,不仅是东汉时代的课题,也是整个秦汉史的课题。从这样的观点来看,似乎还必须考察东汉时代的早期道教形成和佛教融入的问题。

其次的问题,是地方社会以农业为中心的产业样态、生产场合中人与人的各种关系及生产力提高等引起的变化。由此,基层共同体的阶段性发展与共同体内成员的关系变化是如何错综缠绕的,需要对这个问题作更进一步的细致考察。特别是各家族集合而成的豪族,其内部结构如何,这一问题的解答对理解后面的六朝社会非常重要。进一步说,经历并超越了基层共同体内质变化的社会,其中的人际关系,具有怎样的东汉时代特质?门生故吏关系这一特殊的人际关系是如何产生的,也是思考儒学对战国时期任侠式结合关系的影响,以及在对后来中国社会人际关系等问题时,值得探究的有趣课题。

本书"前言"所述中国传统社会原型的形成这一点,正是探求东汉时代历史意义之所在,这一假说必须在进一步考究上述诸问题的基础上,重新予以检讨。

后　　记

　　我总是强烈地感觉到,毕业论文涉及党锢事件,就注定了日后要以此为研究议题。在我撰写硕士论文期间,名古屋大学发生的一场纷争正值高潮。如今回想起来,我当时一边将学生运动各派的言行与清流派的活动及逸民对清流的批判作比较,一边阅读《后汉书》。当初无论几番熟读《后汉书》,东汉时代的形象始终难以在我脑海中生成。但正是在追索政治过程的日子里,我慢慢察觉出其展开的条理,同时也渐渐发觉,那个时代在中国前近代史上的历史意义,比想象的还要大得多。正是东汉时代,形成了中国传统社会的原型,这一时代观将引发什么样的历史问题,也是今后我的研究兴趣所在。

　　然而,本书备述政治与社会,却对赤眉与黄巾农民叛乱未着一字,很多人对此感到讶异。关于赤眉,我从《中国民众叛乱史Ⅰ》(平凡社,东洋文库)的译注中也获得了一些认识,但真要研究赤眉,就必须先解决王莽政权论这一难题。至于对黄巾的理解,则无论如何都必须对汉代民间信仰及以此为背景而形成的早期道教了然于胸,可惜我并无相关知识储备。对和道教约略同时的、开始被时代接受的佛教,我同样不甚清楚。那么,如若问起儒学、儒教,我也完全不敢说对其深入本质进行了考察。另外,汉民族与周边诸民族的交往也是一个重要的课题。我在思考本书标题时,曾有一瞬间,《东汉时代史研究》这个题目在脑海中一闪而过,但由于我对时代全貌尚未能把握,故考虑先将本书作为理解这个时代的第一步。在接受了方家批评之后,再来进一步雕琢东汉时代的历史面貌。

　　在二十多年的东汉时代史研究中,我有如下心得:所谓学习历史,就是要理解人所参与的历史的"结构"是什么样的,在这个"结构"中,人又是如何想要"好好地"生活的。尽管这种想法很平常，但对生活于现在的一个人来说，也是无法绕开的问题。为何要学习历史，为何要研究外国的古代史，这些学生时代以来徘徊不去的苦恼，私以为已得出了自己的答案。我希望今后能以这种面向历史的方式为基础，加深对中国古代史的理解。

本书在 1993 年提交名古屋大学的学位论文基础上，增加若干修订而成。撰写论文过程中，还对旧稿进行了订补与大幅修改。此外，为便于理解，本书也对旧稿作了一些分割，并新撰了相当篇幅的章节。下列旧稿即本书各章节的基础，它们初次发表的刊物信息如下：

《东汉初的皇帝统治与外戚、诸王》（《後漢初における皇帝支配と外戚・諸王》，载《名古屋大学东洋史研究报告》三，1975 年）〔第一章一、二节〕

《从父老僤石券的解释说起》〔《父老僤石券の解釈に寄せて》，收入《〈史记〉〈汉书〉的再检讨与古代社会的地域性研究》（《『史記』『漢書』の再検討と古代社会の地域の研究》），1994 年〕〔第一章三节二〕

《关于汉代贵戚的笔记》（《漢代の貴戚に関する覚書》，载《爱媛大学教育学部纪要 人文・社会科学》14 卷，1982 年）〔第二章一节、终章〕

《班固与窦氏——东汉外戚政治成立的一个剖面》（《班固と竇氏——後漢外戚政治成立の一断面——》，载《名古屋大学东洋史研究报告》六，1980 年）〔第二章二节〕

《汉代的诸生》（《漢代の諸生》，载《爱媛大学教育学部纪要》16 卷，1984 年）〔第三章一、二节〕

《关于东汉知识阶层形成的笔记》（《後漢知識階層の形成に関する覚書》，收入《中国士大夫阶级与地域社会及其关系的综合研究》）（《中国士大夫階級と地域社会との関係についての総合的研究》，1983 年）〔第三章三节〕

《东汉中期政治史试论——以邓氏专权为中心》（《後漢中期政治史試論——鄧氏專權を中心に——》，载《爱媛大学教育学部纪要》17 卷，1985 年）〔第四章一节〕

《东汉时代的选举与地方社会》(《後漢時代の選挙と地方社会》,载《东洋史研究》46卷2号,1978年)〔第五章三节〕

《东汉末的清流》(《後漢末の清流について》,载《东洋史研究》32卷1号,1973年)〔第六章二、三节〕

将我这个人文素养匮乏的粗野学生引上人文道路的,是宇都宫清吉、波多野善大、谷川道雄、久村因、森正夫诸位先生,以及如今已故的京都大学川胜义雄先生。一直到大学院硕士一年级,宇都宫先生是我的指导老师,后来每每见面,或是书信往来,也总是给予我很多激励,缺乏自信的我不知从中得到了多大的勇气。此外,我的研究能持续至今,皆有赖谷川先生。我到爱媛大学任教后不久,有段时间一度迷失了研究方向,是从谷川先生那里,获得了继续开展政治史研究的启示,从而化解了一场研究生涯的危机,上述旧稿也因此写成。不仅在这一时期,先生还借各种机会施以援手,为我提供了诸多研究上的便利。在此,谨向以两位先生为首的引我登堂入室的各位先生及东洋史研究室的学长、同学,致以诚挚谢意。

宇都宫、川胜、谷川三位先生为核心的中国中世史研究会,于我而言,给予我的裨益委实良多。虽然不能一一列具尊名,但仍要衷心感谢各位师友的深情厚谊。另外,本书所收旧稿几乎都是在爱媛大学教育学部就职期间完成的。社会科研究室的先生们在与我相交的同时,也为我提供了优良的研究环境,在此一并致谢。

本书出版之前,也收到许多好意。其中,森正夫先生从学位论文的审查到出版,始终对我关怀有加。我还要深深感谢名古屋大学出版会的橘宗吾先生不吝赐教,并为本书出版不辞辛劳。最后值得一提的是,本书得到文部省平成七年度科学研究费补助金"研究成果公开促进费"的资助,谨向相关诸位表示感谢。

著　者

1995年8月

译 后 记

2015年，付晨晨、刘莹和我从魏斌教授手中接过本书翻译任务。后因三人各自奔忙数年，编译工作停滞日久。直至2020年秋，我们方确立计划，正式着手。历时约两年，终于惴惴焉向出版社交稿。特别遗憾的是，其间东晋次先生溘然长逝，未能亲见中译本发行。尝听魏斌教授说，我们接手之际，他请李济沧教授征求东晋次先生意见，东先生闻知欣然慨允，回信字辞间喜悦之情洋溢。如今想来，既恨且愧，只能努力尽心，唯恐这份译稿有负东先生信任。

翻译分工如下：付晨晨负责前言、序章、第三章与第五章第三节，刘莹负责第一、二章，薛梦潇负责第四章、第五章第一二节、第六章、终章及原著后记。校对工作由付晨晨牵头，每周末通过视频组织讨论。薛梦潇承担全书最后的校核、润色、统稿诸事。

译稿能顺利出版，得到很多先生帮助、支持。感谢李济沧教授居间联络。感谢魏斌教授给予我们翻译名家论著的机会，并慷慨赐序。翻译时每遇疑难，总是得到三浦雄城博士的殷勤解答，在此特别鸣谢。

结交在相知，我们三人在珞珈山同窗六载。后来，付晨晨负笈东京大学，今卜宅日本。刘莹赴北京师范大学开展博士后研究，现入职上海师范大学。我自武汉大学博士毕业，留校任教至今。相识十七年，过从甚密，情谊弥坚。这次合作翻译，于琢磨之间互相砥砺，论学取友的一片冰心，想必他年忆起也可感可铭。

怀念东晋次先生。

薛梦潇
2022年大雪时节

图书在版编目(CIP)数据

东汉时代的政治与社会/(日)东晋次著；付晨晨，薛梦潇，刘莹译. —上海：上海古籍出版社，2023.11
（日本中国史研究译丛）
ISBN 978-7-5732-0871-2

Ⅰ.①东… Ⅱ.①东… ②付… ③薛… ④刘… Ⅲ.①中国历史—研究—东汉时代 Ⅳ.①K234.207

中国国家版本馆 CIP 数据核字(2023)第 187603 号

东汉时代的政治与社会

[日]东晋次 著
付晨晨 薛梦潇 刘 莹 译
上海古籍出版社出版发行
(上海市闵行区号景路 159 弄 1-5 号 A 座 5F 邮政编码 201101)
(1) 网址：www.guji.com.cn
(2) E-mail：guji1@guji.com.cn
(3) 易文网址：www.ewen.co
常熟市人民印刷有限公司印刷
开本 635×965 1/16 印张 17.25 插页 5 字数 249,000
2023 年 11 月第 1 版 2023 年 11 月第 1 次印刷
ISBN 978-7-5732-0871-2
K·3464 定价：98.00 元
如有质量问题，请与承印公司联系